Wissen auf einen Blick

Griechische Mythologie

Bildnachweis
akg, Berlin: S. 33, 81, 99, 103, 109, 129, 135, 159, 169, 195, 199;
dpa/picture alliance, Frankfurt am Main: S. 4, 5, 6, 13, 15, 19, 21, 23, 25, 27, 29, 31, 39, 41, 43, 45, 49, 51, 53, 55, 57, 59, 61, 63, 67, 69, 73, 77, 87, 89, 91, 93, 95, 97, 101, 105, 107, 119, 121, 125, 131, 133, 139, 143, 145, 147, 149, 151, 153, 157, 161, 163, 165, 167, 177, 181, 183, 185, 187, 189, 191, 193, 197, 201, 203, 205, 207;
Interfoto, München: S. 17, 35, 37, 47, 65, 71, 75, 79, 83, 85, 111, 113, 115, 117, 123, 127, 137, 141, 155, 171, 173, 175, 179, 224;
Mauritius – Die Bildagentur: S. 9, 11

© Naumann & Göbel Verlagsgesellschaft mbH
Gesamtherstellung: Naumann & Göbel Verlagsgesellschaft mbH
Alle Rechte vorbehalten

ISBN: 978-3-625-12140-4

www.naumann-goebel.de

Wissen auf einen Blick

Griechische Mythologie

Matthias Vogt

Inhalt

7 *Vorwort*

8 Ursprung und Entwicklung der Mythen
10 Mythologie und Religion
12 Die Götterentstehung oder der Beginn der Welt
14 Der Untergang der Titanen
16 Atlas – der „Träger"
18 Kulturstifter Prometheus
20 Deukalion und Pyrrha

Die Hauptgötter

22 Die Zwölfgötter
24 Göttervater Zeus
26 Zeus der Schwerenöter
28 Hera, Gemahlin des Zeus
30 Poseidon, der Erderschütterer
32 Poseidon, Gott des Meeres
34 „Große Mutter" Demeter
36 Jungfräuliche Athene
38 Kriegsgöttin Athene
40 Ares, Gott des Krieges
42 Hephaistos, Gott der Schmiede und des Feuers
44 Der schöne Apollon
46 Apollon, Gott der Künste
48 Artemis, Göttin der Jagd
50 Hermes, Gott der Diebe
52 Götterbote Hermes
54 Aphrodite, Göttin der Liebe
56 Aphrodite, Göttin der Schönheit

Weitere Götter

58 Dionysos, Gott des Weines
60 Dionysos, Gott der Ekstase
62 Dionysos, Gott des Rausches
64 Eros, Gott der Liebe
66 Pan, Gott der Hirten und Jäger
68 Helios, der Sonnengott

Die Unterwelt

70 Hades, Gott der Unterwelt
72 Hades, Herrscher über das Schattenreich
74 Sisyphos' ewige Mühsal
76 Tantalos und der Fluch der Tantaliden
78 Pelops, Sohn des Tantalos
80 Die Danaiden

82 Io
84 Europa
86 Polyphem und Galatheia

Blumenmythen

88 Narziss
90 Hyakinthos, Geliebter des Apollon
92 Adonis, Geliebter der Aphrodite

Paare

94 Amor und Psyche
96 Amphitryon und Alkmene, eine Tragödie
98 Amphitryon und Alkmene, eine Verwechslungskomödie
100 Kephalos und Prokris
102 Keyx und Halkyone
104 Orpheus und Eurydike
106 Philemon und Baucis
108 Prokne und Philomele
110 Pygmalion und Galatea
112 Pyramus und Thisbe

Wissen auf einen Blick

Heldensagen
- 114 Perseus, eine Heldengeschichte
- 116 Perseus und Andromeda
- 118 Perseus, eine Prophezeiung erfüllt sich
- 120 Jason und das Goldene Vlies
- 122 Jason und die Fahrt der Argo
- 124 Jason und Medea
- 126 Herakles, erste Heldentaten
- 128 Herakles und die Aufgaben des Eurystheus
- 130 Herakles, weitere Arbeiten
- 132 Herakles, Weg zur Unsterblichkeit
- 134 Theseus, auf den Spuren des Herakles
- 136 Theseus, König von Athen
- 138 Meleager, Atalante und der Eber von Kalydon
- 140 Meleager und Atalante, das Ende einer Jagd

Der Trojanische Krieg
- 142 Die Gründung Trojas
- 144 Krieg um Troja: Teilnehmer auf Seiten der Griechen
- 146 Krieg um Troja: Teilnehmer auf Seiten der Trojaner
- 148 Krieg um Troja: die beteiligten Frauen
- 150 Das Urteil des Paris
- 152 Raub der Helena
- 154 Die Ilias
- 156 Das Trojanische Pferd

- 158 Dichtung und Wahrheit
- 160 Odysseus und Polyphem
- 162 Odysseus und Circe
- 164 Die Schatten der Unterwelt
- 166 Odysseus vor der Rückkehr
- 168 Das Ende einer Odyssee
- 170 Die Irrfahrten des Äneas
- 172 Ein Trojaner in Italien

Theben
- 174 König Ödipus
- 176 Ödipus auf Kolonos
- 178 Sieben gegen Theben

Das Haus des Atreus
- 180 Antigone, die Rebellin
- 182 Atreus
- 184 Orestes und Elektra
- 186 Iphigenie

Abenteuer
- 188 Phaeton, Sohn des Sonnengotts
- 190 Bellerophon
- 192 Dädalus und Ikarus

Ungeheuer und Mischwesen
- 194 Echidna, Python und die Gorgonen
- 196 Minotauros und Sphinx
- 198 Typhon und die Hekatoncheiren
- 200 Die Zentauren
- 202 Amazonen
- 204 Kastor und Polydeukes
- 206 König Midas

- *208 Namensformen mythischer Figuren*
- *211 Glossar*
- *221 Auswahlbibliografie*
- *222 Register*

Vorwort

„Es ist eine herkulische Aufgabe, die gigantischen Verwüstungen des letzten Taifuns zu beseitigen, eine wahre Sisyphusarbeit, denn der nächste naht bereits." In dieser fiktiven Meldung haben sich gleich vier Gestalten der griechischen Mythologie versteckt. Herkules, der muskelbepackte Held, die riesigen Giganten, das Ungeheuer Typhon und der listige König Sisyphos standen für diese Wortschöpfungen Pate. Hätten Sie sie erkannt? Nicht nur unsere Sprache ist durchsetzt mit Wörtern und Redewendungen, die dem antiken Mythos entnommen sind, und nur wenige wissen, welche Geschichten dahinter stecken.

Spätestens seit den von Gustav Schwab in der ersten Hälfte des 19. Jh. nacherzählten „Sagen des klassischen Altertums" erlebten griechische Mythen eine Renaissance, zumindest im Bildungsbürgertum, das diese von pikanten oder besonders gewalttätigen Stellen gereinigte Version auch gerne seinen Stammhaltern zum Studieren gab. Bis dahin waren sie vornehmlich ein beliebtes Reservoir für Künstler aller Art, die sich an ihren Motiven gerne bedienten. Maler wie Tizian, Rubens oder Dürer wurden von ihnen ebenso inspiriert wie bedeutende Dichter. Dante, Shakespeare oder Schiller schöpften aus dem Reichtum der griechischen Sagenwelt wie auch die Komponisten vor allem des Barock.

Ursprünglich einfache, mündlich weitergegebene Erzählungen, durchdrangen die Mythen das gesamte griechische Leben, das öffentliche wie auch das private. Sie dienten keinesfalls ausschließlich der Unterhaltung, sondern gaben vielmehr eine Antwort auf einige der grundlegenden Fragen des menschlichen Daseins, erklärten die Welt. Was passierte nach dem Tode? Warum gab es die Jahreszeiten? Woher kamen Blitz und Donner? Andere berichteten von großartigen Abenteurern, die zu Nationalhelden wurden, oder von bedeutenden Ereignissen, die ein Gemeinschaftsgefühl erzeugten und so ganze Gesellschaften miteinander verbanden.

Daneben existierten zahlreiche Mythen, die – ähnlich den Gleichnissen in der Bibel – zeigten, was gottgefälliges Verhalten, was moralisch erwünscht war und was nicht. Sie setzten Maßstäbe und trugen damit zum Funktionieren der aufstrebenden griechischen Stadtstaaten bei. Dabei passten sich die alten Geschichten an veränderte Zeiten an, wurden umgedichtet und zu Literatur, die dem Bedürfnis nach großen Gefühlen entgegenkam.

Es wäre vermessen, in einem Buch alle griechischen Mythen erzählen zu wollen, und ebenso unmöglich, die großen Geschichten, wie die Odyssee oder die Abenteuer des Herakles, so zusammenzufassen, dass nichts verloren geht. Darum war eine doppelte Auswahl nötig: Zum einen sollten die populärsten Geschichten enthalten sein, zum anderen so verkürzt, dass trotz der komplizierten Verwicklungen und familiären Verflechtungen der handelnden Figuren eine leichte Lesbarkeit gewahrt bleibt.

Über tausend Jahre wurde an manchen Mythen geschrieben, von „Amor und Psyche" beispielsweise sind über neunhundert Versionen bekannt. Wo die Quellen so zahlreich oder widersprüchlich sind, wurde hier üblicherweise den älteren Darstellungen der Vorzug gegeben.

Das verfolgte Ziel war neben der inhaltlichen Genauigkeit immer die Verständlichkeit der Texte. Dem wurde auch die Schreibweise der Namen unterworfen, die sich zwar generell an die griechischen Formen hält, jedoch hier und da auch die im Deutschen eingebürgten Varianten bevorzugt, so zum Beispiel Achilles statt Achilleus, Circe statt Kirke oder Ödipus statt Oidipus.

Geschichten und Geschichtliches
Ursprung und Entwicklung der Mythen

Mythos ist ein griechisches Wort. Es bedeutet schlicht „das Wort", „die Geschichte", „das Erzählte". Die Mythologie ist die Wissenschaft vom Mythos, aber auch – enger gefasst – die Sammlung von Mythen eines Volkes, einer Region oder einer Gruppe. So lässt es sich aus dem Lexikon erfahren.

Aber was genau ist ein Mythos, ganz abgesehen davon, dass das Wort heute inflationär verwendet wird? Viele Gelehrte haben sich schon darüber den Kopf zerbrochen, eine eindeutige Definition gibt es nicht. Hier soll genügen, vom Mythos als von einer traditionellen Erzählung zu sprechen, mit deren Hilfe frühere Kulturen versuchten, die Welt zu deuten, Erscheinungen des Lebens zu erklären und außerdem pädagogisch zu wirken, nach dem Motto: „Wenn du nicht ruhig bist, kommt die Medusa", oder: „Streng dich an, sonst wirst du nie wie Achilles". Der griechische Mythos gab eine Antwort auf Fragen nach der Ursache von Tag und Nacht, von Sonne und Regen, von Leben und Tod; erklärte, warum es zum Streit kommt, wer die Träume schickt und wem man zu opfern hatte, um eine Reise gefahrlos zu überstehen.

Von der „Stillen Post" zum Welttheater

Zuerst wurden diese Geschichten mündlich weitergetragen. Dabei veränderte sich das Erzählte, reale geschichtliche Ereignisse flossen mit ein. Je nachdem, wo sie erzählt wurden und von wem, waren sie anders eingefärbt, änderten sich manchmal völlig und waren nur noch an einzelnen Figuren und Wendungen wiederzuerkennen. Als die Griechen sich zu immer größeren Verbänden zusammenschlossen, Städte gründeten und diese miteinander in engeren Kontakt kamen, war es an der Zeit, diese Mythen schriftlich zu fixieren. Aber welche Version war die richtige? Die Auswahl übernahmen die Dichter, die die Erzählungen sammelten und dabei das verwendeten, was ihnen als wichtig und richtig erschien. Die ersten, die dies versuchten, waren etwa 800 Jahre vor unserer Zeit Homer, der die Geschehnisse um den Trojanischen Krieg in der Ilias und die Irrfahrten des Odysseus in der Odyssee beschrieb, sowie Hesiod, dem es mit seiner Theogonie gelang, die Entstehung der Welt zu erklären. Ihre Epen wurden von professionellen Rezitatoren vorgetragen, es war nicht nötig, lesen zu können. Später dann wurden Mythen auch fürs Theater verarbeitet, Aischylos, Sophokles, Euripides und Aristophanes benutzten bekannte Stoffe, denen sie eine dramatische Gestalt gaben. Selbst in Komödien tritt das ganze Personal der Mythen auf, Götter und Göttinnen, Heroen und Zauberinnen, Ungeheuer und berühmte Liebespaare.

Vom Hellenismus bis ins 20. Jahrhundert

Mit der Ausbreitung der griechischen Kultur im Zuge der Eroberungen Alexanders des Großen verbreiteten sich auch die griechischen Mythen: Wollte man zur Hautevolee in seinem Reich, das Griechenland, Kleinasien, den Nahen Osten, Persien und Ägypten umfasste, gehören, musste man nicht nur griechisch sprechen können, sondern entsprechend gebildet sein. Aus dieser Zeit stammen die ersten Bücher, die, ohne auf mündlichen Vortrag aus zu sein, den Mythos als reine Gattung der Literatur behandelten, wie sie dann von Ovid in seinen Metamorphosen zur Meisterschaft gebracht wurde. Mit dem Siegeszug des Christentums und dem Untergang Roms, das den griechischen Mythos weitestgehend übernahm, war seine Blütezeit beendet. In der Renaissance, der Wiedergeburt der Antike, und später noch einmal im Biedermeier wiederentdeckt, führt er heute als Bildungsgut aus der Mottenkiste verunglimpft oder als Lieferant sprichwörtlicher Redensarten eine Randexistenz.

Nur wenige originale Relikte der antiken griechischen Kultur, wie dieses Relief aus Epidaurus (5. Jh. v. Chr.), künden, neben den Kopien aus römischer Zeit, noch heute vom Ruhm und den Taten der mythischen Götter und Heroen.

Götter sind auch nur Menschen
Mythologie und Religion

Als die Hellenen im 2. Jt. v. Chr. nach Griechenland einwanderten, brachten sie Licht- und Kampfgötter mit; die einheimische Bevölkerung hatte zudem eigene Naturgottheiten. Es gab viele regionale Kulte, die aufgrund der landschaftlichen Zergliederung Griechenlands wenig Berührung miteinander hatten. Vereinheitlicht wurden sie erst, als die Epen Homers Bildungsgut wurden und Hesiod mit seiner Theogonie ein einheitliches System der Götterwelt entwarf.

Vielgötterei

In der homerischen Religion sind die Götter rangmäßig geordnet. Als höchste Gottheiten werden die olympischen Götter (siehe S. 22) verehrt, die Götter, die von Zeus ausgewählt wurden, mit ihm zu herrschen, nachdem die Titanen besiegt waren. Sie bilden eine große Familie. Ihnen sind zahlreiche andere Gottheiten als Begleiter oder Diener zugeordnet. Neben den großen Gottheiten erfüllen ungezählte kleinere die Natur. Jeder Fluss ist ein Gott, in den Wäldern hausen bocksbeinige Satyrn, Nymphen gleichen anmutigen Mädchen. Sie bevölkern Meer, Quellen, Bäche und Ströme. Unabhängig von den Göttern waltet das Schicksal, verkörpert durch die Moiren. Das Reich der Toten dachten sich die Griechen unter der Erde oder im äußersten Westen, jenseits des die Erde umgebenden Meeres. Dort erwartet den Menschen eine Existenz als Schatten seiner selbst, kraftlos und stumm.

Die Götter sind unsterblich und altern nicht, ernähren sich von Nektar und Ambrosia, sind sonst aber in ihrer Gestalt und ihren Eigenschaften den Menschen nachgezeichnet. Wie in jeder Familie gibt es unter ihnen manchmal Streit, der sich dann auf die Sterblichen auswirken kann. Ansonsten leben sie unbeschwert, feiern Gelage und genießen die Opfergaben der Menschen. Sie mischen sich in deren Angelegenheiten ein, schützen, strafen oder, ein besonders gern aufgegriffenes Thema der Dichter, lieben sie. Sie zeigen sich ihnen üblicherweise als normale Menschen, als alte Frau, Krieger oder Hirte.

In Kontakt mit den Göttern

Aus dem Vorderen Orient übernehmen die Griechen allerlei Methoden, um die Zukunft vorauszusagen. Naturerscheinungen, Träume, der Flug der Vögel oder die Eingeweide der Opfertiere galt es zu deuten, Seher standen in großem Ansehen. Noch wichtiger waren die großen Orakelstätten, Delphi ist die bekannteste unter ihnen (siehe S. 194). Über sie kam man in Kontakt mit den Göttern, auch über Gebete an ihren Kultstätten, die ein geweihter Stein, ein Baum, ein Opferaltar im Haus oder ein Tempel sein konnten. Die Götterverehrung gipfelte in einem Kult, zu dem neben Weihengeschenken und rituellen Reinigungsakten vor allem Opfer gehörten, für die man Gegenleistungen erwartete, aber auch zahlreiche Feste, besonders die Olympischen Spiele. Die düsteren Jenseitsvorstellungen führten zum Entstehen von alternativen Kulten, die nicht jedermann zugänglich waren, den Eingeweihten aber ein besseres Los nach dem Tode versprachen, den Mysterien. Ihr ältester Kultort, Eleusis, liegt westlich von Athen.

Homer

Nicht weniger als sieben Städte streiten sich um die Ehre, Geburtsort des blinden Dichters zu sein, der vermutlich im 8. Jh. v. Chr. lebte. Schon die Antike nannte seine Epoche das „Homerische Zeitalter". Ob er eine reale Gestalt war oder nur eine mythische Figur, ob in Smyrna geboren und auf Chios gelebt – die unter seinem Namen bekannten Epen, die Ilias und die Odyssee, stehen am Anfang der abendländischen Literatur. Homer genoss große Verehrung, seine Werke wirkten als Bindeglied zwischen den verschiedenen griechischen Stämmen.

Der Rat der Götter war den antiken Griechen lebensnotwendig, und das Orakel von Delphi die wichtigtse Verbindung zu ihnen. Der Rundtempel der Athene in Delphi wurde im 4. Jh. v. Chr. erbaut.

Am Anfang war das Chaos
Die Götterentstehung oder der Beginn der Welt

Die antiken Griechen glaubten nicht, dass das Universum von einem oder mehreren Göttern geschaffen wurde. Sie glauben an den umgekehrten Fall, dass nämlich Himmel und Erde zuerst entstanden und aus ihnen, über den Zwischenschritt der Titanen, die Götter. Darüber hat als erster Hesiod von Asra in seiner „Theogonie", der „Götterentstehung" (siehe Kasten), berichtet.

Demnach war ganz am Anfang der Zeit das Chaos, nicht etwa Unordnung, sondern ein dunkler, klaffender Raum. In diesem lagen die Urbestandteile des Lebens. Aus ihm entstanden Gaia, die „breitbrüstige Erde", als einzige der ersten Götter dauerhaft verehrt, und Eros („Liebesbegehren"), das Prinzip der geschlechtlichen Fortpflanzung. Da Geschlechtspartner fehlten, entstanden Erebos, die Finsternis, und Nyx, die schwarze Nacht, noch aus dem Chaos, beide vereinigten sich und gebärten Aither („Äther", etwas zwischen „Licht" und „Luft") und Hemera, den Tag.

Die Verstümmelung des Uranos
Da die Erde noch leer und ungeformt war, zeugte Gaia aus sich den Himmel, Uranos, das Meer, Pontos, die Berge und Tartaros, die Unterwelt. Uranos hat ein dauerhaftes Verlangen nach Gaia, zeugt mit ihr zahllose Titanen, die viel mit den olympischen Göttern gemein haben, die einäugigen Zyklopen und die drei „Hundertarmigen", jeder mit fünfzig Köpfen und hundert Armen ausgestattet. Uranos verabscheut seine Kinder, versucht sie daran zu hindern, ans Licht zu kommen, und stößt sie in den Schoß ihrer Mutter, in die Erde zurück. Gaia ist empört. Um den Himmel von ihr zu trennen, war ein Akt der Gewalt nötig. Auf Bitten und mit Hilfe seiner Mutter schnitt Kronos, einer der Titanen, seinem Vater Uranos mit einer Sichel das Glied ab und schleuderte es fort. Aber damit war das Ende seiner Zeugungsfähigkeit noch nicht erreicht: Wohin der mit Blut vermischte Samen auch tropfte, befruchtete er Gaia, daraus entstanden Giganten (siehe S. 14), Erinnyen (die Rachegöttinnen) und Eschennymphen. In der Brandung des Meeres aber, dort, wohin Kronos das Glied geschleudert hatte, erwuchs Aphrodite, die „schaumgeborene" Göttin der Liebe. Uranos wurde in den Tartaros verbannt, nicht ohne seinem Sohn noch die Worte: „So wie du mich vom Thron gestoßen hast, wird dich eines Tages dein Sohn zu Fall bringen", hinterher zu schleudern.

> ### Die Theogonie des Hesiod
> Die Theogonie (dt. „Götterentstehung") des Hesiod (um 700 v. Chr.) ist der einzige griechische Schöpfungsbericht. Das Epos, das aus mehr als 1000 Versen besteht, erzählt von der Entstehung der Welt und vom Ursprung der Götter, Menschen erwähnt es lediglich am Rande, über ihre Herkunft erfährt man fast nichts. Der Dichter und Sänger behauptet in einem Prolog, er hätte die Wahrheit von den Musen erfahren. Tatsächlich stützte er sich aber auf traditionelle Stoffe. Sein eigener Anteil am Mythos ist weniger die Erfindung als die Auswahl und die Anordnung dessen, was sich andere bereits vor ihm erzählten.

Die Kinder der Nacht
Jetzt, durch Kronos, den neuen Herrscher, befreit, können die Titanen beginnen, ihre eigene Nachkommenschaft zu zeugen (siehe S. 14), so wie bereits die Nacht schon für Nachwuchs sorgte. Sie vereinigte sich mit Erebos, der Finsternis, und gebar Verhängnis, Verderben, Alter, Tod, Schlaf und Träume, dazu die Moiren, die Schicksalsgöttinnen, Nemesis, die Göttin der Vergeltung, und Eris, die Göttin des Streits, aber auch die Freude, Freundschaft und das Mitleid. Auch Pontos, das Meer, wird – mit Gaia – zum Begründer einer ganzen Sippschaft aus Wasser- und Meerwesen.

Aphrodite, die Schaumgeborene, wurde einem anderen Mythos nach aus einer Muschel geboren, die sich ihrerseits aus dem Schaum des Meeres formte. Sandro Botticelli (1445–1510) schuf mit der um 1478 entstandenen „Geburt der Venus" (griech. „Aphrodite") eine Ikone der Renaissancemalerei.

Die Zeit frisst ihre Kinder
Der Untergang der Titanen

Die Titanen, älter als die olympischen Götter, waren die sechs Söhne und sechs Töchter der Gaia und des Uranos, der Erde und des Himmels. Sie entmachteten ihren Vater, verbannten ihn und herrschten selbst über die Welt. Diese Zeit erschien den Menschen als Goldenes Zeitalter, unendlich friedlich und schön. Zu den neuen Herrschern gehörten Okeanos, der Fluss, der die Erde umgibt, und Tethys, seine Schwester und Mutter seiner Kinder, der Flüsse und Nymphen – angeblich 3000 an der Zahl. Auch die Titanen Theia und Hyperion, der über den Lauf der Sonne gebot, teilten das Bett. Ihre Kinder waren Helios („Sonne"), Selene („Mond") und Eos („Morgenröte"), die wiederum Winde und Sterne gebar. Ihre Cousins, Söhne des Titans Iapetos, Prometheus und Atlas, sind wohl zwei der bekanntesten Figuren aus der griechischen Sagenwelt. Der bedeutendste der Titanen jedoch war Kronos, dessen Vereinigung mit Rhea, seiner Schwester, die nächste Stufe auf dem Weg zur Herrschaft der Götter einleiten sollte.

Kronos (von späteren Griechen mit Chronos, der Zeit, gleichgesetzt) musste immer daran denken, was Uranos, sein Vater, ihm prophezeite, dass er von seinem eigenen Kind gestürzt werden würde. So verschlang er, töten konnte er sie nicht, seine Kinder Hestia, Demeter, Hera, Hades und Poseidon jeweils nach ihrer Geburt. Als Rhea mit Zeus schwanger war, folgte sie einem Rat ihrer Mutter und täuschte ihren Mann, indem sie ihm nach der Geburt einen mit Windeln umwickelten Stein gab, den er ebenfalls verschluckte. Der fern von seinem Vater aufgewachsene Zeus flößte, zum Mann geworden, diesem ein Brechmittel ein, und Kronos würgte alle seine Kinder heraus. Jetzt war es Zeit, Rache zu nehmen. Es kam zu einem Kampf der Götter gegen die Titanen, aus dem sich Okeanos und alle Titaninnen heraushielten. Nach zehnjährigem Streit gewannen die Götter. Ihnen waren die Hundertarmigen (siehe S. 198) zur Hilfe gekommen. Zeus hatte sie aus dem Tartaros, in den sie von Kronos gestoßen worden waren, befreit, ebenso wie die Zyklopen, die ihm zum Dank Blitze, dem Poseidon einen mächtigen Dreizack und Hades eine Mütze, die unsichtbar macht, geschmiedet hatten.

Die Strafe der Götter

Dann warfen sie Kronos und alle, die auf seiner Seite standen, in den Tartaros, in die tiefsten Tiefen der Unterwelt, wo sie für immer schmachten sollten. Prometheus hatte sich rechtzeitig auf Zeus' Seite gestellt, Atlas, der seinen Vater im Kampf gegen die Götter unterstützt hatte, musste zur Strafe das Himmelsgewölbe tragen.

Die Entstehung der Welt, die Wandlung vom Chaos zum Kosmos, von der Unordnung zur Ordnung, ist damit erklärt und auch, wie es zur Herrschaft der Götter kam. Sie dauert bis ans Ende der Zeiten, eine Götterdämmerung sieht der Mythos der Griechen nicht vor.

Giganten

Die Giganten sind Kinder des Uranos und der Gaia, des Himmels und der Erde. Die Riesen waren von menschlicher Gestalt, ihre Beine oder Füße liefen jedoch in Schlangenleiber aus. Im Gegensatz zu den Titanen waren sie sterblich. Als erbitterte Feinde kämpften sie, aufgestachelt von Gaia, die die Titanen rächen wollte, gegen die Götter. Diese Gigantomachie war ein beliebtes Thema der griechischen Kunst. Zeus schleuderte seine Blitze, Hephaistos glühendes Eisen und Athene begrub ihren Gegner, indem sie gleich ganz Sizilien auf ihn warf – sein glühender Atem dringt noch heute aus dem Ätna. Sie unterlagen, aber nur, weil Herakles den Göttern mit seinen vergifteten Pfeilen zu Hilfe kam. Gegen den Tod von Götterhand waren die Giganten, so hatte ein Orakel vorhergesagt, gefeit.

Aus Angst, von seinen eigenen Kindern gestürzt zu werden, verschlang Kronos sie kurzerhand. Peter Paul Rubens (1577-1640) hat das unglaubliche Geschehen 1636/38 in Öl gebannt.

Die Last der Welt
Atlas – der „Träger"

Atlas war der Sohn des Titanen Iapetos und der Klymene. Ebenso wie zuerst auch sein Bruder Prometheus unterstützte er seine Familie bei ihrem Kampf gegen die Götter. Die Titanen unterlagen und wurden mit ewiger Verbannung bestraft. Atlas hatte kein so schweres Schicksal, dafür aber künftig das Himmelsgewölbe zu tragen. Erst seit dem 3. Jh. v. Chr. war zumindest jedem gebildeten Griechen bekannt, dass die Erde eine Kugel ist. Zuvor glaubte man, die Erde sei eine flache Scheibe, der Himmel einfach darüber gestülpt. Damit er nicht einstürze, musste er an den Enden der Welt gestützt werden. Am westlichen Ende, das die Meerenge von Gibraltar bildete, übernahm dies das Atlasgebirge, der zu Stein gewordene Atlas, nach dem auch das angrenzende Meer, der Atlantik, seinen Namen hat.

Wie Atlas zum Gebirge wurde

Der „Träger", nichts anderes bedeutet sein Name, erhielt eines Tages Besuch von Perseus, einem griechischen Helden, der auf seiner abenteuerlichen Reise nach Afrika gelangt war. Er wollte nur ein bisschen rasten, doch Atlas verwehrte es ihm. Er hatte Angst um seinen wertvollsten Besitz, die goldenen Äpfel der Hesperiden. Nicht ohne Grund, denn ihm war prophezeit worden, dass ein Dieb kommen werde, um sie ihm zu entwenden. Perseus ärgerte sich über die unterlassene Gastfreundschaft und beschloss, Atlas zu bestrafen. Er wandte sich ab, zog das Medusenhaupt (siehe S. 194), das er als Beute mit sich führte, aus seinem Sack und zeigte es dem Titanensohn. Kaum hatte Atlas das scheußliche Antlitz erblickt, wurde er, wie jeder, der es betrachtete, zu Stein und verwandelte sich in ein Felsengebirge.

Auch Herakles, ein Urenkel des Perseus, soll eine Begegnung mit Atlas gehabt haben. Seine elfte Strafarbeit, die er für den mykenischen König Eurystheus leisten musste, bestand darin, diesem die Äpfel der Hesperiden zu bringen. Sie wurden ganz in der Nähe des Titanensohns, im Garten der Götter von sieben Nymphen, den Hesperiden, seinen Töchtern, gepflegt und von einem Ungeheuer bewacht. Der Himmelsträger bot Herakles an, die Äpfel für ihn zu holen, wenn er so lange die Last übernähme, die er auf seinen Schultern stemme. Hier ist Atlas nicht mehr wegen der Prophezeiung besorgt und auch nicht aus Stein – Mythen müssen nicht logisch sein! Er kam tatsächlich mit den Äpfeln wieder, genoss die neue Freiheit und mochte nicht mehr auf seinen alten Posten zurück. Herakles erklärte sich zum Schein bereit, verlangte aber noch ein Polster, das Himmelsgewölbe scheuerte auf seinen Schultern. Atlas legte die Äpfel ab, übernahm hilfsbereit die Last, und Herakles verschwand. Und die Moral von der Geschicht': Stark sein alleine reicht oft nicht!

Die Bezeichnung für ein kartografisches Sammelwerk geht auf den Atlas Gerhard Mercators aus dem Jahr 1595 zurück, der den Namen einem mythischen König von Mauretanien entlieh. Auch die Insel des Atlas, Atlantis, hat einen anderen Namenspaten.

> ### Plejaden
> *Die Plejaden, Alkyone, Asterope, Elektra, Kelaino, Maia, Merope und Taygete, sind heute noch als Sternbild bekannt, man nennt sie auch Atlantiden oder die Sieben Schwestern. Laut Mythos waren sie Töchter von Atlas und Pleione, die sich, einer Version nach, verzweifelt über den Tod ihrer Schwestern, der Hyaden, das Leben nahmen und von Zeus daraufhin an den Himmel versetzt wurden. Oder, so meinen andere, Zeus habe sie und ihre Mutter vor den Nachstellungen des Jägers Orion schützen wollen und deshalb zu Gestirnen gemacht. Die bekannteste von ihnen, Maia, wurde durch Zeus die Mutter von Hermes, dem Götterboten. Am schwächsten strahlt Merope, da sie einen Sterblichen zum Mann nahm.*

Nicht verbannt, dafür aber mit der Last des zu tragenden Himmelsgewölbes bestraft: Atlas. Der sogenannte Atlas Farnese ist eine römische Marmorkopie (um 150 n. Chr.) einer hellenistischen Skulptur.

Die Erschaffung des Menschen
Kulturstifter Prometheus

Prometheus gehörte zur Familie der Titanen, den Herrschen der Welt, bevor die Götter sie in einer großen Schlacht besiegten. Er wechselte rechtzeitig auf die Seite der Götter und wurde dafür belohnt. Nach Hesiods Darstellung schuf er den ersten Menschen nach seinem und der Götter Ebenbild aus Lehm, Göttin Athene, die Prometheus besonders gewogen war, hauchte ihm Leben ein.

Prometheus betrügt Zeus

Bald schon wurden die Menschen den Göttern lästig. Zeus beschloss, sie durch bessere Geschöpfe zu ersetzen und ging daran sie auszuhungern, indem er Opfer von ihnen verlangte. Prometheus, wie immer ein Anwalt der Menschen, und der Göttervater kamen überein, dass dieser wählen solle, welchen Teil von jedem Rind er künftig haben wolle. Prometheus schlachtete eines, hüllte das Fleisch in die Haut des Tieres und legte darauf den Magen. Auf die andere Seite gab er die Knochen jedoch mit dem Fett, damit sie nicht zu sehen waren. Zeus glaubte gzu durchschauen, und fiel herein, er wählte das Fett. Zeus wollte neben, dass er überlistet worden war, aber wenigstens dafür sorgen, das nschen das Fleisch in Zukunft roh essen mussten. Er befahl den Wolken, u-er zu löschen. Prometheus aber hatte Mitleid, schlich sich auf den Olybrachte den Menschen von dort heimlich das Feuer zurück. Was zu weit ging zu weit: Zeus ließ Prometheus daraufhin von zwei Riesen zum Kaukasus bringen und von Hephaistos an einen Felsen schmieden. Zudem schickte er einen Adler, der Tag für Tag die Leber des Gefesselten fraß, die jede Nacht aufs Neue wuchs.

Die Befreiung des Prometheus

Zeus höchstselbst soll für seine Befreiung gesorgt haben, denn Prometheus habe ihm dafür verraten, dass der Sohn der Thetis, um die Zeus lange geworben hatte, eines Tages mächtiger sein würde als sein Vater. Als Folge wurde sie mit Peleus vermählt, dem sie den Achilles gebar. Auch eine andere Variante des Mythos geht von einer Befreiung aus: Darin ist es Herakles, der nach Jahrtausenden den Adler erlegt und zum Dank erfährt, wie es ihm gelingen würde, den Atlas zu überlisten, um an die Äpfel der Hesperiden zu gelangen (siehe S. 130). Um trotzdem Zeus' Fluch zu erfüllen, verlangte Herakles von Prometheus, dass dieser für den Rest der Zeiten einen eisernen Ring mit einem Stein vom Kaukasus am Finger tragen solle – seitdem tragen Menschen Ringe zur Erinnerung an diese Tat.

Prometheus hat Literaten aller Zeiten fasziniert, er stellte die Rebellion der Jugend, des Neuen gegen das Etablierte dar. Eines der berühmtesten Gedichte Goethes und Percy B. Shelleys Drama „Der entfesselte Prometheus", das zum Symbol für den Aufbruch ins Industriezeitalter wurde, sind Beispiele dafür. Von dessen Frau Mary stammt der Roman „Frankenstein", dessen vollständiger Titel nicht von ungefähr „Frankenstein oder Der moderne Prometheus" lautet.

> *Die Büchse der Pandora*
> *Die erste Frau, Pandora, war ein Geschöpf der Götter, die sie dem einfältigen Bruder des Prometheus zum Geschenk machten. Sie war schön und begehrenswert, jedoch mit allen schlechten Eigenschaften der Menschen ausgestattet. Zudem trug sie eine Büchse bei sich, in der die Götter alle Übel, die die Menschheit jemals plagen sollten sowie, zuunterst, die Hoffnung eingeschlossen hatten. Wie Eva in der Bibel für die Erbsünde wird Pandora bei den Griechen für alles Böse verantwortlich gemacht, das über die Menschheit hereinbricht, denn sie öffnete die Büchse und heraus kamen alle Sorgen und Nöte, Krieg und Verbrechen. Schnell wieder geschlossen, blieb nur die Hoffnung dort zurück.*

*Strafe muss sein: Der gefesselte „Prometheus"
wird von dem Adler des Zeus heimgesucht.
Luca Giordano (1634–1705), um 1660.*

Das menschliche Übel
Deukalion und Pyrrha

Zwischen dem griechischen Mythos und der Bibel gibt es viele Parallelen. Ähnlichkeiten zwischen der Erschaffung Adams und der Modellierung des ersten Menschen durch Prometheus, dem Goldenen Zeitalter (siehe Kasten) und dem Paradies, der Büchse der Pandora und Evas Sündenfall bestehen nicht zufällig, sondern zeugen von gemeinsamen Wurzeln. Die Geschichte von Deukalion und Pyrrha, dem Sohn des Prometheus und seiner Frau, die die Tochter von Prometheus' Bruder Epimetheus und der Pandora war, erinnert in Teilen an eine andere sehr berühmte Episode aus der Bibel.

Mord und Totschlag

Zeus wollte sich selbst davon überzeugen, ob es stimmte, was man ihm zugetragen hatte: Er stieg vom Götterhimmel herab und erkannte, wo er auch hinkam, dass die Menschen nicht taugten. Er stieß auf Mord und Totschlag, Lüge und Verrat, Gewalt in jeglicher Form. Kinder freuten sich über den Tod ihrer Eltern, Gastgeber überfielen ihre Gastfreunde im Schlaf und selbst die Götter wurden verhöhnt. Schließlich gelangte er als Wanderer auch zum arkadischen König Lykaon, der ihm aus reiner Bosheit einen gekochten Menschen zum Mahl vorsetzte. Das brachte das Fass zum Überlaufen. Als erstes zerstörte er dessen Palast mit Blitzen und verwandelte ihn dann in einen Wolf. Als nächstes beriet er gemeinsam mit den anderen Göttern, was zu tun sei. Sie kamen darin überein, dass eine große Flut die beste Methode sei, die Erde von dem menschlichen Übel zu reinigen.

Die Deukalische Flut

Bald stieg das Wasser über alle Gipfel, wer nicht ertrank, verhungerte. Ein einsamer Kahn steuerte nach neun Tagen und neun Nächten auf den Parnass zu, den einzigen Berg, der aus den Wassern ragte. Es waren Deukalion und Pyrrha. Von Prometheus gewarnt, hatten sie als Einzige überlebt. Nach ihrer Landung auf dem Berg befragten sie ein nahes Orakel der Titanin Themis, ihrer Großmutter, wie die tote Erde wieder zu bevölkern sei. Es gebot ihnen, einfach die Knochen ihrer Mutter hinter sich zu werfen, sie würden schon sehen, was passiere. Da ihnen das als Frevel erschien, folgten sie nicht sogleich. Erst als ihnen einfiel, dass damit nicht ihre leibliche, sondern Mutter Erde gemeint sein könnte, setzten sie den Rat in die Tat um, sammelten Steine auf und taten damit wie geheißen. Aus den Steinen Deukalions wurden Männer, aus denen der Pyrrha Frauen. Dies war der Anfang eines neuen, des gegenwärtigen Menschengeschlechts, unbeugsam und hart wie Stein.

Die fünf Zeitalter

Der griechische Mythos unterteilt die Geschichte des Menschen in vier metallene Zeitalter, das Goldene, das Silberne, das Bronzene und das Eiserne. Sie befinden sich in einer Rangordnung des immer weiter fortschreitenden Verfalls, unterbrochen nur vom heroischen Zeitalter, der Zeit des Trojanischen Krieges, das manche Überlieferungen noch vor dem Eisernen platzieren. Im Goldenen Zeitalter, unter der Herrschaft des Titanen Kronos, lebten die Menschen wie im Paradies. Es verging mit dessen Sturz durch Zeus, das goldene Geschlecht wurde zu gütigen Geistern, die über die Erde wachen. Es folgte das Silberne, in dem die Menschen hundert Jahre benötigten, um erwachsen zu werden, und Gewalt herrschte. Ihm machte Zeus mit seinen Blitzen ein Ende. Als Nächstes schuf der Gott ein Kriegergeschlecht, Rüstungen, Werkzeuge, selbst die Häuser und, wie manche sagen, sogar die Menschen waren aus Bronze. Sie rotteten sich selbst aus oder wurden durch eine Sintflut weggespült. Mit dem Eisernen Zeitalter folgt schließlich unsere Zeit. Ihr wird ein baldiges Ende prophezeit.

Peter Paul Rubens (1577-1640) hält in seinem Gemälde jenen Augenblick des Mythos fest, in dem „Deukalion und Pyrrha", das einzig überlebende Menschenpaar, nach der großen Flut Steine hinter sich werfen, aus denen neue Menschen entstehen.

Dodekatheon
Die Zwölfgötter

Hesiods Darstellung der Machtübernahme des Zeus endet nicht mit dem Sieg gegen die Titanen (siehe S. 14), vielmehr können wir noch erfahren, wie es dem Göttervater gelang, seine Position zu festigen. Nachdem er den Typhon (siehe S. 198) mit seinen Blitzen besiegt hatte, ein Ungeheuer mit hundert Köpfen, die Feuer spien, das scheußlichste Monster, das die Welt je gesehen hatte, ging er daran, sich zu vermählen. Er gründete nicht lediglich eine, sondern, mit verschiedenen Frauen, mehrere Familien und wohnte mit seinen zahlreichen Kindern auf dem Olymp, einem knapp 3000 Meter hohen Berg im Nordosten Griechenlands. Dort feierten sie mit Nektar und Ambrosia – Getränk und Speise der Götter – und lauschten der Leier Apollons.

Die olympischen Götter

Zu den olympischen Göttern zählen im weiteren Sinne Zeus, seine fünf Geschwister, Hera, gleichzeitig seine letzte Gemahlin, Poseidon, der Gott des Meeres, Hades, der Gott der Unterwelt, Hestia, die Göttin des häuslichen Herdes und Demeter, Göttin der Fruchtbarkeit und des Wachstums sowie zehn seiner Kinder mit Göttinnen. Das erste – von Metis –, war im Sinne des Wortes eine Kopfgeburt, Athene, die Göttin des Krieges, der Weisheit und der Künste. Seine Schwester Hera gebar ihm den Kriegsgott Ares, Hephaistos, den Gott der Schmiedekunst und des Feuers, Hebe, die Göttin der Jugend und Eileithyia, die Göttin der Geburt. Auch Persephone, die Göttin der Unterwelt, war eine Tochter von Zeus, die er mit Demeter, einer anderen seiner Schwestern, zeugte. Apollon, der Gott der Künste, und Artemis, die Göttin der Jagd, waren Zwillingsgeschwister, ihre Mutter Leto eine Tochter des Titanen Koios. Auch mit Maia, der Tochter des Atlas, war Zeus vermählt, ihr Sohn Hermes, der Götterbote, gehörte zu den am meisten verehrten Gottheiten in Griechenland. Fehlt als letztes der zehn Götterkinder noch Aphrodite. Nach Homer soll sie die Tochter von Zeus und Dione, einer Göttin aus dem Geschlecht der Titanen, sein. Einer anderen Quelle zufolge ist sie aus dem abgeschnittenen Glied des Uranos entstanden. Außer diesen zehn göttlichen Kindern zählen häufig auch noch zwei Söhne von sterblichen Frauen zu den olympischen Göttern: Dionysos und Herakles.

Die zwölf Hauptgötter

Eine kanonische Liste der wichtigsten Götter Griechenlands hat es nie gegeben, der Dodekatheon, die in Kunst und Poetik häufig dargestellten Zwölfgötter, umfassten meist jedoch Zeus, Hera, Poseidon, Hestia, Demeter, Athene, Ares, Hephaistos, Apollon, Artemis, Hermes und Aphrodite. Mal zählte Herakles mit dazu, mal Asklepios, der Gott der Heilkunst. Mal wurde Hestia durch Dionysos ersetzt, dann wieder durch Hebe oder Helios, den Sonnengott. Es war ein flexibles System mit einer unabänderlichen Konstante: Zeus stand niemals zur Disposition.

> ### Olymp
> Die wichtigsten Götter der Griechen führen den Beinamen „olympisch" wegen des Berges, auf dem sie lebten, dem Olymp. Der 2919 Meter hohe Berg im Nordosten Mittelgriechenlands wurde anfangs als realer Ort gedacht, an dem die Götter wie die Menschen wohnten, prunkvoller und sorgenloser zwar, aber trotzdem vergleichbar. Homer beschreibt ihn in der Odyssee als „... nie von Orkanen erschüttert, vom Regen nimmer befluttet, nimmer bestöbert vom Schnee; die wolkenloseste Heitre, wallet ruhig umher, und deckt ihn mit schimmerndem Glanze". Im Verlauf der Geschichte steht der Olymp dann nur noch stellvertretend für einen Ort, der nicht auf dem realen Gipfel des Berges zu finden, sondern irgendwo zwischen Himmel und Erde anzusiedeln ist.

Deckenfresko „Der Rat der Götter" (um 1518) aus dem Zyklus Raffaels (1483-1520) mit Darstellungen aus der Geschichte Amors und Psyches in der Villa Farnesina in Rom. Die ganze Götterschar ist gespannt auf den rechts im Bild, leicht erhöht über dem Adler als Attribut und in der Pose des Denkers sitzenden Zeus ausgerichtet.

Schutzherr der Herrscher
Göttervater Zeus

Zeus, der „Vater der Götter und Menschen", wie ihn Homer im übertragenen Sinne nennt, war der König unter den Göttern. Er trägt darum häufig ein Szepter und gilt als besonderer Schutzherr der Herrscher. Er thront im Olymp. Sein Beiname „der Wolkensammler" weist auf seine Funktion als Wettergott hin, besonders ist er zuständig für Regen, Schnee, Hagel, Blitz und Donner. Seine wahre Gestalt, in der er sich auf Bitten von Semele, einer Geliebten, zeigt, verbrennt diese zu Asche. Beinamen verraten seine anderen Zuständigkeiten: Er gilt als Beschützer der Stadt und als Deuter des Schicksals, in das er selbst dann nicht eingriff, als sein eigener Sohn, Sarpedon, dem Tode geweiht war. Sein Orakel in Dordona gab den Priestern durch das Rauschen der dortigen Eiche seinen Willen kund. Er schützte Fremde und Reisende, die Gastfreundschaft war ihm heilig. Außerdem gilt er als Schutzherr von Haus und Familie, Freundschaft und – trotz seiner zahlreichen Liebschaften – Ehe.

Eine große Familie

Als jüngstes von sechs Kindern der Titanen Kronos und Rhea sollte auch er aufgrund einer Weissagung von seinem Vater verschluckt werden (siehe S. 14), doch durch eine List entging er dem Schicksal, befreite später seine Geschwister und besiegte den Vater. Das Los bestimmte, dass seinen Brüdern Hades und Poseidon Unterwelt und Meere, ihm selbst der Himmel als Herrschaftsbereich zufiel. Der Olymp und die Erde galten als gemeinsamer Besitz. Er heiratete eine Reihe von Göttinnen, bis er schließlich bei Hera, seiner Schwester, blieb. Von Metis wurde er Vater der Athene, von Themis der Moiren (Schicksalsgöttinnen) und der Horen (Jahreszeiten), von Eurynome der Charites (Grazien) und von Mnemosyne der Musen. Die ursprünglich menschliche, später zu den Unsterblichen eingereihte Semele, gebar ihm den Dionysos, Maia den Hermes, Leto Artemis und Apollon und Hera schließlich Ares, Hebe und Eileithyia. Bei ihrem Sohn Hephaistos streiten sich die Geister. Mal heißt es, er sei aus ihr alleine entsprungen, andere berichten davon, dass auch hier Zeus der Vater sei. Zeus ist an zahlreichen Mythen aktiv beteiligt. Am bekanntesten ist, neben der Ilias und der Odyssee, in denen er als majestätischer Lenker menschlichen und göttlichen Lebens erscheint, die Erzählung von Prometheus, der sich wegen seiner Sympathie für die Menschen den Zorn des Gottes zuzieht und grausam bestraft wird (siehe S. 18). Oft erscheint Zeus als Richter der Götter, die er zuweilen sogar, wie Asklepios, vernichtet. Auch Menschen bestraft er erbarmungslos, mit einer Sintflut rottete er sie einstmals sogar fast restlos aus (siehe S. 20). Soweit bekannt, tritt er, im Gegensatz zu den anderen Angehörigen seiner großen Familie, in keiner der griechischen Tragödien auf. Ein Zeichen der großen Ehrfurcht, die ihm die Dramatiker entgegenbrachten.

Die Zeusstatue in Olympia

Etwa 270 Kilometer südlich des Olymp liegt der antike Wallfahrtsort Olympia. Er beherbergte die wichtigste Kultstätte des Zeus, seinen Tempel mit dem kolossalen, 14 Meter hohen Standbild des Gottes. Es zeigte ihn als sitzenden, freundlichen Greis mit wallendem Haar und üppigem Bart, in der linken Hand ein Zepter, in der rechten Nike, die Siegesgöttin. Das im 5. Jh. v. Chr. erschaffene Kultbild, das nach Cicero „vollkommenste seiner Art", galt als eines der sieben antiken Weltwunder und war aus edelsten Materialien gefertigt. Innen hohl, bestand es aus Elfenbein, Haare, Gewand, Sandalen, Nike und Zepter waren aus 200 Kilogramm purem Gold. Als Augen setzte er faustgroße Edelsteine ein. Es wurde später nach Konstantinopel gebracht, wo es bei einem Brand zerstört wurde.

So oder ähnlich könnte sie ausgesehen haben: Die Zeusstaue des Phidias in Olympia. Der berühmteste Bildhauer seiner Zeit schuf mit diesem kolossalen Kultbild eines der Sieben Weltwunder der Antike.

Verwandlungskünstler der besonderen Art
Zeus, der Schwerenöter

Aus dem Bestreben der griechischen Adelsgeschlechter, ihre Abstammung auf den höchsten unter den Göttern zurückzuführen, erklären sich seine zahlreichen Liebschaften mit Sterblichen im Mythos. Ihnen erschien er üblicherweise in der Gestalt eines Tieres oder als gewöhnlicher Mann.

Niobe, Io, Europa und Semele

Die erste menschliche Geliebte des Zeus war Niobe, Tochter des Phoroneos, ihr beider Sohn Argos gilt als sagenhafter Begründer der gleichnamigen Stadt im Nordosten der Peloponnes. Auch die Schwester des Phoroneos, Io, kann den Nachstellungen des Göttervaters nicht entkommen: Er verführt sie, sie werden von Hera überrascht und Io in eine Kuh verwandelt. Letztlich schenkt Zeus ihr die menschliche Gestalt zurück, und sie wird Mutter des Epaphos, der König von Ägypten und Stammvater der Danaiden wird. Weniger hart ist das Los der Europa. Die phönizische Königstochter wird von Zeus auf einer Wiese am Meer erblickt, er verwandelt sich in einen zahmen Stier, nähert sich ihr, sie steigt auf, und er entführt sie über das Meer nach Kreta, auf den Erdteil, der nach ihr seinen Namen trägt. Gleich drei Söhne entstammen dieser Verbindung: Minos, Rhadamantus und Sarpedon.

Was mit der thebanischen Königstochter Semele passierte, der nächsten seiner irdischen Geliebten, wurde bereits erzählt: Zeus wollte ihr, der Schwangeren, einen Wunsch erfüllen. Sie ließ sich von Hera beschwatzen, ihn darum zu bitten, sich ihr in seiner Göttlichkeit zu zeigen. Er fühlte sich gebunden und sie verbrennt unter dem göttlichen Blitzstrahl. Ihren Sohn kann er retten, es ist der Gott Dionysos.

Danae, Alkmene, Leda, Kallisto und Antiope

Besonders fantasievoll besuchte er Danae. Sie wurde von ihrem Vater, dem König Akrisios von Argos, in einem Kerker gefangen gehalten, da er durch ein Orakel erfahren hatte, dass sie einem Sohn das Leben schenken würde, der ihn dereinst töten werde. Zeus ergoss sich daraufhin durch ein Loch im Dach als Goldregen direkt in ihren Schoß. Ihrer beider Sohn Perseus wird einer der größten Helden des griechischen Mythos und Großvater des Amphitryon, dessen Gattin Alkmene sich Zeus in Gestalt ihres Gatten nähert. Das Ergenis ist wieder ein Held, Herakles. Wenn es um den erotischen Zweck ging, kannte Zeus' Wandlungsfähigkeit keine Grenzen. Leda, die Mutter der schönen Helena und der Zwillinge Kastor und Polydeukes, verführte er als Schwan. Antike Autoren mutmaßten darum, sie seien in einem Ei zur Welt gekommen. Durch sein Abenteuer mit Kallisto, der er als Apollon oder Artemis nachstieg, wurde er zum Stammvater der Arkadier, mit Antiope zeugte er zwei thebanische Könige, Amphion und Zethos.

Die ganz große Verwandlungsnummer benutzte er noch einmal bei einem Knaben, Ganymed, dem Sohn des Königs von Troja. Als Adler entführte er ihn auf den Olymp, machte ihn zum Mundschenk und damit unsterblich. Neben der Beziehung zu Hera ist es seine einzige, die von Dauer ist.

Die Olympischen Spiele

Die Olympischen Spiele der Antike wurden über ein Jahrtausend lang alle vier Jahre zu Ehren des Zeus in Olympia ausgetragen. Es waren die angesehensten aller griechischen Nationalspiele, ihr Ursprung reicht bis ins 2. Jt. v. Chr. zurück. Seit 776 v. Chr. wurden die Namen der Sieger aufgezeichnet. Erst 393 n. Chr. wurden sie als heidnische Feste verboten. Ausgetragen wurden Wettkämpfe im Laufen (Kurz- und Langstreckenläufe), im Fünfkampf (Lauf, Weitsprung, Speerwurf, Diskuswurf, Ringen), im Pankration (Ringen und Faustkampf) und im Pferde- und Wagenrennen.

„Die Entführung des Ganymed", nach einem Gemälde von Correggio (um 1489–1534). Zeus, in Gestalt des Adlers, verschleppt den Knaben in den Olymp.

Stolz und rachsüchtig
Hera, Gemahlin des Zeus

Hera war die älteste Schwester des Zeus und gleichzeitig seine Gemahlin. Als solche beherrschte sie den Himmel und wachte über die Treue ihres Mannes. Sie galt als besonders stolz, darum war ihr als Tier der Pfau zugeordnet. In der Kunst wurde sie meist als Matrone mit züchtigem Gewand und majestätischem Gesichtsausdruck dargestellt. In ihrer Hand häufig einen Granatapfel als Symbol ehelicher Fruchtbarkeit haltend.

Rache ist süß

Die Seitensprünge des Zeus konnte sie nie verwinden, da sie ihm jedoch unterlegen war, ließ sie ihre Wut an den Objekten seiner Begierde oder, was ihn noch zorniger machte, an deren Kindern aus. Die schwangere Göttin Leto verfolgte sie kreuz und quer durch die gesamte griechische Welt, denn Gaia, Heras und Letos Großmutter, hatte ihr vorausgesagt, dass deren Kinder einst größer sein würden als ihre eigenen. Es gelang Leto schließlich, auf Delos mit Apollon und Artemis niederzukommen. Oder die Verfolgung der Io, die einst auf Argos Heras Priesterin gewesen war. Sie verwandelte sie in eine Kuh und schickte eine Bremse, um sie verrückt zu machen. Auch Kallisto und Semele ließ sie nicht ungestraft, deren Sohn Dionysos, den Gott des Weines, sie in Raserei stürzt wie auch dessen Erzieher Athamas. Bekanntestes Opfer ihrer Rachsucht aber war Herakles, der Sohn der Alkmene, dessen Name ironischerweise „der durch Hera Berühmte" bedeutet. Sie spielte eine bedeutende Rolle im Trojanischen Krieg, in dem sie auf Seiten der Griechen stand. Sie war beim Urteil des Paris (siehe S. 150) der Aphrodite unterlegen, die dem trojanischen Prinzen die schöne Helena versprochen hatte, wenn er sie wählen würde – ausgerechnet die Helena, deren Vater, Zeus, Leda, ihre Mutter, einst als Schwan verführte.

Die Ehe ist heilig

Hera wurde besonders von den Frauen verehrt. Der Übergang von der Jungfrau zur Ehegattin und das Zusammenleben mit dem Mann sind ihr eigentlicher Bereich. Ihr besonderer Schutz galt der Ehe. Ihre eigene war sie eingegangen, nachdem sich Zeus während eines Gewitters auf Argos, das er natürlich selbst hatte aufziehen lassen, als Kuckuck in ihr Gewand flüchtete. Zitternd und völlig durchnässt hatte sie Mitleid mit dem Vogel, den sie an ihren Busen drückte. Er nahm seine wahre Gestalt an, umarmte sie und schwor, dass er sie zur Frau nehmen würde. Verschiedene Stätten des Hera-Kultes, Samos, Knossos, Naxos, beanspruchten, der Ort ihrer Hochzeit gewesen zu sein. Am meisten verehrt wurde sie jedoch in Argos, dessen Schutzherrin sie war. Als Geschenk zu ihrer Eheschließung ließ Gaia ihr goldene Äpfel wachsen, die als Äpfel der Hesperiden später ausgerechnet von Herakles gestohlen wurden. Sie schenkte drei Göttern das Leben, Ares, Hebe und Eileithyia, natürlich waren sie alle Kinder des Zeus. Nur Hephaistos, ebenfalls ihr Sohn, soll, so meinten manche Autoren, aus ihr selbst entstanden sein. Vielleicht wollte sie sich damit für die Geburt der Athene rächen, die Zeus aus seinem Kopf gebar.

> ### Die Milchstraße
> Wie für fast alle Naturerscheinungen lieferte der Mythos auch für die Existenz der Milchstraße, des weißen Bandes am Nachthimmel, eine Erklärung. Zeus wollte seinem Sohn Herakles die Unsterblichkeit schenken. Doch dazu brauchte er Hera und die Milch (griech. „gala", darum auch „Galaxie") ihrer Brüste, von der sein Sohn trinken musste. Dies konnte nur heimlich geschehen, da Hera Herakles hasste. Zeus wartete, bis sie schlief, legte den Knaben an ihre Brust und ließ ihn saugen. Da erwachte seine Gemahlin, riss den Balg von ihrem Busen und verspritzte die Milch quer über den Himmel.

Beim Seitensprung ertappt: Zeus und Io werden von Hera überrascht. Peter Paul Rubens (1577-1640) hielt den Augenblick der Entdeckung 1615/17 in Öl fest.

Bruder des Zeus
Poseidon, der Erderschütterer

Aus dem Herrn der Erde, so die ursprüngliche Bedeutung seines Namens, wurde der Gott des Meeres. Er verdrängte als solcher ältere Götter wie Okeanos (siehe Kasten) und veränderte seine Zuständigkeit – weg von den Pferden, die für die vom Norden der Balkanhalbinsel einwandernden Griechen zuerst von Bedeutung waren, hin zum Meer, das eine immer größere Rolle spielte. Er war wie Zeus, sein jüngster Bruder, ein Sohn der Titanen Kronos und Rhea und hatte sich aus der Zeit, als noch nicht das Wasser sein Element war, die Eigenschaft bewahrt, die ihm zu seinem homerischen Beinamen „der Erderschütterer" verhalf: Er konnte nämlich nicht nur wilde Stürme entfachen, sondern auch für Erdbeben sorgen.

Aufstand gegen Zeus

Meistens fügte er sich dem Machtanspruch seines Bruders, der, nachdem es ihm gelungen war, seine Geschwister aus dem Bauch des Vaters zu befreien (siehe S. 14), die Oberhoheit unter den Göttern besaß. Aber das war nicht immer so. Einmal schmiedete er gemeinsam mit Hera und Athene ein Komplott, um Zeus zu stürzen. Sie hielten ihn gefangen, und nur durch die Hilfe von Thetis, der Nymphe, die Poseidon einst verschmähte, gelang es ihm, sich zu befreien. Sie hatte einen der Hundertarmigen aus der Unterwelt zur Hilfe geholt. Das Los hatte entschieden, dass ihm das Meer, seinem Bruder Hades die Unterwelt, dem Zeus der Himmel zufallen solle. Über die Erde wollten sie gemeinsam herrschen. Mit Hera stritt er sich um Argos, trocknete Flüsse aus, die sich für sie entschieden hatten, und überflutete das Land mit Meerwasser. Hera gewann dennoch. Auch gegen Athene zog er den Kürzeren, als beide sich um Attika, die Landschaft, in der Athen liegt, stritten. Sieger sollte sein, wem es gelingen würde, der Stadt das nützlichere Geschenk zu machen. Poseidon bohrte ein Loch in den Felsen der Akropolis, aus der sogleich

> ### Nereus und Okeanos
> Neben Poseidon existierten noch zwei ältere Meeresgötter, Nereus und Okeanos. Nereus war der Sohn des Meeres und der Erde, von Pontos und Gaia. Er hatte fünfzig Meeresnymphen zu Töchtern, die Nereiden. Okeanos war ein Titan, der über den gleichnamigen Strom herrschte, der die Erdscheibe umfloss. Mit seiner Gattin Tethys erzeugte er die Götter und Nymphen aller Meere, Seen und Flüsse sowie dreitausend Töchter, die Okeaniden. Eine von ihnen, Doris, heiratete Nereus. Zwei andere, Metis und Perseis, wurden Mütter von Athene bzw. Circe.

eine Quelle entsprang. Eine sinnvolle Gabe, wenn aus ihr nicht Meer-, sondern Süßwasser geflossen wäre. Athene ließ einen Olivenbaum aufkeimen und gewann. Voller Zorn setzte Poseidon darauf die ganze Gegend unter Wasser und erreichte damit, dass eine heilige Stelle auf der Akropolis seinem Kult geweiht wurde. Auch über Korinth durfte er nicht alleine herrschen, Helios, der Sonnengott, war hier sein Rivale. Auf dem Isthmus, der Landenge von Korinth, der schmalen Verbindung zwischen dem griechischen Festland und der Halbinsel Peloponnes, fanden ihm zu Ehren alle zwei Jahre die sogenannten Isthmischen Spiele statt. Sie standen im Ansehen nur wenig hinter den Olympischen Spielen zurück.

Im Zentrum der Wettkämpfe stand ein Wagenrennen, und auch im Mythos blitzt immer wieder seine besondere Verbindung zu den Pferden auf. So überreichte Poseidon dem Peleus zu dessen Hochzeit die zwei sprechenden Pferde Xanthos und Balios, schenkte dem Pelops die Rosse, mit denen jener das Wettrennen um seine künftige Gattin gewann, und dem Thraker Rhesos jene, die dann Odysseus und Diomedes raubten. Poseidon gilt gar als der Vater des Pegasus, des geflügelten Rosses, das der von ihm geschwängerten Medusa entsprang.

Römisches Mosaik aus Justinianopolis (Sousse, Tunesien) mit dem Triumph des Poseidon (röm. „Neptun") aus dem 2. Jh.

Herrscher über das Wasser
Poseidon, Gott des Meeres

Der mächtige Poseidon wurde meist als stattlicher Mann mit Vollbart dargestellt. In seiner Hand der Dreizack, die Waffe, die Fischer zum Aufspießen von größeren Fischen benutzen. Ihn hatte er von den Zyklopen zum Geschenk erhalten, nachdem diese, eingesperrt von den Titanen, von den Göttern befreit worden waren. Mit seiner Gattin Amphitrite, einer Tochter der alten Meergötter Nereus oder Okeanos, und ihren drei Kindern, Triton, Rhode und Benthesikyme, bewohnte er einen goldenen Palast unter Wasser, auf dem Olymp war er nur selten zu sehen. Zur schnellen Fortbewegung auf den Wogen benutzte er einen nicht von Pferden, sondern von Seepferdchen gezogenen Wagen. Man sagt ihm nach, er hätte das Pferd überhaupt erst erschaffen, aber auch den Delfin und den Stier. Ein besonders prächtiges Exemplar schickte er einst dem Minos, König von Kreta, der ihn um einen Opferstier gebeten hatte. Der war von dem strahlend weißen Tier so fasziniert, dass er es selbst behalten wollte. Poseidon ließ des Minos Gattin daraufhin in Liebe zu dem Stier entbrennen, sich paaren und zur Mutter eines abscheulichen Mischwesens, des Minotaurus, werden.

Triton
Der Meergott Triton war ein Sohn des Herrschers aller Meere, Poseidon. Dargestellt wird er als Wesen mit Menschenkopf und -rumpf, aber mit einem oder manchmal auch zwei Fischschwänzen. Bei sich führt er wie sein Vater einen Dreizack und eine Spiralmuschel, die er als Trompete benutzte, um das Meer zu glätten. Ob er mit Triton, dem Meeresungeheuer, das Herakles besiegte, gleichgesetzt werden kann, ist unklar, sein Auftauchen in der Argonautensage (siehe S. 122) jedoch unbestritten. Vervielfacht stellte man ihn später den Nereiden im Gefolge des Poseidon zur Seite.

Früchte der Liebe
Wie Zeus war auch Poseidon für seine zahlreichen Liebschaften bekannt. Er liebte Göttinnen, Nymphen und sterbliche Frauen. Für Demeter verwandelte er sich in ein Pferd, da sie in Gestalt einer Stute versucht hatte, seinen Nachstellungen zu entgehen – neun Monate später schenkte sie einem Pferd, Areion, und einer Tochter, Despoina, das Leben. Auch in die Medusa, das schlangenhäuptige Wesen, verliebte sich der Meeresgott, als sie noch eine schöne Frau war. Ausgerechnet in einem Tempel der Athene gaben sie sich der Liebe hin. Die rächte sich, verwandelte die Medusa in ein Monster und half Perseus, sie zu töten. Aus ihrem Haupt entsprang neben Pegasus, dem geflügelten Pferd, noch Chrysaor, der später die Okeanide Kallirrhoe heiratete und mit ihr ein Ungeheuer zeugte, das in den Abenteuern des Herakles eine Rolle spielt. Ebenso der Riese Antaios, ebenfalls ein Sohn Poseidons, den ihm seine Großmutter Gaia gebar. Auch der Zyklop Polyphem soll ein Sohn des Erderschütterers gewesen sein. Dessen unversöhnlicher Hass schlug Odysseus entgegen, als dieser den einäugigen Riesen blendete. Einen anderen Sohn, Kyknos, machte Poseidon für menschliche Waffen unverwundbar, was Achilles nicht daran hinderte, ihn mit dem Riemen seines eigenen Helms zu erdrosseln. Er wurde von seinem Vater in einen Schwan verwandelt.

Früchte des Zorns
Dass Poseidon von Laomedon, dem König Trojas, um seinen Lohn betrogen worden war, als er ihm half, die Stadtmauern zu erbauen, vergaß er den Trojanern nie. Er agierte als ihr erbitterter Feind im Trojanischen Krieg. Vielleicht war das hölzerne Pferd, dass die Griechen bauten, um Troja zu erobern, dem Meeresgott geweiht. Grund genug für ihn, den trojanischen Priester Laokoon durch zwei Seeschlangen zu erwürgen, als dieser seine Landsleute vor dieser List warnen will.

Die überlebensgroße Bronzestatue des sogenannten Poseidon vom Kap Artemision, um 460/50 v. Chr., wird in der aktuellen wissenschaftlichen Diskussion häufig auch als Zeus identifiziert.

Göttin der Fruchtbarkeit und des Wachstums
„Große Mutter" Demeter

Wie ihre fünf Geschwister Zeus, Poseidon, Hades, Hera und Hestia war Demeter, die Göttin der Erde, des Ackerbaus und der Ernte, ein Kind der Titanen Kronos und Rhea, auch sie zählte zu den Zwölfgöttern, die auf dem Olymp wohnten. Eigentlich war sie eine uralte Fruchtbarkeitsgöttin der Griechen, eine Spielart der „Großen Mutter", die seit den ältesten Zeiten der Menschheit verehrt wurde.

An diese Vergangenheit erinnert das Erlebnis, das sie mit Iasion, einem Sterblichen, hatte. Um ein bereits dreimal gepflügtes Feld fruchtbar zu machen, schlief sie dort mit ihm und zeugte Plutos, den Gott des Reichtums und der Fülle. Zeus war darüber so erbost, dass er Iasion mit seinem Blitz erschlug.

Die Eleusinischen Mysterien

Der wichtigste Demeter-Mythos ist die Geschichte von Persephone, ihrer Tochter mit Zeus. Es wird berichtet, dass Hades diese einst beim Spielen mit den Okeaniden überraschte und als Braut in die Unterwelt entführte. Dies alles geschah mit Wissen von Zeus, wie der bestürzten Demeter von Helios berichtet wurde. Der Sonnengott hatte den Vorgang von seinem Wagen aus beobachtet. Die Göttin war darüber so erbost, dass sie sich von aller Welt zurückzog und damit die Menschen zum Hungern verdammte. Auf ihrer Wanderung um die Erde kam sie in der Gestalt einer alten Amme auch nach Eleusis, einem Ort nahe bei Athen, wo sie von den Töchtern des Königs Keleus freundlich aufgenommen wurde. Demeter war von der Gastfreundschaft so begeistert, dass sie ihre Dienste anbot. Königin Metaneira nahm dankend an und betraute sie mit der Sorge um Demophon, den neugeborenen Königssohn. Demeter versuchte ihn unsterblich zu machen, indem sie ihn des Tags mit Ambrosia, der Götterspeise, salbte und nachts ins Herdfeuer legte. Sie wurde dabei von Metaneira überrascht, die Demeter um Erklärungen ersuchte. Daraufhin gab sich die Göttin zu erkennen und befahl dem Königspaar, ihr in Eleusis ein Heiligtum zu stiften, das später zum Ort der Eleusinischen Mysterien wurde. Sie wurden jährlich im September oder Oktober abgehalten. Vermutlich hat man dabei auch den Mythos um ihre Tochter Persephone aufgeführt, der mit dem Aufenthalt der Demeter in Eleusis noch nicht zu Ende war. Demeter blieb unnachgiebig, entweder sie bekam ihre Tochter zurück oder nichts würde mehr wachsen. Nach einem Hungerjahr schickte Zeus endlich Hermes in die Unterwelt, Persephone zu holen. Die hatte jedoch dort schon vom Granatapfel genascht, den ihr Hades zum Abschied gegeben hatte mit dem Wissen, dass, wer einmal im Hades gegessen hatte, der Schattenwelt verfallen war. Da bestimmte Zeus in seiner Weisheit, dass Persephone ein Drittel des Jahres, im Winter, in der Unterwelt bleiben, den Rest der Zeit jedoch mit ihrer Mutter für die Fruchtbarkeit der Felder sorgen sollte.

Erysichthon

Erysichthon benötigte Holz zum Bau einer Festhalle. Er hatte keine Angst vor einem Sakrileg und fällte den größten Baum aus einem heiligen Hain der Demeter, obwohl schon bei seinem ersten Schlag Blut aus der Kerbe floss. Die Göttin erschien Erysichthon und warnte diesen, er würde bald eine ganze Halle brauchen, für das, was er verschlingen müsste, um satt zu werden. Sie beauftragte Peina, den Gott des Hungers, ihn heimzusuchen, was dieser gerne tat. Seitdem gab es für ihn kein Halten mehr, Erysichthon verschlang alles, was er kaufen konnte, und als sein Geld zur Neige ging, verkaufte er seine Tochter, eine Geliebte Poseidons. Selbst die ihr von diesem daraufhin verliehene Gabe, die Gestalt zu wechseln, um ihrem Vater Nahrung zu beschaffen, half nicht: Zuletzt verschlang Erysichthon sich selbst.

Peter Paul Rubens (1577-1640) malte die Göttin Demeter (Ceres) um 1620 in Begleitung zweier Nymphen und mit Füllhorn, dem Symbol für materielles Glück.

Die Göttin der Weisheit
Jungfräuliche Athene

Athene hatte die Weisheit in die Wiege gelegt bekommen, denn sie war die Tochter der Okeanide Metis, der Klügsten unter Göttern und Menschen, und des Zeus. Der war Metis verfallen, und obwohl sie ihm durch allerlei Verwandlungen entkommen wollte, wurde sie schließlich doch seine erste Frau. Als sie schwanger war, weissagte ihm Gaia, seine Großmutter, dass, falls es eine Tochter werden würde, sie so weise wäre wie er selbst. Wenn danach allerdings ein Junge folge, würde ihn dieser aber an Macht übertreffen. Sie und Uranos rieten ihm daraufhin, seine schwangere Gattin zu verschlingen, wie einst sein Vater Kronos seine Geschwister. Er folgte dem Rat und bekam bald darauf Kopfschmerzen, die er von Hephaistos mit einer Axt behandeln ließ. Es kam zu einer wirklichen Kopfgeburt: Athene entsprang, erwachsen und in voller Rüstung, seinem Haupt. Da er sie selbst zur Welt gebracht hatte, liebte er sie fortan mehr als alle seine anderen Kinder.

Die Stadtgöttin

Athene war die Göttin des Krieges, der Künste und vor allem der Weisheit, die Eule als deren Sinnbild ihr Tier. „Eulen nach Athen tragen" heißt darum, etwas Überflüssiges zu tun, da sie dort längst heimisch waren. Athene war in ganz besonderer Weise mit der heutigen Hauptstadt Griechenlands verbunden, ihr größtes Heiligtum war der Parthenon-Tempel auf der Akropolis. Er war der Athena parthenos, der jungfräulichen Athene, geweiht.

Auch Poseidon hatte sich um Athen bemüht, doch einen Wettbewerb darum, wer der Stadt das nützlichere Geschenk mache, entschied die Göttin mühelos für sich. Auch galt sie als Begründerin des dortigen Geschworenengerichts, als sie veranlasste, gegen Orestes zu verhandeln, der sich, nachdem er seine Mutter Klytämnestra ermordet hatte, in die Mauern Athens flüchtete. Die Mitglieder des Areopag, des Obersten Rats der Stadt, stimmten anschließend über ihn ab, die Stimme Athenes entschied zu seinen Gunsten.

Athene blieb stets jungfräulich, verschmähte zwar die Männer nicht, hasste es aber auch, nackt begafft zu werden. Den Thebaner Teiresias ließ sie erblinden, als dieser sie beim Bade sah. Es reute sie hinterher, beleidigte ihren Gerechtigkeitssinn. So machte sie den armen Mann zum Seher, gewährte ihm ein langes Leben und die seltene Gabe, seinen Verstand auch in der Unterwelt zu behalten.

Ihre Jungfräulichkeit war häufig in Gefahr, besonders einmal durch Hephaistos, der einst ihr Geburtshelfer war. Es gelang ihr zwar, ihn sich vom Leib zu halten, doch verspritzte er in seiner Erregung seinen Samen auf die Erde. Der daraus geborene Erichthonios (siehe S. 42) wurde von Athene erzogen und später zum ersten König von Athen.

> **Arachne**
> Die „Eulenäugige", wie Homer Athene nennt, galt als große Erfinderin, erfand den Pflug und den Wagen, Zügel und Spinnrocken, Flöte und Posaune, brachte den Töpfern das Brennen des Tons, den Bauern das Pressen der Oliven und den Frauen das Weben bei. Arachne, ein lydisches Mädchen, forderte sie zum Wettkampf heraus, meinte sie könne besser weben als Athene, die Meisterin dieser Kunst. Diese wirkte einen Teppich mit Geschichten von Sterblichen, die die Götter herausgefordert hatten. Arachne aber wob die erotischen Skandalgeschichten der Götter in ihr Webstück ein. „Welch eine Frechheit", dachte die Göttin, zerriss Arachnes Arbeit und verwandelte das arme Mädchen in eine Spinne, so blieb ihre Begabung erhalten. Ein schreckliches Schicksal, das auch nicht dadurch gemildert wird, dass Zoologen die Gattung der Spinnentiere nach ihr Arachniden nannten.

Der Parthenon wurde im 5. Jh. v. Chr. zu Ehren der Stadtgöttin Pallas Athene auf dem Burgberg (Akropolis) von Athen errichtet.

Beschützerin der Griechen vor Troja
Kriegsgöttin Athene

Wie es sich für eine Kriegsgöttin gehört, begegnet man Athene immer in voller Rüstung mit Helm, Rundschild und Speer. Als Geschenk ihres Vaters trägt sie die Ägis, ein von Hephaistos geschaffenes Fell, das man sich über die Schultern wirft. Wer sie trug, war besonders geschützt – die Redewendung „unter jemandes Ägide stehen" hat hier ihren Ursprung. Von ihrem Schild glotzt dem Betrachter das Haupt der Medusa entgegen. Sie erhielt es einst von Perseus zum Geschenk, denn sie hatte ihm dabei geholfen, es zu erlangen. Sie hasste die Gorgonin, da sie in einem ihr geweihten Tempel mit Poseidon geschlafen hatte.

Strategie und Intelligenz

Ihr kriegerisches Äußeres täuscht: Sie selbst hielt nicht viel von Auseinandersetzungen, wenn sie sich auch schon beim Kampf der Götter mit den Giganten (siehe S. 14) dadurch auszeichnete, dass sie dem Giganten Pallas die Haut ab- und mit ihr ihr Schild bezog. Anders als ihr Halbbruder, der Kriegsgott Ares, verkörperte sie Strategie und Intelligenz, während er eher wild und sinnlos wütete. Am Trojanischen Krieg waren beide beteiligt, der Gott auf der trojanischen, die Göttin auf der griechischen Seite, sie mehr schützend als kämpfend. Athene war gekränkt, denn der trojanische Prinz Paris hatte sie gedemütigt, als er nicht ihr, sondern Aphrodite die Trophäe verlieh, als er darüber entscheiden sollte, welche der drei Göttinnen Athene, Hera und Aphrodite die schönste sei. Aber selbst trotz ihrer klaren Parteinahme bewahrte sie sich einen gerechten Blick: Als der griechische Held Ajax während des Untergangs der Stadt die trojanische Königstochter Kassandra ausgerechnet auf dem Altar der Athene missbrauchte, während sie sich ans Palladion, das Kultbild der keuschen Athene, klammerte, und diese abscheuliche Tat auch noch folgenlos blieb, beendete sie die Unterstützung der Griechen. Nicht nur das: Sie bat ihren Vater Zeus, den heimsegelnden Helden Stürme zu senden. Athene selbst versenkte das Schiff des Vergewaltigers durch einen Blitzschlag. Der konnte sich zwar zuerst auf einen Felsen retten, doch Poseidon zerschmetterte ihn und ließ Ajax ertrinken.

Nur Odysseus war von ihrem Zorn gegen die Griechen ausgenommen, er war ihr besonderer Liebling, denn er war listenreich und gewitzt, nicht nur mutig und stark. Sie empfing ihn persönlich, als er nach zehnjähriger Reise seine Heimat erreichte, nur durch sie war er soweit gekommen. Auch Iason, Bellerophon und Perseus haben ihr viel zu verdanken, vor allem aber Herakles, der ihr zum Dank die goldenen Äpfel der Hesperiden schenkte, die er zuvor dem Titanensohn Atlas abgeluchst hatte (siehe S. 16).

Häufig wird die Göttin Pallas Athene genannt. Woher sie diesen Beinamen hat, ist ungeklärt. Vielleicht hat sie ihn von dem Giganten übernommen, den sie besiegte, vielleicht trug sie ihn auch aus Reue über den von ihr verschuldeten Tod einer Spielgefährtin dieses Namens oder wegen der Art und Weise, wie sie ihren Speer schwang.

> ### Hestia
> *Die älteste unter den Kindern des Kronos und der Rhea, Schwester von Poseidon, Hades, Hera, Demeter und Zeus, dem sie schwor, immer jungfräulich bleiben zu wollen, ist gleichzeitig diejenige unter den zwölf Hauptgöttern, über die der Mythos am wenigsten zu berichten weiß. Sie gilt als Göttin von Haus und Herd. Da dort den Göttern geopfert wurde, brachte man ihr zu Beginn und Ende ein besonderes Opfer dar. Bei ihr schwörte man heilige Eide, sie wurde vor allen Göttern angerufen, wenn man Verträge abschloss. Im Prytaneion, dem Sitz der Regierung der griechischen Staaten, brannte ihr heiliges Feuer.*

Der Marmorkopf Athenes aus der ehemaligen Villa Hadriana in Tivoli (Italien) ist eine römische Kopie nach einem griechischen Original des Bildhauers Phidias (um 500 – nach 438 v. Chr.).

Personifizierte Männlichkeit
Ares, Gott des Krieges

Ares war der einzige Sohn des Zeus mit Hera. Ein Liebling seines Vaters war er nicht, eher das Gegenteil, Homer meint in der Ilias, er sei ihm sogar verhasst. Trotz der vielen negativen Geschichten, die ihn als blutdurstigen Haudrauf, als aggressiven Raufbold zeigen, genoss er bei den Griechen, mehr jedoch bei den Römern als Mars großes Ansehen und zählte zu den zwölf Hauptgöttern.

Ares blieb Junggeselle, war aber Liebschaften nicht abgeneigt. Seine berühmteste Verbindung war die mit Aphrodite, seiner Halbschwester, die mit Hephaistos verheiratet war. Ihre lang andauernde Liebschaft kam zu einem abrupten Ende, als der Sonnengott Helios, dem durch seine täglichen Fahrten mit dem Sonnenwagen nichts verborgen blieb, sie beobachtete und Hephaistos davon erzählte. Der befestigte ein Netz über seinem Bett auf dem Olymp, zog sich zurück und ließ es in dem Moment auf die Ehebrecher herabfallen, als sich beide beim Liebesspiel befanden. Dann rief er die übrigen Götter dazu, die sich köstlich amüsierten und Ares bloßstellten, soweit das noch möglich war, denn er war nackt.

Eigentlich hätte ihn der Jüngling Alektryon vor Helios warnen sollen, doch der hatte verschlafen. Kurzerhand verwandelte ihn der Gott in einen Hahn. Um Wiedergutmachung bemüht, meldet er seitdem jeden Morgen die Sonne mit seinem Krähen.

Blutrünstig und kämpferisch

Von Aphrodite war Ares Vater dreier Kinder: der Harmonia, des Phobos („Panik") und des Deimos („Furcht"). Mit seinen Zwillingssöhnen stürmte er meist gedankenlos auf das Schlachtfeld und zog doch stets den Kürzeren, wenn auch Athene beteiligt war. Sie galt zwar ebenfalls als Kriegsgöttin, doch handelte sie weise und klug. Im Trojanischen Krieg hatte er seinen ersten Auftritt erst, als es blutig wurde, die erste große Schlacht begann. Man sah ihn auf beiden Seiten, für ihn zählte nur der Krieg. Es war die Stunde des „von Blut befleckten", des „männerverderbenden" und des „menschentilgenden" Gottes, der, wie alle Götter, selbst nicht unverwundbar war: Die Lanze des Diomedes verletzte ihn am Bauch. Kein Wunder, denn sie wurde von Athene geführt.

Doch nicht nur gegen Athenes Weisheit war er machtlos, auch gegen pure Gewalt hatte er kein Mittel. Den beiden Riesen Otos und Ephialtes gelang es, ihn zu fesseln und in einen eisernen Krug zu stecken, aus dem ihn glücklicherweise Hermes befreien konnte.

Ares hatte noch weitere Kinder, von Otrere unter anderem Hippolyte und Penthesilea, Königinnen der Amazonen. Auch Alkippe war seine Tochter. Ein Sohn des Poseidon vergewaltigte sie in der Nähe der Akropolis von Athen, und Ares schlug ihn gleich tot. Der Meeresgott verklagte ihn, und der Rat der Götter verhandelte seinen Fall direkt vor Ort. Er wurde freigesprochen, der Hügel nach ihm Areshügel oder Areopag genannt. Der Oberste Rat der Stadt, der hier tagte, trägt darum dessen Namen.

Kadmos und Harmonia

Kadmos, der Bruder der von Zeus entführten Europa (siehe S. 84), erhielt vom Orakel in Delphi die Auskunft, er solle einer Kuh mit einer speziellen Zeichnung folgen und da, wo sie sich hinlegen würde, eine Stadt erbauen. So gründete er Theben. Da er zuvor noch einen Drachen erlegt hatte, der dem Ares gehörte, musste er diesem acht Jahre dienen, danach war er frei und erhielt von Zeus die Tochter seines ehemaligen Dienstherrn und der Aphrodite, Harmonia, zur Frau. Bei der Hochzeit waren die Götter persönlich zugegen und beschenkten sie großzügig. Die Braut erhielt von Hephaistos ein Halsband, das Halsband der Harmonia, das all seinen Besitzern nur Unglück brachte.

Diego Velásquez (1599-1660) porträtiert den Gott des Krieges um 1640 leicht bekleidet, nur durch seine Attribute Helm und Schild erkennbar, in Öl.

Von der Mutter verstoßen
Hephaistos, Gott der Schmiede und des Feuers

Angeblich soll Hera, die Gemahlin des Zeus, Hephaistos ganz ohne ihren Mann empfangen haben, als eine Trotzreaktion auf die Geburt der Athene, die Zeus' Haupt entsprang. Dabei wiederum soll ihm Hephaistos behilflich gewesen sein, was erstere Annahme fragwürdig erscheinen lässt. Auf jeden Fall soll sich Hera bei seinem Anblick so erschrocken haben, dass sie ihn gleich vom Olymp warf. Er landete im Okeanos, wo er von Thetis und der Okeanide Eurynome gerettet wurde. Neun Jahre zogen sie ihn auf, und es kam der Tag, an dem er sich für den Rauswurf rächen wollte. Er schenkte seiner Mutter einen goldenen Sessel, an dem er unsichtbare Fesseln angebracht hatte, so dass sie sich, einmal gesetzt, nicht mehr von ihm lösen konnte. Nun war er plötzlich auf dem Olymp willkommen, brauchte man ihn doch, um Hera zu befreien.

Der zweite Fall vom Olymp
Hephaistos wurde als Gott der Schmiedekunst, des Feuers und des Handwerks verehrt. Er zählt zu den wichtigsten Göttern der Griechen und wurde besonders auf der nordägäischen Vulkaninsel Lemnos verehrt. Damit hatte es folgende Bewandtnis: Inzwischen mit seiner Mutter versöhnt, unterstützte er diese in einem Streit mit Zeus, in dem es um Heras rachsüchtige Verfolgung des Herakles ging, so vehement, dass ihn der Göttervater am Bein packte und auf die Erde hinabschleuderte. Hephaistos fiel einen ganzen Tag und landete schließlich auf Lemnos, wo ihn die Sinter pflegten und zum Dank von ihm die Kunst der Metallverarbeitung lernten, für die sie unter den Griechen bekannt waren.

Der hässliche, hinkende Gott wurde ausgerechnet mit der schönsten unter den Göttinnen, Aphrodite, verheiratet. Sie betrog ihn mit Ares, dem Kriegsgott, dem sie sogar Kinder schenkte. Die Sache flog auf, Hephaistos fing beide während des Liebesakts in einem Netz und führte sie so den Göttern vor. Gegen eine gehörige Buße vergab er dem Nebenbuhler.

Handwerk hat goldenen Boden
Auf Lemnos hatte Hephaistos seine Werkstatt. Dort fertigte er Schmuck an, wie das berüchtigte Halsband der Harmonia, das seinem Träger Unglück bringt, oder die Rüstungen für Achilles, Äneas und vielleicht auch Herakles. Den goldenen Wagen des Sonnengottes verzierte er genauso wie er dem Zeus die Ägis, eine Art Brustpanzer aus Ziegenfell, anfertigte. Er baute den Göttern prächtige Häuser und dem Sonnengott eine Art Flugmaschine, die ihn ostwärts zu Wagen und Rössern trug. Sein Werkstoff war meistens Metall, aus diesem Material waren auch die Ketten, mit denen er Prometheus an den Kaukasus schmiedete.

Erichthonios
Als Hephaistos von Athene darum gebeten wurde, ihr eine Rüstung zu schmieden, entbrannte er in wildem Verlangen nach ihr und versuchte, sie zu umarmen. Sie stieß ihn von sich, wobei er, bereits erregt, seinen Samen auf die Erde vergoss. Das Kind, das daraufhin aus der Erde geboren wurde, wurde Erichthonios genannt. Gaia, die Erde, übergab es der Athene, sie sollte sich um es kümmern. Sie legte es in ein Kästchen, verschloss es und gab es den drei Töchtern des Kekrops mit der Verpflichtung, nicht hineinzusehen. Pandrosos und Herse, zwei von ihnen, erlagen ihrer Neugier, öffneten das Kästchen und erschraken so sehr, dass sie sich von der Akropolis stürzten. Was genau sie sahen, ist unklar, manche behaupten, er habe den Hinterleib einer Schlange gehabt. Jedenfalls brachte Athene den Jungen in ihren Tempel. Im Mannesalter wurde er zum König von Athen, förderte den Athene-Kult, stellte ihr Bildnis auf der Akropolis auf und stiftete ihr Hauptfest, die Großen Panathenäen.

Zu Hephaistos' Aufgaben gehörte es auch, den in Ungnade gefallenen Prometheus in Ketten an den Kaukasus zu schmieden. Dierck van Baburen (um 1595-1624) bannte den dramatischen Moment 1623 auf Leinwand.

Gott der Weissagung
Der schöne Apollon

Darf man ihn sich als eine Mischung aus Brad Pitt, George Clooney und David Beckham vorstellen? Die Künstler aller Zeiten taten dies, sie stellten Apollon, den Gott der Weissagung, der Heilkunst, des Bogenschießens, der Künste und vor allem der Musik, so dar, wie sie sich dem Schönheitsideal der jeweiligen Zeit gemäß einen perfekten Mann wünschten. „Schön wie ein junger Gott", diese Redewendung ist auf Apollon gemünzt, der aber nicht nur gut aussah, sondern überaus musisch begabt und mit seherischen Kräften ausgestattet war. Bei aller Großartigkeit hatte der Gott auch etwas zum Fürchten, er wusste um den Eindruck, den er machte, und kannte seine Begabungen. Sein Selbstbewusstsein und seine Eitelkeit bekamen nicht zuletzt Niobe und Marsyas in aller Härte zu spüren. Ein Gott solchen Kalibers war natürlich ein Sohn des Zeus, seine Mutter hieß Leto und war eine Titanentochter. Sie scheint sich mit Zeus verbunden zu haben, als er bereits mit Hera verheiratet war, denn als sie einen Ort zur Niederkunft suchte, wurde ihr der aus Angst vor deren Rache überall verwehrt. Nur Delos, eine karge Insel im Ägäischen Meer, war dazu bereit, und so konnte sie sich während der ganzen Antike damit schmücken, Geburtsort zweier bedeutender Götter gewesen zu sein – Leto kam nämlich mit Zwillingen nieder, mit Apollon und Artemis, der Göttin der Jagd.

Schon nach wenigen Tagen war Apollon erwachsen und machte sich auf die Suche nach einem Ort für das Orakel, das er gründen wollte. Er fand Delphi (siehe S. 194), tötete die Schlange, die die bereits zur Weissagung benutzte Stelle bewachte, und setzte eine Priesterin ein, durch deren Mund er sich künftig den Menschen kundtun wollte. Auch Sterbliche konnte er mit seiner Gabe, in die Zukunft zu blicken, beschenken und machte davon bei den Zwillingsgeschwistern Helenos und Kassandra (siehe S. 123), Kinder des trojanischen Königs Priamos, Gebrauch.

Gott der Heilkunst

Im Trojanischen Krieg war Apollon der wirkungsvollste Verbündete der Trojaner, obwohl ihn einst der trojanische König Laomedon um seinen gerechten Lohn bei der Erbauung der Stadtmauern betrogen hatte. So berichtet die Ilias, dass er über die Griechen die Pest schickte, als sie die Tochter des Apollonpriesters Chryses, Chryseis, raubten und sich weigerten, sie wieder herauszugeben. Er beendete die Seuche auf Bitten seines Priesters und erwies sich so als Gott der Heilkunst, eine Aufgabe, die sein Sohn Äskulap später von ihm übernahm. Dann lenkte er einen von Paris auf Achilles, den größten Helden der Griechen, abgeschossenen Pfeil so geschickt, dass Achilles in seine einzig verwundbare Stelle, die Ferse, getroffen und dadurch getötet wurde.

Die neun Musen

„Nenne mir, Muse, den Mann …", so beginnt Homers Odyssee. Nichts Ungewöhnliches, denn die Dichter waren auf ihr Gedächtnis angewiesen. Mit der Anrufung der Musen, die zuerst Gedächtnishelferinnen waren, war zuerst nur die Dichtung verknüpft.

Die „Erinnernden", Töchter von Zeus und der Titanin Mnemosyne, waren anfangs nur zu dritt, zuständig für Übung, Gedächtnis und Gesang. Je mehr sich die Künste differenzierten, desto stärker vermehrten sich auch die Musen, zu ihrem Führer wurde Apollon erklärt. Die neun Musen, von denen traditionellerweise die Rede ist, sind: Kalliope für die epische Dichtung; Klio für die Geschichte; Euterpe für das Flötenspiel; Terpsichore für den Tanz; Erato für die Liebesdichtung; Melpomene für die Tragödie; Thalia für die Komödie; Polyhymnia für die ernste Musik und Urania für die Astronomie.

Sogenannter Apollo von Belvedere. Römische Marmorkopie nach einer dem griechischen Bildhauer Leochares (tätig 360–320 v. Chr.) zugeschriebenen Bronzeskulptur.

Virtuos und impulsiv
Apollon, Gott der Künste

So feinfühlig und empfindsam Apollon sein konnte, so gefürchtet waren auch seine Wutausbrüche und sein Zorn, selbst wenn er – voraussehen musste, dass die Geschichte schlecht für ihn ausgehen würde. So reagierte er, man ist nicht verwundert, wütend darauf, dass Zeus Äskulap, seinen Sohn, mit einem Blitz erschlug, denn er hatte einen Toten zum Leben erweckt – in den Tod durften selbst Götter nicht eingreifen. Apollon rächte sich, indem er die Zyklopen, Verwandte des Zeus und Hersteller seiner Blitze, tötete. Zur Strafe musste der Gott dem König Admetos von Pherai in Thessalien ein ganzes Jahr dienen.

Göttlicher Bogenschütze

Apollons Beiname „der Ferntreffende" bezog sich einerseits auf die Musik, mit deren Tönen er Menschen schon von weitem ins Herz treffen konnte, andererseits aber auch, ganz naheliegend, auf seine Kunstfertigkeit im Bogenschießen. Tityos war einer der Leidtragenden, er starb an den Pfeilen Apollons und seiner Schwester Artemis, weil er sich ihrer Mutter Leto genähert hatte. Sie schickten ihn in die tiefste Unterwelt, wo ihm, an den Boden gefesselt, zwei Geier die Leber zerhackten, die sich immer wieder erneuerte. Kein Erbarmen kannten die Geschwister ebenfalls bei Niobe. Sie hatte Leto gegenüber, die nur Apollon und Artemis das Leben geschenkt hatte, mit ihrer großen Fruchtbarkeit geprahlt. Gekränkt rächten sich die Geschwister und erschossen Niobes Kinder mit „sanften Pfeilen".

Ein Tauschgeschäft mit seinem Halbbruder Hermes brachte Apollon in den Besitz einer Lyra, auf der er bald so virtuos spielte, dass es niemand mit ihm aufnehmen konnte. Niemand? Marsyas, ein Satyr und Meister auf der Flöte, forderte ihn heraus, was für ihn tödlich enden sollte (siehe Kasten).

> ### Marsyas
> *Der zottige Sartyr war ein Meister auf der Doppelflöte, einem Instrument, das die Göttin Athene erfunden hatte, an dem sie jedoch die Lust verlor, als sie bemerkte, dass das Spielen ihr Gesicht entstellte. Er war sich seines Könnens so bewusst, dass er Apollon zu einem Wettstreit herausforderte. Der Preis für den Sieger war, dass er mit dem Verlierer verfahren konnte, wie er wollte. Anfangs lagen sie gleichauf, dann drehte Apollon sein Instrument, eine Lyra, um und forderte Marsyas auf, dasselbe zu tun, mit dem Ergebnis, dass der Flöte kein Ton mehr zu entlocken war. Der Sartyr hatte verloren. Apollon ließ den kecken Herausforderer an einem Baum aufhängen und zog ihm bei lebendigem Leibe die Haut ab.*

Pech in der Liebe

„Phoibos", „der Strahlende", war Apollons häufigster Beiname, doch trotz seiner Ausstrahlung hatte dieser Traum von einem Mann wenig Glück mit den Frauen, die er unendlich begehrte. Daphne floh vor seinen Nachstellungen und ließ sich lieber in einen Lorbeerbaum verwandeln, als ihm gefügig zu sein. Die cumäische Sibylle versuchte er damit zu „überreden", dass er ihr so viele Lebensjahre versprach wie sie Sandkörner in der Hand hielt – ohne Erfolg. Bei der Nymphe Sinope war er fast am Ziel, als sie ihn darum bat, ihr einen Wunsch zu gewähren. „Jeden", sagte er und bejahte, doch kurz darauf verwünschte er sich dafür, denn sie wollte für immer Jungfrau bleiben.

Auch seine Beziehungen zu Männern endeten tragisch. Kyparissos, ein schöner Knabe aus Keos, erlegte aus Versehen einen heiligen Hirsch. Er war darüber so untröstlich, dass er sterben wollte. Doch Apollon, der ihn sehr liebte, ließ das nicht zu und verwandelte ihn in eine Zypresse, so blieb er am Leben. Seinen Geliebten, den spartanischen Jüngling Hyakinthos (siehe S. 90) hingegen tötete er versehentlich mit einem Diskus.

Ungleicher Wettstreit mit unschönem Ausgang für den Herausforderer: „Apollo und Marsyas" von Perugino (1448–1523), um 1500.

Grausam und streng
Artemis, Göttin der Jagd

Auch mit Artemis konnte sich Hera, die Gattin des Zeus, nicht abfinden, denn sie war die Tochter des Göttervaters von einer anderen Frau. Als Zwillingsschwester des Apollon wurde auch sie auf Delos geboren, auch sie übte Rache am Giganten Tityos, der ihrer Mutter Leto, der Titanentochter, zu nahe kam, und traf ihn mit ihren Pfeilen. Sie beherrschte den Bogen mit ähnlicher Meisterschaft wie ihr Bruder, galt als Göttin des Bogenschießens, vielmehr aber noch der Jagd. Von Männern wollte sie nichts wissen, obwohl sie an ihrem berühmtesten Kultort, ihrem Tempel in Ephesos, einem der Sieben Weltwunder, als vielbrüstige Muttergottheit erscheint.

Kallisto und Orion

Eines Tages im Wald, begleitet von einem Gefolge von Nymphen, legte sie eine Pause ein und nahm ein Bad. Da entdeckte die Göttin an einer ihrer Gespielinnen ein Bäuchlein – Kallisto war schwanger, keiner ahnte, dass Zeus der Vater war. Die Göttin jagte sie davon, Hera verwandelte sie nach der Geburt ihres Sohnes in eine Bärin. Noch heute leuchtet sie als Sternbild vom Himmel, Zeus hat sie dorthin versetzt.

Dort landete auch Orion, der selbst ein großer Jäger war. Über seinen Weg dorthin existieren mehrere Versionen. So heißt es, er habe mehr von Artemis gewollt als nur Freundschaft, und sie tötete ihn. Dies ist die einfachste Fassung. Eine andere, abweichende geht so: Artemis, verliebt in Orion, und ihr Bruder Apollon, der sich als Beschützer seiner Schwester fühlte, jagten auf Kreta. Da entdeckte der Gott weit draußen einen Punkt im Meer und erkannte, wer der Schwimmer war. Unschuldig lächelnd forderte er Artemis zu einem Wettkampf im Bogenschießen auf. Ob sie den fernen Punkt treffen könne? Sie konnte, das ferne Objekt entpuppte sich als Orion, und Artemis war untröstlich. Eines konnte sie für den Geliebten doch noch tun: Sie versetzte ihn an den Himmel, wo sein Sternbild an diese tragische Liebesgeschichte erinnert.

Aktäon wird zum Hirsch

Auch das Erlebnis, das Aktäon mit Artemis hatte, endete tödlich, dabei hatte er sich nichts zu schulden kommen lassen, wenn man ein bisschen Voyeurismus beiseite lässt. Er hatte sie nackt beim Bade mit ihrem Gefolge gesehen und war entdeckt worden. Die Nymphen versuchten noch, Artemis vor seinen Blicken zu schützen, aber es war bereits zu spät. Die Göttin war wütend, so wütend, dass sie Aktäon in einen Hirsch verwandelte. Er wurde von seinen eigenen Hunden gehetzt, gestellt und zerrissen.

Der Artemis-Tempel in Ephesos

Das antike Ephesos, etwa 70 km südlich von Izmir an der türkischen Westküste, war eine der bedeutendsten griechischen Siedlungen in Kleinasien. Dort befand sich der Tempel der Artemis, kein anderer griechischer Kultbau konnte es an Größe mit ihm aufnehmen. Schon antike Autoren rechneten ihn zu den sieben Weltwundern. Er wurde um 500 v. Chr. mit finanzieller Unterstützung des lydischen Königs Krösus errichtet, dessen Reichtum sprichwörtlich wurde. Am Tag der Geburt Alexanders des Großen, am 21. Juli 356 v. Chr., soll der Tempel ein Raub der Flammen geworden sein. Der Brandstifter, Herostratos, wollte mit seiner Tat berühmt werden. Es gelang. „Herostrat" werden heute noch geltungssüchtige Menschen genannt. Der Tempel wurde wieder aufgebaut, wieder stand auf erhöhtem Podium ein Wald aus 127 Säulen. Darin ein Kultbild der Göttin, das den Brand überstand: Artemis in ihrer ursprünglichen Rolle, als Göttin der Fruchtbarkeit, den Oberkörper über und über mit Brüsten bedeckt. Tempel und Kultbild sind lange zerstört, ihr Aussehen durch verkleinerte Nachbildungen und Münzen bekannt.

Die sogenannte Artemis von Versailles aus der 2. Hälfte des 4. Jh. v. Chr. zeigt die Göttin der Jagd in Begleitung einer Hirschkuh.

Kindheit und Flegeljahre
Hermes, Gott der Diebe

Eine der Plejaden, der sieben Töchter des Atlas, war Maia. Sie lebte zurückgezogen in einer Höhle am Berg Kyllene in Arkadien. Trotzdem verliebte sich Zeus in sie. In der Nacht, wenn Hera, seine Gemahlin, schlief, schlich er sich zur „reichgelockten Maia" und „teilte mit ihr das Lager". Nicht ohne Folgen. Am vierten Tag des zehnten Monats wurde sie in ihrer schummrigen Höhle von einem Jungen entbunden, Hermes.

Die Erfindung der Lyra

Schon an seinem ersten Lebenstag hielt es ihn nicht mehr in der Höhle und er streifte umher. Da stolperte er über eine Schildkröte, und sofort hatte er eine Idee, die das arme Tier nicht überlebte: Er weidete es aus, bespannte den Panzer mit Ochsenhaut und befestigte sieben Saiten aus Schafsdarm darüber. So erfand er die Lyra, das erste Saiteninstrument. Mit ein paar frechen Liedern über die Liebesnächte seiner Eltern und seine eigene Herkunft auf den Lippen zog er weiter.

Vom Erfinden und Herumstreunen bekam er Hunger. Durch ein glückliches Geschick gelangte er nach Pieria, wo die stattlichen Rinder der Götter weideten. Von den Tieren Apollons trieb er fünfzig beiseite. Klug wie er war, ließ er sie rückwärts gehen, so dass es schien, er sei in die andere Richtung gegangen. Gleichzeitig band er sich Sandalen aus Tamarisken- und Myrtenzweigen unter die Füße, seine Spur sollte nicht zu identifizieren sein. Einen alten Mann namens Battos, der den Diebstahl bemerkte, zwang er zur Verschwiegenheit.

Die Erfindung des Feuermachens

Der Hunger meldete sich wieder. Er rieb Holzstäbchen aneinander und entdeckt so nebenbei noch das Feuermachen, schlachtete zwei Rinder, zerteilte das beste Fleisch in zwölf Teile, um es den Göttern zu opfern – und schreckte zurück. War es den Göttern nicht untersagt von den Opfergaben zu speisen? Da er sich selbst als einen von ihnen begriff, musste er hungrig bleiben. Seit seinem Verschwinden war nur eine Nacht vergangen, er ging zurück und legte sich in die Wiege, als sei nichts geschehen. Apollon, durch die Spuren lange im Trüben fischend, erfuhr von Battos, dass ein Kind seine Rinder geraubt habe. Ein Vogel wies ihm den Weg. Hermes aber leugnete. Apollon drohte ihm mit der Unterwelt, er könne dort der Führer der Säuglinge werden. Doch Hermes blieb dabei, er habe nichts gesehen, gehört und schon gar nichts getan, Zeus solle doch urteilen. Der drängte darauf, dass sich die Streithähne doch einigen mögen, und tatsächlich, es gelang den beiden. Als sie bei den Rindern standen, griff Hermes zur Lyra und schmetterte so bravourös ein Lied, dass Apollon den Diebstahl vergaß, als Hermes ihm zum Ausgleich das Instrument überließ. Sie wurden die besten Freunde, und der Knabe durfte die Rinder behalten.

Mehr Glück als sein göttlicher Freund hatte Hermes in Liebesdingen, sogar Aphrodite schenkte ihm ihre Gunst.

> ### *Hermaphroditos*
>
> *Der Sohn von Hermes und Aphrodite, in dessen Namen sich die Namen seiner Eltern widerspiegeln, war sehr schön. Als er eines Tages nach Halikarnassos in Karien wanderte und an einem schönen Teich rastete, verliebte sich die Najade Salmakis in ihn. Sie machte ihm Avancen, aber er stieß sie von sich. Sie tat so, als verlasse sie den Ort, hielt sich jedoch verborgen. Er ließ alle Hüllen fallen und badete. Für Salmakis gab es kein Halten mehr: Sie umschlang ihn und betete zu den Göttern, sie auf immer zu vereinen. Der Wunsch wurde erhört, ihre Körper verschmolzen zu einem. Die Mediziner bezeichnen heute einen Menschen mit weiblichen und männlichen Geschlechtsmerkmalen als Hermaphrodit.*

Die klassizistische Marmorskulptur des jugendlichen, athletischen Hermes mit Heroldstab, Flügelschuhen und -kappe wurde um 1820 vom spanischen Bildhauer Ramón Barba (1767-1831) geschaffen.

Der allgegenwärtige Gott
Götterbote Hermes

Kein anderer griechischer Gott konnte seine Popularität so gut in unsere Zeit hinüberretten wie Hermes. Sein Name und sein Bild stehen heute noch für Seriosität. Zu erkennen ist er am Heroldsstab, den zwei Schlangen umwinden, in Erinnerung an die, die sich einst um ihn wanden, als der Gott sie kämpfend fand und mit seinem Stab trennte. Außerdem an den Flügeln an seiner schmalrandigen Kappe und den Sandalen, die darauf hinweisen, dass er als Bote der Götter und Diplomat, meistens in Liebesdingen, wenig Zeit zu verlieren hatte. Auf seinen Reisen durchquerte er Himmel, Erde und sogar die Unterwelt. Bei so viel Bewegung kein Wunder, dass ihn Standbilder in antiken Sportanlagen, die er nebenbei auch als Gott betreute, als athletischen Jüngling zeigten.

Im Altertum war er äußerst präsent, an vielen Kreuzungen stand eine „Herme" als Wegweiser, viereckige Sockel mit einer Büste des Gottes, an deren Vorderseite an passender Stelle ein – zumeist erigiertes – Glied angebracht war. Schon bei den Griechen genoss er ein hohes Ansehen, denn mehr noch als bei den anderen Göttern trug sein Verhalten sehr menschliche Züge. Man hatte den Eindruck, er bliebe immer ein großer Junge, der anderen gerne Streiche spielte, obwohl er als Begleiter der toten Seelen in den Hades auch ernste Missionen übernahm. Auch als Begleiter der Herden und als Beschützer der Hirten gab er eine gute Figur ab, mit einem Widder über den Schultern war er auch unter seinem Beinamen „Nomios", der Hirte, bekannt. Im Homer zugeschriebenen Hymnus an Hermes wird er daher auch als Kuhtreiber bezeichnet, erstaunlicher ist jedoch, wie ihn der Dichter noch beschreibt. Über seine Geburt heißt es da: „Und als die Zeit erfüllt war, kam sie nieder und gebar einen Sohn, schlau und gerissen, einen Räuber, einen Kuhtreiber, einen Traumbringer, einen Wächter in der Nacht, einen Dieb an den Toren, einen, der bald wundersame Taten vollbringen sollte unter den Göttern."

Kindliche Streiche

Bereits die erste seiner Taten, von denen die Dichter berichten, zeigte seine Schläue und Verschlagenheit. Sie verdient es, in einem eigenen Kapitel gewürdigt zu werden (siehe S. 50). Vor allem als Knabe richtete er so manchen Schabernack an, stahl dem Poseidon den Dreizack und dem Ares das Schwert, Apollon Pfeil und Bogen, dem Hephaistos die Feuerzange. Als sie den Buben auf dem Arm hatte, entwendete er der Aphrodite den Gürtel vom Leib, und bei der gleichen Gelegenheit stahl er dem Zeus das Zepter.

Als Erwachsener barg er Dionysos vor dem Zorn der Hera und tötete den Bewacher der Io, Argos. Er befreite Ares aus seinem Gefängnis, einem Krug, und war mit Zeus bei Philemon und Baucis. Auch beim „Urteil des Paris" war er dabei, begleitete Priamos im Trojanischen Krieg zu Achilles, um die Leiche Hektors auszulösen, und half Odysseus gegen Circe und Kalypso.

> **Hermes Trismegistos**
>
> Hermes Trismegistos war der griechische Name für den altägyptischen Gott Thot, den Gott der Schrift und der Weisheit, denn Hermes, der Sohn des Zeus, entsprach diesem in einigen Attributen. Der Beiname Trismegistos bedeutet der „dreimal Größte". Ihm wurden bis in die Neuzeit verfasste Schriften zugeordnet, die magische, alchemistische oder auch astrologische Inhalte hatten. Schon im 2. Jh. v. Chr. waren es 42 Bücher, denen die fast jeder Esoterik zugrunde liegende Lehre einer Entsprechung von Makro- und Mikrokosmos gemeinsam ist. Bis zum Ende der Antike sprach man von etwa 20000 Schriften, die er angeblich verfasst haben sollte. Die Alchemisten beriefen sich noch bis ins 16. Jh. auf ihn.

Ein Mann für alle Fälle: Hermes wiegt mit dem Spiel der von ihm erfundenen Hirtenflöte Argos, Aufpasser der Io, in den Schlaf, um ihn anschließend zu töten und Io zu befreien. Noël-Nicolas Coypel (1690–1734), um 1725/30.

Die „Schaumgeborene"
Aphrodite, Göttin der Liebe

Aphrodite war älter als die anderen Götter. Sie wurde aus dem Schaum (aphros = „Schaum") geboren, der sich um das Glied des Uranos sammelte, nachdem es ihm sein Sohn Kronos abgetrennt und ins Meer geworfen hatte. Trotzdem oder gerade deswegen zählte sie zu den zwölf Hauptgöttern, die auf dem Olymp wohnten und alle, bis auf sie, Nachkommen des Kronos waren. Ein Indiz dafür, dass sie bereits vor diesen verehrt wurde, ist neben ihrer außergewöhnlichen Geburt auch der Ort, an dem sie – gleich erwachsen – an Land stieg, die Insel Zypern. Sie liegt näher an Asien als an Europa und macht es wahrscheinlich, dass sie eine asiatische Muttergottheit war, die erst später in das System der griechischen Götter eingefügt wurde.

Geliebte der Götter und Menschen

Aphrodite war vor allem die Göttin der Liebe, aber auch der Fruchtbarkeit und Schönheit. Und schön war sie selbst. Sie, die meistens mit einem spöttischen Lächeln um den Mund dargestellt wurde, war es, die die berühmteste Schönheitskonkurrenz aller Zeiten durch das Urteil des Paris (siehe S. 150) gewann. Apollon und sie hätten ein äußerlich perfektes Paar abgegeben, aber ausgerechnet der hässliche Hephaistos war ihr Mann. Laut Homer, für ihn galt Aphrodite übrigens als Tochter des Zeus und der Dione, betrog sie ihn schamlos mit dem Kriegsgott Ares, einem attraktiveren Mann. Die Frucht dieser Liebe soll Eros gewesen sein, der kindliche Liebesgott, ihr häufiger Begleiter. Für eine so schöne Frau war es nicht leicht, treu zu bleiben, sie wurde von vielen begehrt. Mit Dionysos und vielleicht auch Poseidon hatte sie Kinder, auch dem Hermes gab sie sich hin. Eigentlich hatte sie sich vorgenommen, ihn abzuweisen, doch er versprach ihr die goldene Sandale, die ihr ein Adler entführt hatte, wenn sie ihm eine Liebesnacht gewährte. Der Adler war natürlich von Zeus geschickt. Der listige Hermes hatte seinen Vater angefleht, ihm zu helfen, und der, angewiesen auf seine Dienste, konnte nicht ablehnen. Auch Sterbliche verschmähte die Liebesgöttin nicht. Ihre berühmtesten Liebhaber waren Adonis und Anchises. Für den schönen Adonis endete die Affäre tödlich, denn der eifersüchtige Ares verwandelte sich in einen Eber und tötete ihn bei der Jagd. Anchises, ein trojanischer Prinz, wurde von ihr gegen seinen Willen verführt. Gut für ihn, denn sie unterstützte auch ihm zuliebe Troja im Krieg gegen die Griechen. Schlecht für ihn, denn sie konnte gegen die Götter, die den Angreifern zur Seite standen, nichts ausrichten. Letztlich doch gut für ihn, denn sie rettete ihn mit ihrem gemeinsamen Sohn Aneas und dessen Sohn Ascanius aus der brennenden Stadt. Auch später hielt sie noch ihre schützende Hand über den Helden der Äneis, der schließlich in Italien landete und zum mythischen Stammvater von Cäsar und Augustus wurde.

> ### Priapos
> *Der Sohn der Aphrodite und des Dionysos oder des Hermes tauchte im Mythos erst relativ spät auf, dafür gehört seine Darstellung zu einer der prägnantesten unter den griechischen Göttern, wird er doch stets mit einem großen erigierten Glied gezeigt. Er galt als Fruchtbarkeitsgott, zuständig für Ziegen, Schafe und Bienen, dann auch für Gärten und Weinberge. Von ihm wird überliefert, dass er Esel hasste, da er bei einem Vergleich, wer das größere Geschlechtsteil habe, gegen sie den „Kürzeren" zog. Sein Hass mochte seinen Ursprung auch darin haben, dass er sich einst neben die schlafende Nymphe Lotis legte, die er begehrte. Sie lief, von einem schreienden Esel geweckt, voll Entsetzen davon. Vor seinen Nachstellungen nicht sicher, verwandelten sie die Götter in einen Baum, den Lotos.*

Die Liaison mit Adonis endetet für diesen tödlich. Der eifersüchtige Ares, hier im Hintergrund als Eber verwandelt, tötet ihn bei der Jagd. Sebastiano del Piombo (1485–1547) nahm sich der tragisch endenden Liebesgeschichte 1512 an.

Die Liebe besiegt alles
Aphrodite, Göttin der Schönheit

Aphrodite ist mächtiger als alle Götter, denn sie vermag sinnliche Begehrlichkeit in ihnen zu wecken. Sie wird als junge Frau von beeindruckender Sinnlichkeit beschrieben, Homer erwähnt die „reizende Brust" und vor allem ihre „funkelnden Augen". Schönheit gehört, als der Stoff, an dem sich Liebe entzündet, zu den wichtigen Kennzeichen ihrer Macht. Ihre Verbindung zum hinkenden Hephaistos, aber auch die zu Ares, der kriegerisch-aggressiven Gewaltnatur, zeigt, dass die Liebe alles verbinden, ja alles besiegen kann. Nur Athene, Hestia und Artemis können ihr widerstehen, denn sie haben sich der Jungfräulichkeit verschrieben. Folgt man ihr nicht, zeigt sie sich unnachsichtig, sie verfolgt Respektlosigkeit und steht ihren Günstlingen bei.

Ihre Strafen waren einfallsreich. So versah sie die Frauen von Lemnos, die ihren Kult vernachlässigt hatten, mit einem üblen Geruch, so dass sie von ihren Männern verstoßen wurden. Weil sie nicht mit ansehen wollten, wie ihre Gatten sich mit anderen Frauen vergnügten, brachten die gedemütigten Lemnierinnen sie einfach um. Oder das traurige Geschehen um Myrrha, deren Mutter damit prahlte, sie sei schöner als Aphrodite. Die Göttin bewirkte, dass das Kind sich in den eigenen Vater verliebte, mit ihm schlief und Adonis zeugte.

Auch für Psyche, eine ungewöhnlich schöne Königstochter, sollte es kein gutes Ende nehmen, obgleich nicht sie selbst es war, die sich für schöner als Aphrodite hielt. Es genügte schon die Meinung der anderen, um ihren Neid zu erregen, der Psyche dann fast zum Opfer fiel (siehe S. 94).

Liebestolle Musen

Auch zwei der Musen geraten in die Fänge der Liebesgöttin. Klio, die Muse der Geschichte, soll Aphrodites Liebe zu Adonis, einem Sterblichen, verspottet haben. Schon war es um sie geschehen, auch sie verliebte sich in einen Menschen, Pieros, dem sie den Hyakinthos (siehe S. 90) gebar. Schlimmer erging es ihrer Schwester Kalliope, der Muse für die epische Dichtung. Sie hatte den salomonischen Richterspruch zwischen Aphrodite und Persephone gefällt, die beide um Adonis stritten. Die Liebesgöttin war mit dem Urteil nicht einverstanden und so wurde Kalliope, so berichten es manche Quellen, mit dem Tod ihres Sohnes Orpheus bestraft.

Begünstigte Helden

Was sie für ihre Günstlinge tat, haben wir schon bei Anchises gesehen. Paris, dessen Entführung der Helena sie unterstützte, schützte sie häufiger vor dem Tode, Hektors Leib bewahrte sie vor dem entwürdigenden Zerfall, indem sie ihn kosmetisch behandelte. Milanion, der Atalante im Wettlauf besiegen wollte, um sie für sich zu gewinnen, schenkte sie drei goldene Äpfel, mit denen er die Begehrte hindern konnte, ihn zu überholen.

Doch ihr ureigenstes Gebiet war die Liebe. Im Auftrag von Hera ließ sie Medea so sehr in Liebe zu Jason entbrennen, dass diese für ihn ihren Vater Aietes verriet (siehe S. 124). Auch Circes Liebe zu Odysseus soll sie geweckt haben, ebenso die seines Sohnes Telemachos zu Polykaste.

Die drei Grazien

Die Charites (Plural von griech. Charis = Freude, Anmut, Gunst) waren in der bildenden Kunst ein häufiges Thema. Sie sind heute vor allem noch unter ihrem römischen Namen „die Grazien" bekannt. Sie verliehen Anmut und Ausstrahlung, kurz: Charisma. Es sind kleinere Gottheiten, die meistens im Gefolge anderer Götter wie Hermes, Apollon und vor allem Aphrodite zu finden waren. Meistens zu dritt, Aglaia (Glanz), Euphrosyne (Frohsinn) und Thalaia (die Blühende), werden sie am häufigsten Kinder des Zeus und der Euronyme genannt.

Der Inbegriff von Schönheit, Anmut und Sinnlichkeit: Aphrodite. Sie hat Künstler über Jahrhunderte in ihren Bann gezogen, so auch Tizian (um 1477/90–1576), der die Schöne um 1538 in Öl verewigte.

Der zweimal Geborene
Dionysos, Gott des Weines

Der Gott des Weines und der Ekstase, den die Griechen auch Bakchos nannten, ist ein Mann mit zwei Gesichtern. Einerseits ist er Erlöser oder Befreier, ein Jüngling von zeitloser Schönheit, andererseits grausam und wild, einer, der seine Gegner gnadenlos vernichtet. Seine wichtigste Waffe ist der Wahnsinn, dem seine Feinde verfallen. Erst spät eroberte er seinen Platz unter den größten griechischen Göttern, noch Homer führt ihn auf einem minderen Rang. Über seine Herkunft gibt es verschiedene Mythen, die alle versuchen, den aus der Fremde übernommenen Vegetationsgott aus dem kleinasiatischen Phrygien in das System, die Familie der griechischen Götter einzufügen.

Eine Geschichte berichtet von seiner Zeugung durch Zeus und Persephone, die Göttin der Unterwelt. Der Göttervater habe sich ihr als Schlange genähert, sie bald darauf den Zagreus geboren, einen kretischen Gott, der mit Dionysos gleichgesetzt wurde. Hera, die betrogene Ehefrau, hetzte daraufhin die Titanen auf das Kind. Sie rissen es in Stücke und verschlangen es. Nur das Herz blieb übrig. Zeus gab es, zerrieben in einem Trunk, der Semele, mit der er dann den neuen, den zweiten Dionysos – der Name bedeutet „der zweimal Geborene" – zeugte.

Geburt und Kindheitsjahre

Die geläufigste Geschichte, wie manche meinen, die seiner zweiten Geburt, verknüpft ihn mit Theben. Semele war die Tochter des Stadtgründers Kadmos. Sie bekam immer nachts Besuch von Zeus, allerdings in menschlicher Gestalt. Hera, die von dem Seitensprung ihres untreuen Gatten wusste, verwandelte sich in Semeles alte Amme Beroe und säte Zweifel in Semeles Herz. „Wie kannst du wissen, dass es wirklich Zeus ist, der da mit dir schläft?", fragte sie. Um sicher zu gehen, musste sie von ihm verlangen, dass er sich ihr in seiner göttlichen Gestalt offenbare oder die Affäre hätte ein Ende. Zeus gehorchte nur widerwillig, zeigte sich ihr dann aber doch in Donner und Gloria. Semele verbrannte wie eine Motte im Licht. Doch die Frucht ihres Leibes wurde gerettet: Hermes, wie so häufig an Zeus' Seite, ergriff das Kind, gab es dem Vater, der es sich in seine Hüfte einnähte. Drei Monate später brachte er Dionysos zur Welt, wie gesagt, manche meinen zum zweiten Mal.

Nach seiner Geburt gab Zeus das Kind über Hermes der Ino, einer Schwester der Semele, die es gemeinsam mit ihrem Gemahl Athamas aufziehen sollte. Sie steckten es in Mädchenkleider, um vor den Verfolgungen der Hera sicher zu sein. Doch der Göttin blieb das Versteck nicht verborgen, sie strafte das Paar, schlug es mit Wahnsinn. Athamas hielt seinen Sohn Learchos abwechselnd für einen Hirsch, einen Löwen oder einen Ziegenbock und durchbohrte ihn schließlich mit einem Pfeil, Ino ertränkte sich mit ihrem anderen Sohn Melikertes im Meer. Seine Leiche wurde von Delfinen an Land getragen, sein Onkel Sisyphos, der sie fand, gründete ihm zu Ehren die Isthmischen Spiele, sportliche Wettkämpfe, die nur von denen in Olympia übertroffen wurden.

Silenen

Silenos war der Sohn des Pan oder des Hermes und einer Nymphe. Er hatte ein markantes Äußeres, war glatzköpfig, dickbäuchig sowie stupsnasig, hatte vor allem aber den Schwanz und die Ohren eines Pferdes, zudem ritt er gerne auf einem Esel. Er war berühmt für seine praktische Lebensweisheit und seine Weissagungskunst. Er soll König des legendären Landes Nysa gewesen sein, wo Gott Dionysos von Nymphen aufgezogen wurde – Silenos galt als sein Lehrer. Seine zahlreichen Söhne, die er mit Nymphen zeugte, sahen aus wie er, man nennt sie Silenen. Sie waren trunksüchtige, feige Wesen, opportunistisch und liebestoll.

Semele, die sich auf Anraten Heras von ihrem Geliebten Zeus, Heras Mann, erbittet, dass er sich als Gott zeigte, verbrennt durch seinen Blitzstrahl; ihr beider Kind Dionysos wird gerettet. „Die Geburt des Dionysos", Giulio Romano (1499–1546) und Rinaldo Mantovano (tätig 1528–1564), um 1534/38.

Der Wahnsinn als ständiger Begleiter
Dionysos, Gott der Ekstase

Dionysos wurde nach seiner Geburt (siehe S. 58) zu seiner Sicherheit von Zeus in ein Lamm verwandelt und den Nymphen am sagenhaften Berg Nysa anvertraut. Sein Erzieher soll Silenos, Sohn Pans oder des Hermes, gewesen sein. Dort soll der Gott auch den Weinbau erfunden haben. Ihn verbreitete er auf seinen kommenden Reisen.

Einmal war er zur See unterwegs, wo ihm, wahrscheinlich wieder durch die zornige Hera veranlasst, Piraten übel mitspielten. Da er aussah wie ein Sohn reicher Eltern, entführten sie ihn. Sobald sie ihn jedoch fesseln wollten, glitten die Seile einfach an ihm herab. Der Steuermann begriff, dass es besser sei, ihn freizulassen, aber der Kapitän lehnte ab. Die Matrosen hissten die Segel, der Wind blähte sie, aber das Schiff bewegte sich nicht. Wein rann über die Planken, Reben rankten an den Mästen empor, Efeu bedeckte die Ruder. Es war bereits zu spät: Dionysos verwandelte sich in einen Löwen, alle Mann sprangen von Bord. Bei der ersten Berührung mit Wasser wurden sie zu Delfinen.

Hera war nahe daran aufzugeben, doch sie versuchte ein letztes, sicheres Mittel und trieb Dionysos in den Wahnsinn, so dass er bis nach Ägypten und an den Euphrat irrte, den er mit Hilfe einer Brücke aus Efeu und Wein überwand. Bis zum Ganges lehrte er die Menschen, ihm rauschhaft zu huldigen – Hera musste erkennen, dass sie geschlagen war. Später versöhnte er sich mit ihr und rettete sie aus einer Falle, einem Sessel mit unsichtbaren Fesseln, den Hephaistos für sie gefertigt hatte. Hermes machte ihn einfach betrunken, und schon gab er dessen Geheimnis preis.

Wieder geheilt, setzte er seine Reisen fort, alle Menschen wollte er mit seinem Kult beglücken. Aber nicht alle waren von den wilden Riten, dem rauschhaften Treiben begeistert. Der Erste, der sich ihm in den Weg stellte, war Lykurgos, ein König in Thrakien. Er verjagte Dionysos samt Gefolge aus seinem Land. Nun war es an ihm, mit Wahnsinn zu strafen: Lykurgos nahm eine Axt und zerstückelte seinen eigenen Sohn, den er für einen Weinstock hielt. Damit nicht genug: ein Fluch lastete auf seinem Land. Nichts würde mehr wachsen, wenn die Thraker nicht ihren König zum Opfer brächten. Die kannten kein Mitleid und ließen ihn von wilden Pferden zerreißen.

Widerstreben in Theben

Als Nächstes gelangte der Gott wieder nach Griechenland. Dem König von Theben, Pentheus, seinem eigenen Vetter, missfiel es, dass Dionysos so viel Zulauf bekam. Aus allen Häusern strömten die Thebanerinnen dem fremden Jüngling – er gab sich nicht zu erkennen – zu und beteiligten sich an den orgiastischen Festen. Pentheus sperrte ihn ein – kein Problem für einen Gott. Der Fremde machte den König neugierig, riet ihm, sich selber ein Bild zu machen, und als Frau verkleidet auf einer Fichte dem wilden Treiben der Mänaden (siehe Kasten) zuzusehen. Pentheus wurde entdeckt und von den Tanzenden, allen voran seine eigene Mutter, in Stücke gerissen.

> *Mänaden*
>
> *Das Gefolge des Dionysos bestand aus lüsternen Sartyrn, Waldgeistern mit tierischen Ohren, Schwanz, Hörnern und Hufen, wilden Silenen, halbmenschlichen, zweibeinigen Pferdewesen, und den blutrünstigen Mänaden (grch. Mainades). Das Wort, das „die Rasenden" bedeutet, wird für die realen Kultanhängerinnen des Dionysos wie auch für die in der Mythologie gebraucht. Nach seinem römischen Namen Bacchus ist für sie auch der Ausdruck Bacchantinnen gebräuchlich. Angeblich tobten sie mit Schlangen, Dolchen und mit Efeu umwickelten, von Pinienzapfen bekrönten Stäben (den Thyrsos-Stäben) unter lautem Geschrei durch die Wälder, wo sie Wild zerrissen und es roh aßen.*

Die griechische Vasenmalerei aus dem 5. Jh. v. Chr. zeigt den betrunkenen Dionysos, gestützt auf einen Satyr aus seinem Gefolge.

Die Kunst des Weinbaus
Dionysos, Gott des Rausches

Der Vorfall in Theben war noch nicht das Ende: Auch auf Argos versuchte er seinen Kult durchzusetzen, aber hier waren es ausgerechnet die Frauen, die ihn ablehnten. Er trieb sie in die Berge, wo sie im Wahn glaubten, Kühe zu sein, und ihre eigenen Kinder verschlangen. Ähnliches wird auch von Orchomenos berichtet, einer Stadt in Boötien, wo Dionysos die Töchter des Königs in Fledermäuse verwandelte.

Goldfinger

Aber über Dionysos berichten, heißt nicht nur, von Tod und Vergeltung zu erzählen. Er konnte sich durchaus erkenntlich zeigen, wenn man ihm oder seinen Freunden gastfreundlich entgegentrat. So beschenkte er Midas, den König von Phrygien, der sich einst freundlich gegenüber Silenos, den Erzieher des Gottes, verhalten hatte, mit einer kostbaren Gabe: Alles, was auch immer er berührte, wurde zu Gold. Leider auch alle Speisen – bevor er verhungerte, wurde er von dem Zauber befreit. Üblicherweise war es jedoch die Kunst des Weinbaus, die Dionysos generös verschenkte. Dazu musste man ihm nicht, wie im Falle des Königs Oineus von Ätolien, gleich die eigene Frau anbieten. Der Gott lehnte nicht ab und zeugte mit ihr eine Tochter, Deianeira, die sich später mit Herakles verband.

Familiengeheimnisse

Obwohl er für Rausch und Vergnügen, Wahn und Ekstase stand, gibt es über sein Liebesleben ansonsten nur wenige Nachrichten. Übereinstimmend heißt es, dass Dionysos sich in Ariadne, die Tochter des Königs Minos von Kreta, verliebte und sie auch heiratete. Ob er sie nun dem Theseus (siehe S. 136) mit Waffengewalt entrissen hat, als dieser auf der Heimreise von Kreta nach Athen war, oder ob er, wie es in der Odyssee geschrieben steht, sie von Artemis nach Naxos habe verschlagen lassen, oder ob, wie eine späte Quelle vermeldet, Theseus sie wegen einer anderen Frau einfach verlassen hatte, als sie auf Naxos schlief – hier zählt alleine das Ergebnis. Genauso umstritten ist, ob die vier Söhne der Ariadne, Thoas, Staphylos, Oinopion und Peparethos, von Dionysos oder von Theseus stammen. Auch der obszöne Sohn der Aphrodite, Priapos (siehe S. 54), hat vielleicht den Weingott zum Vater.

In seinem Siegeszug um die Welt hatte Dionysos bewiesen, dass er zu den Großen unter den Göttern gehört, in der hellenistischen Welt, dem griechischen Einflussgebiet Alexanders des Großen, galt er vielen am meisten. Er beanspruchte seinen Platz im Olymp und verdrängte dort Hebe, die Göttin der Jugend, von der Göttertafel. Da erinnerte er sich an seine Mutter, die so schrecklich gestorben war und nur noch als Schatten den Hades durchstreifte. Er wollte sie holen, kannte den Weg aber nicht. Er fragte einen gewissen Prosymnos um Rat, der, beeindruckt von der Schönheit des Gottes, eindeutige Gegenleistungen von diesem erwartete. Als er mit Semele aus der Unterwelt zurückkehrte, war der Mann jedoch bereits verstorben. Zur Erinnerung stellte Dionysos einen geschnitzten Phallus auf sein Grab. Anschließend brachte er seine Mutter auf den Olymp, wo Zeus sie unter dem Namen Thyone unsterblich machte.

> ### Dionysien
> *Im antiken Griechenland wurden zu Ehren des Gottes Dionysos Festspiele abgehalten, die Dionysien. Was in Thrakien als eine Art wilder Karneval begann, entwickelte sich in Athen zu einem Theaterfestival, das an acht Tagen im März und April stattfand. Um die Gunst der Zuschauer wetteiferten Komödien und Tragödien. Beide entwickelten sich aus den Riten des Dionysoskultes. Die Tragödien, auf Deutsch „Bocksgesang", tragen die Verbindung zum Gott des Rausches sogar im Namen, denn die lärmenden, halb tierischen Kumpanen des Gottes, Satyrn und Silene, begleiteten ihn mit ihrem Gesang.*

Caravaggios (1571-1610) Dionysos (oder Bacchus) aus dem Jahr 1593/94 ist ein vom unsteten Leben schon etwas gezeichneter, leicht kränkelnder Gott.

Sehnsucht und Verlangen
Eros, Gott der Liebe

Eigentlich ist Eros, den die Römer Amor oder Cupido nannten, die uralte Personifizierung der Zeugungskraft. Sie war bereits nötig, um am Anfang der Zeiten die Verbindung von Uranos, dem Himmel, mit Gaia, der Erde, zu bewirken, deren Produkt dann die Titanen waren. Er musste also bereits vorher entstanden sein, entstammt wie Gaia dem Chaos, dem leeren Raum. Nach dieser Auffassung war er ein Vorgänger der Aphrodite. Da man sich kein Bild von dieser frühen Version des Gottes machen konnte, verehrte man in Thespiai, einem seiner wenigen Kultorte, einen rohen Stein.

Den Eros, wie wir ihn heute noch kennen, wie ihn Künstler aller Zeiten zeigten und zum Vorbild für die Engelchen nahmen, die so manche Barockkirche bevölkern, ist eine andere, spätere Version des Gottes. Da tritt er meist auf als Sohn der Aphrodite, entweder aus ihr selbst geboren, von ihrem Mann Hephaistos oder von Ares, ihrem Geliebten gezeugt. Zuerst erschien er als attraktiver, athletischer Jüngling, in dieser Gestalt eroberte er das Herz der Psyche (siehe S. 94). Dann, seit der hellenistischen Zeit, nach den Eroberungskriegen Alexanders des Großen, sehen wir ihn immer häufiger als nacktes, geflügeltes Kind mit kurzem, lockigen Haar. Er trägt dann auch einen Bogen und einen Köcher mit Pfeilen, dazu ein oder zwei Fackeln. Sie sind das Zeichen brennender Liebe – werden sie umgekehrt gehalten, stellen sie die erloschene Liebe dar. Auch bei den Pfeilen lohnt es sich, genauer hinzusehen: Hatten sie eine goldene Spitze, verliebten sich die Getroffenen hoffnungslos ineinander, waren sie aber in Blei getaucht, war heftige Abneigung die Folge.

Begleitet wird Eros häufig von Himeros, dem Verursacher körperlichen Verlangens, und von Pothos, der Sehnsucht nach etwas, was man vermisst. Ein Beispiel für das Zusammenspiel dieser drei ist die Geschichte von Paris, dem trojanischen Prinzen, und Helena, der schönen Gattin des Menelaos. Im Auftrag Aphrodites entfacht Eros die Liebe Helenas zu Paris, dann macht ihn Himeros begehrenswert für sie, und schließlich kommt Pothos zum Zuge, der dafür sorgt, dass sie den Geliebten nicht vergisst, wenn er sie verlässt.

Liebe und Gegenliebe

Zu diesen drei Gefährten der Göttin Aphrodite gesellte sich noch ein vierter hinzu, denn was war die Liebe ohne Gegenliebe? Als Anteros wurde sie in Athen verehrt zum Gedächtnis an Meles und Timagoras, zwei Jünglinge, die auf tragische Weise den Tod fanden. Timagoras verliebte sich einst in Meles, Eros hatte seine Hand natürlich im Spiel. Doch seine Liebe wurde nicht erwidert. Meles nahm die Sache nicht ernst und verlangte von Timagoras, dass er sich, um seine Liebe zu beweisen, von der Akropolis stürze. Er tat es, und erst in diesem Moment wurde Meles bewusst, was er getan hatte. Er wurde von Reue gepackt und folgte dem verschmähten Freund auf gleiche Weise in den Tod.

Eos

Eos, die Göttin der Morgenröte, kündigte ihren Bruder Helios (siehe S. 68) jeden Morgen an und begleitete den Sonnengott in ihrem von zwei Pferden gezogenen Wagen auf seiner Fahrt über den Himmel. Die Tochter der Titanen Hyperion und Theia war mit ihrem Vetter Asterios vermählt und gebar ihm die Winde, die Sterne und den Morgenstern Eosphoros. Sie verliebte sich in einige Sterbliche, darunter der Jäger Orion (siehe S. 48), hatte aber meist kein Glück damit, da ihr die Liebesgöttin wegen ihres Geliebten Ares zürnte – Eos hatte sich an ihm interessiert gezeigt. Mit einem der Sterblichen ging sie dann doch die Ehe ein, Tithonos war sein Name (siehe S. 106). Ihre Söhne waren Memnon und Emathion, Könige über Äthiopien und Arabien.

„Amor (Eros) Vincit Omnia", die Liebe
(lat. Amor, grch. Eros) siegt über alles.
Caravaggios (1571-1610) Gott der Liebe aus
dem Jahr 1602/03 kommt verspielt und leicht
spöttisch daher, wohl wissend um seine Macht.

Halb Mensch, halb Ziegenbock
Pan, Gott der Hirten und Jäger

Der Gott der Hirten und Jäger galt meistens als Sohn des Hermes von Dryope. Wer sie auch war, nach der Geburt ihres Sohnes war sie, wie auch von seiner Amme berichtet wird, sicher erschrocken, denn sie hatte ein halb tierisches Wesen vor sich: ein Kopf mit Hörnern und Bart, Oberkörper und Arme wie ein Mensch, Beine und Schwanz einer Ziege. Hermes war über das lebhafte Kind glücklich, präsentierte es den anderen Göttern und nannte es, weil sich alle mit ihm freuten, Pan (grch. pantes = alle).

Die Panflöte

Er lebte meist in den Tag hinein, Musik, Nymphen und die Jagd waren sein Zeitvertreib. Schon als Kind fiel er als besonders sinnenfreudig auf, später könnte man es einfach Geilheit nennen. So verführte er zahlreiche Nymphen aus seinem Gefolge. Aber selbst Göttinnen waren nicht sicher vor ihm, in Erinnerung blieb seine Verführung der Selene (siehe Kasten). Besonders wirkungsvoll war seine durch Eros aufgrund eines verlorenen Wettkampfs entfachte Liebe zu einer Nymphe. Sie hieß Syrinx, gehörte zu den Dienerinnen der jungfräulichen Göttin Artemis und war auf der Flucht vor ihm, als ihr ein Fluss den Weg versperrte. Auf ihr Flehen hin verwandelten sie die dortigen Nymphen in Schilfrohr. Die sich im Wind aneinanderreibenden Rohre erzeugten einen herrlichen Klang. Er brach sieben von ihnen in verschiedener Länge ab, setzte sie sorgfältig mit Wachs nebeneinander und blies anschließend hinein – so hat er die Panflöte oder auch Syrinx erfunden.

Pan lernte sein Instrument derartig gut zu spielen, dass er Apollon mit seiner Lyra zum Wettstreit herausfordert. Er entlockte der Syrinx einige barbarische Klänge, dann folgte der Gott der Musik, der es sehr wohl verstand, sich zu inszenieren. Tmolos, der König von Lydien, sprach das Urteil: „Das Rohr steht unter der Leier." Alle lobten seinen Richterspruch, nur der zufällig anwesende Midas war empört und schimpfte kräftig dagegen. Damit er das nächste Mal besser urteilen könne, zog Apollon dem phrygischen König die Ohren lang und füllte sie mit weißen Zotteln, machte sie unten gelenkig und gab ihnen flinke Bewegung – Pan wird darüber gelacht haben, Midas versuchte seine Eselsohren fürderhin zu verbergen.

Die Panik

Schon der Schrecken, den die Amme erfasste, als sie den Kleinen zum ersten Mal sah, wurde „panisch" genannt. Eher noch aber veranlasste ein plötzlich ausgestoßener, gellender Schrei oder plötzlicher Lärm, den der Gott zum Beispiel mit dem Blasen auf Meermuscheln verursachte, die Menschen dazu, in die nach ihm benannte „Panik" zu geraten. Nicht nur Menschen jagte er damit „panische" Angst ein, auch die Titanen ließen sich davon in der entscheidenden Schlacht gegen die Götter um Zeus in die Flucht schlagen.

> *Selene*
>
> *Die Mondgöttin, die man später mit Artemis, der Göttin der Jagd, gleichstellte, war zuvor als Selene (grch. Selas = Glanz, Licht) bekannt und galt als Tochter der Titanen Hyperion und Theia. Sie war die Schwester des Sonnengottes Helios sowie von Eos, der Göttin der Morgenröte. Dargestellt wurde sie mit verschleiertem Hinterhaupt, die Mondsichel über der bleichen Stirn und eine Fackel in der Hand, nicht selten reitend auf Pferden oder Kühen. Man stellte sich vor, dass sie mit einem silbernen Zweigespann über den Himmel fuhr, nachdem Helios, ihr Bruder seine Fahrt beendet hatte. Durch Zeus war sie Mutter der Pandia, von Endymion, dem sie ewigen Schlaf schenkte, hatte sie fünfzig Töchter.*

Die Nymphe Syrinx auf der Flucht vor Pan.
Alessandro Turchi (1578-1649).

Licht und Wahrheit
Helios, der Sonnengott

Seit dem 6. Jh. v. Chr. wurde Apollon auch als Helios, als Sonne verehrt. Er hatte jedoch so viele andere Aufgaben, dass es einem eignen Gott Helios überlassen blieb, den Sonnenwagen über den Himmel zu fahren. Er war wie die Mondgöttin Selene und Eos, die Göttin der Morgenröte, ein Sohn des Titanen Hyperion und dessen Schwester Theia.

Helios, als Lichtgott auch Herr über das Augenlicht, wohnte ganz im Osten der Erde in einem gleißend hellen Palast, in dem es keine Schatten gab. Von dort stieg er morgens, angekündigt von seiner Schwester, der Morgenröte, in den Himmel auf. Gezogen wurde sein von Hephaistos aus Gold, Silber und Edelsteinen gefertigter Wagen von vier Feuer speienden Flügelrossen. Auf einem vorgegebenen Weg überquerte er die Erde, um dann im Westen wieder in den Okeanos, den die Erdscheibe umgebenden Strom, einzutauchen. Dort ruhte er aus und kehrte in einer goldenen Schale, einem Nachen gleich, in den Osten zurück.

Da Helios auf seinen Fahrten über die Erde alles sah, galt er auch als Gott der Wahrheit, bei dem man Eide schwor. Nicht nur das Liebesleben der anderen Götter, das ihm dabei nicht entging – so hatte er Ares und Aphrodite beim Fremdgehen ertappt (siehe S. 40) –, sondern auch sein eigenes war vielfältig und umfangreich. Er war der Gatte der Perse, einer Okeanide, und hatte mit ihr einige Kinder: Aietes, König von Kolchis, Perses, König der Taurer, Augias, König von Elis, die Zauberin Circe sowie Pasiphae, die mit König Minos von Kreta verheiratet war. Von seinen anderen Kindern mit weiteren Frauen ist Phaeton (siehe S. 188), sein Sohn von Klymene, der bekannteste. Er verunglückte mit dem Sonnenwagen, den ihm der Vater für einen Tag borgte.

Der Gott und die Frauen

Bei all seinen Liebschaften blieben Tragödien nicht aus. So verführte er Leukothoe, jedoch nicht in seiner eigenen Gestalt, sondern in der ihrer Mutter. Es heißt, Aphrodite habe Helios aus Strafe für seinen Verrat in Liebe zu der schönen Prinzessin entbrennen lassen. Dieses Mal sollte er das Opfer einer Indiskretion werden, denn Klytia, eifersüchtig, da selbst in den Sonnengott verliebt, erzählte Leukothoes Vater, dem König von Persien, davon. Er bestrafte seine Tochter grausam dafür und ließ sie lebendig begraben. Helios versuchte die Strafe zu lindern, indem er sie in einen Weihrauchbaum verwandelte. Klytia aber schwand, sich nach Helios verzehrend, dahin, und wurde zur seinen Lauf ständig verfolgenden Sonnenblume.

Der meist mit Sonnenscheibe oder Strahlenkranz dargestellte Gott erfuhr erstaunlich wenig kultische Verehrung. Besonders auf Rhodos wurde ihm gehuldigt (siehe Kasten), was der Mythos damit erklärt, dass die Insel erst zu einem Zeitpunkt aus dem Meer auftauchte, als Zeus alle Länder bereits an die Götter verteilt hatte. Helios war dabei übergangen worden – er fuhr gerade über den Himmel. Für ihre erste Besiedlung sorgte er selbst, er schickte die sieben Söhne, die ihm Rhode gebar, auf die Insel.

> ### Der Koloss von Rhodos
> Die Rhodier beschlossen als Dank für überstandene Belagerung dem von ihnen verehrten Gott Helios ein Weihegeschenk zu stiften, eine Statue (grch. „kolossós"), die ihn darstellen und wahrscheinlich am Hafen stehen sollte. Man beauftragte Charos von Lindos mit der Durchführung. Er schuf die größte freistehende Statue seiner Zeit, die zu einem der Sieben Weltwunder wurde. Über ihr Aussehen lässt sich nur spekulieren. Wahrscheinlich um die 33 Meter hoch, bestand sie aus etwa 15 Tonnen Bronze. Schon nach kaum mehr als sechzig Jahren knickte sie 227 v. Chr. durch ein Erdbeben um. Es wurden bisher keine Überbleibsel gefunden.

Die riesige Bronzeskulptur, die dereinst an der Einfahrt zum Hafen der griechische Insel Rhodos gestanden haben soll, besser bekannt als „Koloss von Rhodos", gilt bis heute, wenngleich nie Reste von ihm gefunden wurden, als eines der Sieben Weltwunder der Antike. Holzstich von Athanasius Kircher (1601-1680).

Schöpfer des Reichtums
Hades, Gott der Unterwelt

Hades war einer der drei Söhne des Titanen Kronos und der Rhea. Das Los hatte ihn dazu bestimmt, über die Unterwelt zu herrschen. Sie, die man nach ihm den Hades nannte, war ein schrecklicher Ort, wenn auch nicht mit unserer Hölle zu vergleichen. Der Gott, dessen Namen man lieber nicht in den Mund nahm, war kein Teufel, nicht böse oder ungerecht. Er hatte durchaus positive Seiten, denn in den Bereichen unter der Erde wurzelten ja auch die Pflanzen, und ohne sie gab es kein Leben. Sein zweiter Name Pluton, „Schöpfer des Reichtums", war darum nur zu gut gerechtfertigt.

Hades, dessen Äußeres die antiken Autoren bis auf seine schwarzen Haare verschweigen, hauste in seinem unterirdischen Königreich gemeinsam mit seiner Gemahlin Persephone (siehe unten) in einem Palast, kein Sterblicher durfte ihn je betreten. Da man ihn nur selten, wenn überhaupt, auf dem Olymp zu sehen bekam, zählte er üblicherweise nicht zu den Zwölfgöttern, den wichtigsten Gottheiten der Griechen, obwohl er von großer Bedeutung war. Man verehrte ihn kaum, es wurden ihm keine Opfer gebracht, denn, so meinten die pragmatischen Griechen, sein Einfluss sei ja auf die Toten begrenzt, folglich habe er an den Lebenden sowieso kein Interesse.

Es gab mehrere Zugänge in die Unterwelt. Homer meinte in der Odyssee, sie läge ganz im Westen, die Flüsse, die zu ihr führten, zweigten vom Okeanos, der die Erde begrenzte, ab, da wo Helios niemals mit seinem Sonnenwagen vorbeikomme. Die meisten waren sich jedoch sicher, dass man das Totenreich nur durch besonders tiefe Höhlen oder Seen erreiche. War schon der Hades selbst kein besonders gastlicher Ort, so gab es noch eine Steigerung: In den tiefsten Tiefen der Unterwelt, die die Römer auch Orcus nannten, befand sich der Tartaros, der Teil, der am ehesten unserer Hölle entspricht, denn dort mussten die moralisch verwerflichsten unter den Toten ihre Strafen ertragen. Dessen Personifikation wurde mit Gaia, der Erde, und Eros, dem Liebesbegehren, schon vor Urzeiten geboren (siehe S. 12).

Das Leben nach dem Tode

Die Toten betrachtete man als Schatten, ohne Blut und Bewusstsein. Sie bewohnten, je nach ihrem Vorleben, verschiedene Teile der Unterwelt und gingen dort ihren früheren Tätigkeiten nach, auf mechanische Art und Weise. Ihr Aufenthalt verursachte, außer im Tartaros, keine Qualen, war jedoch langweilig und trist. Während auf der Erde noch der Leichenschmaus abgehalten wurden, stieg Hermes mit ihnen bereits in den Hades herab.

Persephone

Die Göttin Demeter wachte sehr genau über ihr einziges Kind Persephone, das sie mit Zeus gezeugt hatte. Sie wurde auf Sizilien vor den begehrlichen Blicken der Männer versteckt, auch Hades, der grimmige Herrscher der Unterwelt, war einer von ihnen. Er bat Zeus, ihm behilflich zu sein, die Angebetete zu erobern. Eines Tages, sie wandelte in den Wäldern, entfernte sie sich von ihren Freundinnen, um eine dunkelblaue Narzisse zu pflücken. Zeus hatte sie dort erblühen lassen. Hades stand bereit, ergriff Persephone trotz ihrer Schreie, und entführte sie in sein düsteres Reich. Vor vollendete Tatsachen gestellt, gab die Fruchtbarkeitsgöttin nicht einfach klein bei. Demeter trat in den Streik, Hungersnöte waren die Folge. Schließlich kam ihre Tochter zurück. Hades hatte noch versucht, sie an sich zu binden, indem er ihr eine Wegzehrung gab, wohl wissend, dass jeder, der bei ihm aß, dazu verdammt war, auf ewig zu bleiben. Zeus entschied: Zwei Jahreszeiten durfte Persephone zurück auf die Erde, die dritte thronte sie neben ihrem finsteren Mann als Königin unter den Toten.

Den Raub der Persephone durch Hades können weder Hera, Demeter noch Aphrodite verhindern. Peter Paul Rubens (1577-1640) malte die Entführung 1636/37.

Die Unterwelt
Hades, Herrscher über das Schattenreich

Von Hermes geleitet, betraten die Toten die Unterwelt. Dort flossen der schlammige Acheron, der Fluss der Trauer, der trübe Kokytos, der Fluss des Jammers, Lethe, der Fluss des Vergessens, aus dem die Toten trinken, und der Styx. Über den Acheron oder den Styx setzte Charon, der blinde Fährmann, die Verblichenen über. Das notwendige Fährgeld, den Obolus, eine kleine Münze, pflegte man den Verstorbenen unter die Zunge zu legen. Auf der anderen Seite begrüßte Zerberus, der drei-, fünfzig- oder gar hundertköpfige Höllenhund mit dem Schlangenschwanz als Pförtner die Neuankömmlinge freundlich, fraß aber alle, die ins Leben zurückgelangen wollten.

Danach fällten die Richter, Rhadamantys, Aiakos und Minos, alle drei Söhne des Zeus mit Europa, ihr Urteil. Ihm maß man aber anscheinend nicht viel Bedeutung bei. Während die Bösartigsten unter den Menschen, so Sisyphos, Tantalos, Ixion oder die Danaiden, wie einst die Herrscher der Welt, die Titanen, in den Tartaros mussten, wo sie besondere Strafen erwarteten, landete die Mehrheit im öden Asphodeliengrund. Selbst Achilles, einer der größten Helden der Griechen, gehörte dazu. Er beklagte sich bitter, meinte er sei lieber ein Sklave auf Erden als König im Totenreich. Nur die Auserwähltesten erhielten einen Platz auf der Insel der Seligen oder im Elysion.

Schlafes Bruder

Auch Hypnos, der Schlaf, und Thanatos, der Tod, Schlafes Bruder, Söhne der Nacht, lebten in der Unterwelt. Hypnos in einer Höhle, durch die Lethe, der Strom des Vergessens floss. Ihn umgaben seine zahllosen Söhne, die Träume, deren bekanntester Morpheus war.

Trotz Styx, Charon und Höllenhund schafften es einige Sterbliche, den Hades zu erreichen und ihn auch wieder lebend zu verlassen. Am dreistesten dabei war sicherlich Herakles (siehe S. 132), dem dies gleich dreimal gelang. Es heißt, Persephone sei einverstanden gewesen, als der Held Alkestis entführte. Aber dass er den Theseus befreite und als eine seiner zwölf Aufgaben den Zerberus selbst mit sich nahm, war ohne die Zustimmung der beiden gefürchteten Götter geschehen. Doch auch sie hatten ihre menschliche Seite. Zu Tränen gerührt, ließen sie Orpheus (siehe S. 104) gewähren, der in die Unterwelt stieg, um seine tote Gemahlin Eurydike zu holen. Dumm nur, dass sie sich noch einmal umschaute – damit war es endgültig um sie geschehen.

Bei Odysseus und Äneas (siehe S. 170) verhielt es sich anders. Sie stiegen nicht in die Unterwelt hinab, um Hades zu berauben, sondern weil sie sich berechtigterweise Hoffnung auf Informationen machten. Odysseus befragte, instruiert durch Circe, die Zauberin, den Seher Teiresias, wie er sein Zuhause in Ithaka erreichen könne; Äneas, vorbereitet durch die cumäische Sibylle, sprach mit seinem Vater Anchises, um zu erfahren, welches Schicksal ihn erwartete. Beide gelangten problemlos und wohlbehalten wieder zurück.

Erinnyen

Die Erinnyen, Töchter der Erde oder der Nacht, sind unter ihrem lateinischen Namen, Furien, besser bekannt. Es waren weibliche Rachegeister, im Tartaros, der griechischen Hölle, wohnend, wo sie die ewig Verdammten mit unaufhörlicher Pein bedachten. Sie hatten mit Schlangen bedeckte Köpfe und traten üblicherweise zu dritt in Erscheinung: Alekto (die Unablässige), Megaira (die Neidische) und Tisiphone (die Mordrächende). Neben ihren Aufgaben in der Unterwelt verfolgten sie Männer und Frauen, die besonders frevlerische Taten begingen, wie Orestes, der seine Mutter Klytämnestra ermordet hatte. Die Erinyen, deren Name man nicht gerne nannte, trieben ihre Opfer in den Wahnsinn oder den Tod.

Der blinde Fährmann Charon setzt die Schatten über. Pierre Subleyras (1699-1749), um 1735/40.

Verrat gegen Zeus
Sisyphos' ewige Mühsal

Auch in alten Zeiten fürchteten die Menschen die Götter oder hatten zumindest Angst vor dem Tod. Der schlaue König Sisyphos aber sorgte sich um beides nicht, er achtete weder die Götter noch den Tod. Er gründete die blühende Stadt Korinth und baute in ihr eine Burg. Dort gab es keine Quelle, und er suchte nun nach einem Weg, von den Göttern das ersehnte Wasser zum Geschenk zu erhalten.

Der Zufall wollte es, dass gerade zu dieser Zeit der Fluss Asopos mit Zeus wegen seiner Tochter Aigina, die der Göttervater entführt hatte, im Streit lag, ihn aber nicht fand. Da bot Sisyphos ihm seine Hilfe an, wenn der Flussgott dafür seine Burg mit Wasser versorge. Der berührte einen Felsen im Burghof, das kühlende Nass floss, und Sisyphos löste sein Versprechen ein. Asopos stellte den Zeus, gerade als der mit Aigina zusammen war, und griff ihn an. Der schleuderte einen Blitz und entledigte sich so auf gewohnte Weise eines lästigen Gegners.

Tod in Fesseln

Nun wandte sich Zeus' Zorn gegen Sisyphos. Damit der ihn künftig nicht mehr verrate, sollte Thanatos, der Tod, ihn ins Reich des Hades entführen. Der König von Korinth hatte etwas geahnt und sah den Tod nahen. Er erwartete ihn mit zwei Stricken in Händen, und als er eintrat, zog er die Schlinge zu und fesselte ihn. Er sperrte ihn, so wie er war, in ein Verlies und brauchte nun nichts mehr zu befürchten, Thanatos war zur Untätigkeit verdammt. Schmerzen und Seuchen suchten die Menschen heim, aber keiner starb mehr daran. Die Vögel, vom Pfeil getroffen, flogen weiter, und das Wild floh, vom Speer durchbohrt, in den Wald.

Zeus konnte und wollte das nicht hinnehmen und schickte seinen Sohn Ares, den Kriegsgott, um den Tod zu befreien und damit die Welt vor der Bevölkerungsexplosion zu bewahren. Kaum hatte der den Auftrag ausgeführt, griff sich Thanatos den listigen König und ließ ihn in die Unterwelt bringen. Doch damit ist die Geschichte noch nicht zu Ende. Sisyphos hatte vorgesorgt. Er hatte seiner Gattin Merope, einer der Plejaden, aufgetragen, nach seinem Tod keine rituellen Begräbnisopfer zu spenden. Darüber beklagte er sich dann bei Persephone, der Herrscherin über die Toten, und bat sie darum, ihn auf die Erde zurückkehren zu lassen. Er wolle sich selbst um ein ordentliches Leichenbegängnis kümmern und seine Frau an ihre Pflicht erinnern.

Seine Plan war aufgegangen. Tatsächlich kehrte er in seinen Palast zurück und feierte dort noch viele Jahre rauschende Feste. Doch eines Tages, er hatte ein stattliches Alter erreicht, besuchte ihn der Tod ein zweites Mal. Nun half keine List mehr, und er musste folgen. Für seinen Betrug erwartete ihn eine besondere Strafe (siehe Kasten).

> ### Sisyphosarbeit
> *Der Ausdruck ist nach der Gestalt des Gründers und ersten Königs von Korinth, Sisyphos (lateinisch: Sisyphus) gebildet. Sein ruchloser Lebenswandel, seine Gottlosigkeit und sein Verrat gegen Zeus werden als Grund für die besonders schreckliche Pein angegeben, die ihn nach seinem Tod ereilte. Gemäß der Odyssee des Homer musste er tief im untersten Teil der Unterwelt, dem Tartaros, in alle Ewigkeit einen Felsblock einen steilen Berg hinaufwälzen. Bevor er den Gipfel erreichte, rollte der Stein wieder ins Tal. Sisyphos musste seine sprichwörtliche Arbeit daraufhin immer wieder erneut beginnen.*

Post scriptum

Manche Autoren meinen, Sisyphos habe sich an dem Meisterdieb Autolykos, der ihm seine Herde stahl, dadurch gerächt, dass er dessen Tochter Antikleia verführte. Nicht Laertes, sondern Sisyphos sei dadurch der wahre Vater von Odysseus, dem Listenreichen, seine Schlauheit sei ihm damit in die Wiege gelegt.

Sisyphos, aufgrund seiner Gottlosigkeit dazu verurteilt, in der Unterwelt einen Felsblock einen Hang hinaufzuwälzen, der, oben angekommen, immer wieder herunterrollt. Tizians (um 1477–1576) „Sisyphos" entstand um 1549/50 in Öl.

Die Herausforderung der Götter
Tantalos und der Fluch der Tantaliden

Tantalos' Reichtum war sprichwörtlich. Er war der Sohn des Zeus und der Pluto, einer Tochter der Titanen. Schon ihr Name, der Reichtum bedeutet, kündet vom Wohlstand ihres Sohnes, der König von Lydien, einem Land in der heutigen Türkei, war. Seine Kinder hießen Pelops und Niobe.

Als Sohn des mächtigsten Gottes erhielt er Zugang zum Tisch der Götter auf dem Olymp. Ihm wurde Nektar kredenzt, er aß mit ihnen Ambrosia. Von beidem stahl er etwas, um sich damit bei den Menschen zu brüsten, denen er auch erzählte, was er an der Göttertafel gehört hatte. Schon fühlte er sich den Göttern ähnlich, da meldeten sich bei ihm Zweifel, er könne gar keiner von ihnen sein, denn er sei nicht allwissend wie sie. Aber waren sie das wirklich? Er wollte sie auf die Probe stellen.

Die Versuchung der Götter

Da kam ihm der Dieb Pandareos gerade recht. Er hatte einen wertvollen goldenen Wachhund aus einem Zeus-Tempel auf Kreta gestohlen und brachte ihn zu Tantalos, denn er wusste, dass dieser die Götter nicht fürchtete. Bald darauf kam ein Priester des Tempels zu ihm und fragte ihn nach dem Diebesgut. Doch der König leugnete. Nach einer anderen Version kam auch Pandareos wieder und forderte den Hund zurück, doch Tantalos tat, als wisse er von nichts. Auch Hermes soll im Auftrag des Zeus vorstellig geworden sein, auch da verneinte der König. Da keine Strafe durch die Götter folgte, schien es für ihn bewiesen, dass die erhabenen Götter auch nicht mehr wussten als die Menschen.

Seine Zufriedenheit war nicht von Dauer. Schon fasste er einen neuen, ultimativen Plan. Er erschlug Pelops, zerstückelte und kochte ihn, dann lud er die Götter zum Mahl bei sich ein. Sie kamen, und er setzte ihnen das Fleisch seines eigenen Sohnes vor. Demeter, die Erntegöttin, begann, versunken in Gedanken, ein Stück von Pelops' Schulter zu essen, doch die anderen sprangen gleich entsetzt von der Tafel auf. Nun merkte Tantalos, was er getan hatte, und flehte um Vergebung, doch Zeus wollte nichts davon hören. Er schleuderte den vermessenen König in die tiefsten Tiefen der Unterwelt, den Tartaros. Dort sollte er für alle Zeiten ewige Qualen erleiden.

Die Götter warfen die Überreste des Pelops in einen Kessel, aus dem ihn die Schicksalsgöttin Kletho fast vollkommen intakt herauszog. Ihm fehlte nur ein Stück von seiner Schulter, jenes, das Demeter gegessen hatte. Sie ersetzte es durch eine Elfenbeinprothese. Alle Nachkommen des Pelops erkannte man später daran, dass sie an der Schulter einen weißen Fleck hatten. Auf ihnen lag seitdem ein Fluch, Gewalttaten pflasterten ihren Weg. So tötete alleine Atreus, der Sohn des Pelops, seinen Stiefbruder, seine Gattin und seinen Sohn. Die ganze Familie, die Tantaliden, erlangte durch diese und andere Gräueltaten schon bei den alten Griechen traurige Berühmtheit. Noch Goethe lässt Iphigenie, auch sie eine Tantalidin, sagen: „Ich bin aus Tantalus' Geschlecht", worauf Thoas, der König der Taurier, erwidert: „Du sprichst ein großes Wort gelassen aus."

> *Tantalusqualen*
>
> *Die Götter bestraften Tantalos – lateinisch: Tantalus – für seine Freveltaten mit ewigem Hunger und Durst. Zudem musste er in einem See mit klarem, frischem Wasser stehen, der, wenn er sich bückte, vor ihm zurückwich. Über ihm wuchsen die herrlichsten Früchte, doch wenn er nach ihnen griff, hob ein Windstoß die Zweige, und das Obst rückte aus seiner Reichweite. Dies sind die sprichwörtlichen Tantalusqualen, zu denen sich noch ein Felsblock gesellte, der an einem Faden über ihm hing. Von ihnen spricht man übertreibend, wenn man Durst erleidet oder wenn etwas Ersehntes in greifbarer Nähe ist, man es jedoch nicht erreichen kann.*

Zum Greifen nah und doch unerreichbar. König Tantalos wurde für seine Freveltaten mit ewigem Hunger und Durst bestraft. Griechische Vasenmalerei, apulisch, um 330 v. Chr.

Wettrennen um den Tod
Pelops, Sohn des Tantalos

Als Zeus den Tantalos ins Schattenreich verbannte, wurde der junge Pelops, sein Sohn, zu seinem Nachfolger als König von Lydien. König Ilos von Troja, Herrscher über das Nachbarreich, war schon lange begierig auf Tantalos' Schätze und vertrieb den neuen König aus seinem Reich. Der wandte sich nach Westen, nach Griechenland führte ihn sein Weg. Eines Abends erreichte er Pisa, im Süden Griechenlands.

Der König von Elis

Über die ganze Gegend, Elis genannt, herrschte König Oinomaos, der vielleicht ein Sohn des Ares war. Von diesem hatte er nicht nur eine Rüstung, sondern auch Pferde zum Geschenk erhalten. Mit ihnen versuchte er einer Prophezeiung zu entgehen, die ihm gegeben ward, als er dereinst ein Orakel um sein Schicksal befragte. Er solle von der Hand seines Schwiegersohnes sterben, so hieß es da. Um dem zukünftigen Übel an der Wurzel zu begegnen, versprach er darum die Hand seiner Tochter Hippodameia demjenigen, der ihn bei einem Pferderennen besiegen würde. Die Verlierer erwartete der Tod. Obwohl er den Bewerbern Vorsprung gab, ja, während sie schon fuhren, noch dem Ares opferte, hatte er es dank seiner Wunderpferde immer geschafft, die Freier auf der langen Strecke, sie führte über 150 km von Pisa nach Korinth, zu stellen und sie dann mit einem Speer durchbohrt.

Pelops ließ sich nicht schrecken. Auch er wollte sich um Hippodameia bewerben und würde sicher nicht der vierzehnte sein, dessen Kopf man auf einer Stange vor dem Königspalast aufgespießt betrachten könnte. Was dann geschah, ist in mehreren Versionen überliefert. Nach der einen flehte Pelops Poseidon, dessen Geliebter er gewesen sein soll, um Hilfe an; der erhörte ihn und schickte ihm geflügelte Pferde, mit denen er den König von Elis besiegte. Eine zweite sah beide in dem Rennen gleichauf, als der Wagen des Oinomaos über einen Stein fuhr.

> ### Niobe
> *Eine der fluchbeladenen Frauen aus dem Geschlecht der Tantaliden war Niobe, die Tochter des Tantalos und der Dione, Gemahlin Amphions, des Königs von Theben. Hochmütig brüstete sie sich gegenüber der Leto, der Mutter des Apollon und der Artemis, mit ihrer Fruchtbarkeit. Sie hatte sieben Töchtern und sieben Söhnen das Leben geschenkt. Beide Götter rächten sich für ihre schwer gekränkte Mutter und töteten die Kinder Niobes. Vor Schmerz fast erstarrt verwandelten sie die Götter in einen Marmorblock, aus dem Wasser wie Tränen floss.*

Ein Rad soll sich dabei gelöst haben, der Wagen fiel um, der König zerschmetterte sich den Schädel. Nach der geläufigsten Version aber bestach Pelops Myrtilos, einen Sohn des Hermes und Wagenlenker des Oinomaos. Die Aussicht auf eine Nacht mit Hippodameia und das halbe Königreich bewogen ihn dazu, am Wagen seines Herrn die bronzenen Stifte, die die Räder an der Achse hielten, durch solche aus Wachs zu ersetzen. Wie erwartet lösten sich die Räder und der König wurde von seinen Pferden zu Tode geschleift.

Pelops bekam die Königstochter und herrschte nicht nur über Elis, sondern bald über weite Teile der Halbinsel, die heute Peloponnes, „Insel des Pelops", heißt. Viele Griechen glaubten zudem, er habe zum Andenken an seinen Sieg auch die Olympischen Spiele gegründet. Tatsächlich bereiteten sich die Athleten traditionell in Elis auf die Spiele im nahen Olympia vor. Bleibt noch vom Schicksal desjenigen zu berichten, der dem neuen König bei dessen Sieg behilflich war. Um sich eines unliebsamen Zeugen zu entledigen, stürzte Pelops den Myrtilos von einer Klippe ins Meer. Es gelang ihm gerade noch, seinen Mörder zu verfluchen, dann versank er in den Fluten und wurde zu ewigem Gedenken von seinem Vater, Hermes, als Sternbild Fuhrmann an den Himmel versetzt.

Pelops und Hippodameia beim siegreichen Wagenrennen. Holzstich des 18. Jhs.

49 Mörderinnen
Die Danaiden

Neben Tantalos, Sisyphos, Tityos, Ixion und den Titanen waren die Danaiden die berühmtesten Bewohner des Tartaros, des dunkelsten und tiefsten Teils der Unterwelt. Sie waren dazu verdammt, bis in alle Ewigkeit Wasser in Fässer ohne Boden zu schöpfen.

Fünfzig Schwestern und Brüder

Die Danaiden waren 50 Schwestern. Ihr Vater Danaos, ein Nachfahre der Io, herrschte über Libyen, sein Zwillingsbruder Aigyptos war König von Arabien und hatte 50 Söhne. Sie hielten um die Hand der Danaiden an. Danaos witterte Verrat: Hatte Aigyptos sich nicht gerade noch Ägypten einverleibt? Wollte er sich vielleicht auf diesem sanften Wege sein Reich erschleichen? Er sah seine Zukunft düster, verließ sein Land und segelte mit seinen 50 Töchtern nach Argos, in das Land seiner Vorfahren. Dort beanspruchte er den Königstitel, der ihm schließlich aufgrund eines Omens zugesprochen wurde. Zudem sorgte er für Wasser, das dem Land um Argos lange schon gefehlt hatte. Poseidon hatte die Flüsse vertrocknen lassen, da er sich mit Hera um die Schutzherrschaft über das Land stritt. Der Meeresgott verliebte sich in die Danaide Amymone und ließ wenigstens eine Quelle sprudeln.

Danaos hatte kaum Gelegenheit, sich über die neue Würde zu freuen, da kamen schon seine 50 Neffen, um sich ihre Kusinen mit Gewalt zu holen. Danaos ging zum Schein auf ihr Begehren ein und gab ihnen seine Töchter zu Frauen. In ihrer Hochzeitsnacht jedoch erwartete alle, fast alle, eine böse Überraschung: Danaos hatte die Danaiden zuvor mit Dolchen ausgerüstet, die sie gnadenlos gegen die eigenen Männer gebrauchen sollten. Alle töteten ihre Ehemänner, bis auf eine, Hypermnestra. Sie hatte sich in ihren wohlgestalteten Gatten Lynkeus tatsächlich verliebt, vielleicht auch deshalb, weil er ihre Jungfräulichkeit achtete. Statt ihn zu töten, verhalf sie ihm zur Flucht. Nachdem ihr Vater sie zuerst in den Kerker warf, versöhnte er sich später mit dem Paar, sie hatten einen Sohn, der zum Urgroßvater des Perseus wurde.

Die anderen 49 Danaiden wurden auf Befehl des Zeus fürs Erste von ihren Sünden gereinigt und anschließend von ihrem Vater neu verheiratet. Das war nicht so einfach, denn die einheimischen Jünglinge kannten ihre Geschichte. Eine große Mitgift überzeugte sie dann doch, und ein Wettlauf entschied darüber, wer von den Bewerbern die erste Wahl treffen durfte. Die Kinder der Danaiden nannte man Danaoi, was bei Homer zur allgemeinen Bezeichnung für die Griechen wurde, das trojanische Pferd zum sprichwörtlichen Danaergeschenk.

Ixion

Ixion war der erste Mörder, der Kain der griechischen Mythologie. Als König von Thessalien hatte er dem Vater seiner zukünftigen Frau, Deioneus, ein hohes Brautgeld versprochen. Damit er es nicht zahlen musste, lud er ihn in seine Hauptstadt Larissa ein und führte ihn dort über eine mit glühenden Kohlen gefüllte, gut getarnte Fallgrube. Deioneus stürzte hinein und kam in der Glut um. Ixion brachte damit eine solche Schande über sich, dass keiner ihn von dem Verbrechen reinigen wollte. Zeus erbarmte sich und lud ihn zu den entsprechenden Zeremonien auf den Olymp. Der eben noch zerknirschte Ixion wurde auf einmal ein anderer. Er versuchte Hera, die Gemahlin des Zeus, zu verführen. Um Ixion zu prüfen, kreierte der Göttergatte eine Wolke, die ein Ebenbild von Hera war. Und wirklich, Ixion drang in die Wolke ein. Die Strafe ließ nicht lange auf sich warten: Zeus sperrte seinen unverschämten Gast in den Tartaros, wo er an ein feuriges Rad geflochten wurde, das sich unablässig drehte. Was aus der Wolke wurde? Sie kam mit dem Kentauros nieder, dem Ahnherr der Zentauren (siehe S. 200).

Dazu verdammt, bis in alle Ewigkeit Wasser in Fässer ohne Böden zu kippen: die Danaiden. Kupferstich aus dem Jahr 1655 nach einer Zeichnung von Abraham van Diepenbeeck (1596-1675).

Zeus und die Kuh
Io

Io konnte es erst nicht glauben, was sie geträumt hatte. Der keuschen Priesterin der Hera war Zeus im Traum erschienen und hatte ihr eingeflüstert, sie solle mit ihm kommen und sich ihm auf den lernäischen Feldern, wo die Herden ihres Vaters, des Flussgottes und ersten Königs von Argos, Inachos, weideten, hingeben. Sie war verstört und berichtete ihrem Vater davon. Der befragte die Orakel von Dodona und Delphi um Rat. Überraschend eindeutig gaben sie ihm die Anweisung, seine Tochter zu verbannen, denn sonst werde sein Volk von Zeus ausgelöscht. Er gehorchte.

Hundert Augen und eine Kuh

Zeus, tatsächlich in Io verliebt, hatte nun freie Bahn – so glaubte er. Der Vorgang war Hera, seiner Gemahlin, nicht entgangen. Er oder sie, es gibt wie immer mehrere Versionen des Mythos, verwandelte Io daraufhin in eine Kuh, zur Tarnung oder um die Paarung zu erschweren. Zudem schickte Hera eine Bremse mit der verantwortungsvollen Aufgabe, Io immer in Bewegung zu halten. Doch damit nicht genug: Sie engagierte den besten Bewacher, den man sich denken konnte, den hundertäugigen Argos. Zeus fühlte sich durch diese Einfälle seiner Gemahlin nur noch mehr herausgefordert. Er schickte seinen Spezialisten für schwierige Fälle, Hermes, den Gott der tausend Tricks. Als Hirte verkleidet gelangte er in die Nähe des Wächters, und mit dem Spiel seiner Flöte schaffte er es, den Riesen in den Schlaf zu lullen, nacheinander fielen ihm all seine Augen zu. Um ihn für immer mundtot zu machen, hieb er dem Argos sicherheitshalber den Kopf ab.

Blieb noch die Bremse, und die machte ihre Sache besser als der schläfrige Riese. Io hielt nie still. Vielmehr begann sie nun eine große Wanderung durch die damals bekannte Welt. Vom Adriatischen Meer, dessen südlichster Teil ihr zu Gedenken „Ionisches Meer" genannt wird, durch Skythien zum Kaukasus, wo ihr der dort an einen Felsen geschmiedete Prometheus die Zukunft vorhersagte, bis zum Schwarzen Meer. Dann durch den Bosporus („Kuh-Furt"), auch er trägt seinen Namen zu ihrem Gedächtnis, und zuletzt nach Ägypten. In der dortigen Stadt Kanopus gelang es Zeus endlich, sie in eine Frau zurückzuverwandeln und, nur durch Berührung, einen Sohn mit ihr zu zeugen, Epaphos.

Hera hatte verloren, ihre Eifersucht hatte zu nichts geführt. Aber so leicht gab sie sich nicht geschlagen. Nun ließ sie Ios Sohn von den Kureten, wilden Kriegern, rauben und nach Syrien verschleppen. Zeus tötete sie, die Mutter bekam ihr Kind zurück, heiratete und wurde in ihrer neuen Heimat später als kuhköpfige Göttin Isis verehrt. Epaphos aber herrschte über Ägypten und Afrika, viele Dynastien stammten von ihm ab. So endet die dramatische Geschichte von Io, der schönen Königstochter aus Argos.

Argusaugen

Argos panoptes, „Argus, der Allesseher", nannten die Griechen den Riesen, der dank seiner hundert Augen, die sich an seinem ganzen Körper befanden, hervorragend dazu geeignet war, als Wachmann zu dienen. Seinem Blick entging nichts, eine Eigenschaft, die sich heute noch Detekteien auf ihre Fahnen schreiben, wenn sie sich mit seinem Namen schmücken. Aber auch Argos war nicht unüberwindbar, man musste ihn nur dazu bringen, beim Schlafen nicht nur je zwei, sondern all seine Augen zu schließen. Hermes gelang es (siehe oben), der Riese sollte nie wieder erwachen – der Götterbote hatte ihn im Schlaf geköpft. Er starb im Einsatz für Hera, die darum eine besondere Würdigung für ihn erdachte: Sie versetzte seine Augen in den Schweif ihrer Lieblingsvögel, der Pfauen.

Diego Velázquez (1599–1660) wählte für sein Ölbild (1659) den Augenblick, in dem Hermes Argos, den Aufpasser der Io, mit seinem Flötenspiel nahezu in den Schlaf gewiegt hat. Noch ein letzter Blick, dann wird er ihm den Kopf abschlagen.

Zeus als Stier
Europa

Europa war die Tochter Agenors, des Königs von Phönizien, einem Land an der Küste Syriens, und der Telephassa. Über ihren Vater war sie nicht nur mit den Danaiden (siehe S. 80), die Töchter ihres Vetters waren, sondern auch mit Io (siehe S. 82) verwandt, in die sich Zeus dereinst verliebte. Vielleicht lag es ja in der Familie, denn auch Europa weckte in Zeus die Leidenschaft. Er sah sie mit Freundinnen am Strand spielend und war sofort in Liebe zu ihr entbrannt. Da ihr Vater streng über die Jungfernschaft seiner Tochter wachte, musste Zeus sich etwas einfallen lassen. Er verwandelte sich in einen schönen weißen Stier, mischte sich unter die Herde des Königs und konnte sich den Mädchen so unbemerkt nähern. Er war sehr zutraulich, ließ sich von ihnen sogar streicheln und legte sich dann nieder, wie um Europa zu signalisieren, dass er auch für einen Ritt zu haben sei. Sie zögerte zuerst, doch dann stieg sie auf. Der Stier trabte ein wenig am Strand entlang, doch auf einmal steuerte er direkt ins Meer. Wie sie Kreta erreichten, ob er wie ein echter Stier mit seiner süßen Last schwamm oder ob er, als Gott zu allem fähig, über die Wellen stürmte, ist unerheblich. Auf jeden Fall waren ihm genügend Kräfte geblieben, um sich in eine menschliche Gestalt zu verwandeln und auch, um Europa zu verführen – sie liebten sich unter einer Platane, die seitdem ein immergrüner Baum ist, andere meinen in der Höhle, in der Zeus einst aufgewachsen war. Europas Vater Agenor hatte die Entführung zu spät bemerkt, es gelang ihm nicht zu folgen. Doch schickte er seine Söhne aus, um sie zu suchen. Mitsamt ihrer Mutter sollten sie ihre Heimat erst wieder betreten, wenn sie erfolgreich waren.

Europa jedoch hatte ihr Glück gefunden. Sie heiratete Asterios, den König von Kreta, der sie so liebte, dass er ihre drei Söhne von Zeus, Minos, Rhadamanthys und Aiakos (oder Sarpedon), wie seine eigenen ansah. Minos und Rhadamanthys folgten ihm als mächtige Herrscher über die Insel. Nach ihrem Tod wurden sie, gemeinsam mit Aiakos, zu Richtern über die Schatten in der Unterwelt.

Europas Mythos

Der Mythos von Europa und dem Stier ist das Produkt vielerlei historischer Entwicklungen und Zusammenhänge. So stammt nicht nur der Name unseres Kontinents von der phönizischen Königstochter. Große Teile unserer Kultur erreichten uns aus Vorderasien, ihrer Heimat, wo frühe Reiche bereits tausende Jahre blühten, als mit der minoischen auf Kreta die erste europäische Hochkultur entstand. Es ist kein Zufall, dass Zeus hier ausgerechnet als Stier in Erscheinung tritt: Das mächtige Tier war den Orientalen und schließlich auch den Kretern heilig. Es war den Phöniziern so wichtig, dass sie einen stilisierten Stierkopf als Buchstabe „Aleph" (alef = Rind) zum ersten Zeichen ihres Alphabets machten. Da dieses über das griechische zur Urform des europäischen Alphabets wurde, kann man Zeus, wenn man so will, in seiner tierischen Gestalt noch heute in jedem „A" bewundern.

Die Horen

Hora bedeutet im Griechischen die Zeit, die etwas reifen lässt. Die verbreitetste Auffassung sieht die Horen, Kinder des Zeus und der Themis, daher als die Verkörperung der Jahreszeiten, von denen man drei unterschied: Thallo, die Göttin der Blüte, Auxo, die Göttin des Wachstums, und Karpo, die Göttin der reifen Frucht. Sie waren Schwestern der Moiren, der Schicksalsgöttinnen. Sie liebten es, mit den Chariten zu tanzen, trugen lange Gewänder und Kränze auf ihrem Haupt. An ihre Aufgabe als Wächter der Himmelstore, die die Wolken unter mächtigem Grollen verschoben, erinnerten „Die Horen", eine berühmte von Friedrich Schiller 1795-1797 herausgegebene Zeitschrift.

Das Fresko aus dem 79 n. Chr. beim Ausbruch des Vesuvs untergegangen Pompeji zeigt Europa auf dem Rücken des äußerst zutraulichen Stiers Zeus, noch in Begleitung ihrer Freundinnen.

Schmachtender Riese
Polyphem und Galatheia

Ursprünglich gab es drei Zyklopen, aus Gaia, der Erde, geboren, und mit Uranos, dem Himmel, gezeugt (siehe unten). Polyphem war keiner von ihnen, wenn er auch ihr auffälligstes Merkmal, ein einziges kreisrundes Auge in der Mitte der Stirn, besaß. Aber auch er hatte göttliche Eltern, war die Frucht der Verbindung der Nymphe Thoosa und des Poseidon, des mächtigen Gottes der Meere. Er lebte mit anderen seiner Art auf jener Insel, die man später Sizilien nannte.

Acis und Galateia

Eines Tages traf er auf die Nereide Galateia und entbrannte in Liebe zu ihr. Doch sie wollte von dem hässlichen Riesen nichts wissen und hatte nur Augen für Acis, einen jungen Hirten. Tag für Tag sang Polyphem traurige Lieder, Tag für Tag wuchs seine Eifersucht – bis er sie schließlich zusammen schlafend im Ufergras erwischte. Er verfolgte Acis und zerschmetterte ihn mit einem Felsblock. Andere Varianten der beliebten Geschichte endeten weniger tragisch, in ihnen gab es keinen Acis und Polyphem konnte Galateia in seine mächtigen Arme schließen.

Jahre später spielt eine andere Geschichte, deren Held der griechische Prinz Odysseus war. Er landete auf Sizilien, bei dem Versuch, den Weg nach Ithaka, seiner Heimat, zu finden. Mit zwölf Männern hatte er es gewagt, die Höhle des Polyphem zu betreten, während dieser seine Herden weidete. Sie flohen auch nicht, als der Riese kam und im Begriff war, seine Bleibe mit einem riesigen Felsen zu verschließen. Wie sich zeigte, war dies ein großer Fehler, denn statt ihnen Gastfreundschaft zu erweisen, begann er, sie Mann für Mann zu verspeisen.

Odysseus gelang es, ihn trunken zu machen. Als Polyphem ihn fragte, wer er denn sei, antwortete er: „Oudeis", was so ähnlich klingt wie Odysseus, aber „Niemand" bedeutet. Als der Riese sich schlafen legte, rammten die Griechen ihm einen angespitzten Baumstamm ins Auge, so dass Polyphem erbärmlich schrie. Die anderen Zyklopen kamen zur Höhle, fragten, ob ihm jemand Gewalt angetan habe, und erhielten zur Antwort: „Niemand". Sie schüttelten die Köpfe und verließen lachend den Ort. Odysseus und seine Gefährten entkamen am nächsten Morgen, als der blinde Riese seine Tiere wieder zur Weide trieb. Sie hängten sich unter einige Schafe und entgingen so der tastenden Überprüfung des Riesen.

Zyklopen

Ursprünglich gab es nur drei Zyklopen, Arges, Brontes und Steropes. Uranos, der Himmel, hatte sie zusammen mit Gaia, der Erde, nach den Titanen gezeugt. Die „Rundaugen", so des Namens wörtliche Bedeutung, waren riesenhafte Wesen, tumb und ungeschlacht, ihr Vater stieß sie sogleich nach ihrer Geburt in den Schoß der Erde zurück. Kronos, Uranos' Sohn, ließ sie zeitweilig frei, verbannte sie aber wieder, nachdem sie ihre Schuldigkeit getan und ihm zur Macht verholfen hatten. So ähnlich wiederholte sich die Geschichte, als Zeus, Kronos' Sohn, seinerseits die Titanen stürzte. Sie dankten ihm ihre Befreiung, indem sie ihm seine Blitze schmiedeten, dem Poseidon den Dreizack und dem Hades eine Tarnkappe. Apollon tötete sie aus Rache für den Tod seines Sohnes Äskulap, weil sie auch den Blitz geschmiedet hatten, mit dem Zeus den Gott der Heilkunst erschlug.

Doch damit waren die Zyklopen nicht aus dem Mythos verschwunden, Verwandte von ihnen tauchten als Schmiede des Hephaistos oder Bewohner von sizilianischen Höhlen wieder auf. Da sie so kräftig und stark waren, hielt man die Zyklopen auch für die Erbauer der monumentalen Mauern, die Mykene und Tiryns, die Geburtsstadt des Herakles, umgaben.

Auf Raffaels (1483-1520) Fresko „Triumph der Galateia" (1512/13) in der Villa Farnesina in Rom nimmt die Geschichte um den verliebten Polyphem für diesen kein gutes Ende: Zwar hat er seinen Nebenbuhler ausschalten können, jedoch entzieht sich ihm die schöne Galateia durch Flucht.

Verliebt in sich selbst
Narziss

Alle Dinge zwischen Himmel und Erde hatten in irgendeiner Weise mit den Göttern zu tun. Alles befand sich in einer Beziehung zu ihnen, besonders alles, was wuchs, was kreuchte und fleuchte. Statt eines Lexikons hatten die Griechen Mythen, die ihnen die Welt erklärten, warum etwas war, wie es war, und warum etwas hieß, wie es hieß. Eine dieser Mythen erklärt, woher die Narzisse ihren Namen hat – dass er sich von ihrem, damals noch, betäubenden Duft ableitet, war den Hellenen vielleicht bewusst, schöner jedoch ist die folgende Geschichte:

Narziss war die Frucht einer Vergewaltigung der Najade Leiriope durch den Flussgott Kephissos. Diese wollte wissen, wie lange ihr Sohn leben werde und befragte den Seher Teiresias. Leiriope erfuhr von ihm, Narziss würde so lange leben, „wie er sich fremd bliebe". Es war eine typische Prophezeiung, völlig unklar, was mit ihr gemeint war. Sechzehn Jahre später löste sich das Rätsel.

Echo sucht nach Liebe

Narziss war zum Jüngling herangereift, zu einem besonders schönen noch dazu. Alle Menschen, ob Männer, ob Frauen, verzehrten sich in Sehnsucht nach ihm, doch er schenkte ihnen keine Aufmerksamkeit, war abweisend und kühl. Sogar das Liebeswerben der Echo, der schönsten unter den Nymphen, ignorierte er gänzlich, so dass sie schließlich verkümmerte und starb (siehe Kasten). Unter den abgewiesenen Liebhabern machte sich bald Unmut Luft, sie beteten zu den Göttern: „Lass Narziss erleben, was er uns angetan", damit mochten sie sich zufrieden geben. Die Gebete wurden erhört, ob von Aphrodite, die es als Liebesgöttin nicht hinnehmen konnte, wie einer der Sterblichen die Liebe verachtete, oder von Nemesis, der Göttin der ausgleichenden Gerechtigkeit, lässt sich nicht klären. Jedenfalls war er sich nun bald nicht mehr fremd, so wie es Teiresias einst prophezeite. Eines Tages blickte der Schöne in einen Teich, sah sein Spiegelbild und verliebte sich – in sich! Seine Liebe entzündete sich so stark, dass er sein Bild immerzu umarmen wollte. Tag und Nacht starrte er sich an und vergaß dabei, sich zu ernähren. Immer mehr schwand er dahin, bis der Tod ihn eines Tages erlöste.

Von Najaden und Dryaden, den Nymphen der Quellen und Bäume, beweint, ging man daran, seinen Körper zu verbrennen, aber auf einmal war er verschwunden. An seiner Stelle wuchs eine krokusfarbene Blume, ihr Kelch mit weißen Blättern umschlossen. Die Götter wollten, dass man seiner gedenke und hatten ihn in eine Narzisse verwandelt.

Tatsächlich wurde er nie vergessen, hat auch eine Narzisse von heute kaum noch etwas mit ihrer Urform gemein, denn auch die Psychologie sorgte für sein ewiges Leben. Sie bezeichnet die krankhafte Eigenliebe nach dem Schönen des Mythos als „Narzissmus".

Echo

Sie war eine Nymphe, so viel ist gewiss, über ihr Geschick sind verschiedene Geschichten in Umlauf. Nach der bekanntesten Version soll sie eine Gefährtin der Hera oder der Artemis gewesen sein. Hera jedenfalls rief alle Nymphen zusammen, da sie gehört hatte, ihr Gemahl Zeus sei in eine von ihnen verliebt. Echos beharrliches Geschwätz, manche behaupten, der Göttervater habe sie so instruiert, verhinderte die Aufklärung des Falles. Hera beraubte die Nymphe ihrer Stimme, nur das jeweils letzte Wort oder die letzte Silbe sollte sie wiederholen können. So traf sie auf Narziss, in den sie sich über beide Ohren verliebte. Der wunderte sich über das sprachliche Vermögen der Echo und ließ sie links liegen. Voller Scham verbarg sie sich in einer Höhle, sie verzehrte sich, nur ihre Stimme blieb übrig.

Unerfüllte Liebe: Echo verzehrt sich nach Narziss, dieser nach sich selbst. Nicolas Poussin (1594-1665) versetzte die tragisch-unglückliche Geschichte vor 1630 in einen romantischen Hain.

Ein schönes Paar
Hyakinthos, Geliebter des Apollon

Hyakinthos war ein Sohn des Königs Amykles von Sparta und der Diomede oder des Pieros und der Klio, der Muse der Geschichte. Er war ein sehr attraktiver Jüngling, nur Adonis, Endymion und Ganymed sollen schöner gewesen sein. Kein Wunder, dass Thamyris, der Sohn des Philammon und der Nymphe Argiope, in Liebe zu ihm entbrannte – es heißt, dies war das erste Mal, dass sich ein Mann in einen Knaben verliebte. Thamyris versuchte, ihn mit seiner Sangeskunst zu gewinnen. Schon oft hatte er beim Sängerwettstreit gesiegt. Doch hier ging es um mehr als Kunst, hier ging es um Liebe, Hyakinthos erhörte ihn nicht.

Hyakinthos lieh seine Gunst einem anderen, einem Gott: Apollon. Der weilte kaum noch in Delphi und vernachlässigte seine göttlichen Pflichten, da er sich bei dem Geliebten in Sparta befand. Während Leier und Bogen Staub ansetzten, maß er sich mit ihm im sportlichen Wettkampf. Nackt, mit vor Olivenöl in der Mittagssonne glänzenden Leibern übten sich beide im Diskuswurf, als ein Unfall geschah. Mit mächtigem Schwung schleuderte der Gott die schwere Scheibe, warf sie hoch in die Luft. Erst nach längerer Zeit landete sie auf dem Boden. Hyakinthos war sofort an der Stelle, obwohl der Diskus noch nicht zum Liegen kam. Als wäre der Boden aus Gummi, prallte die Scheibe von dort zurück, dem Knaben genau ins Gesicht, und verursachte eine tödliche Wunde. Apollon fasste den sinkenden Leib, wärmte ihn, wollte die Wunde trocknen, mit Gras die Blutung stillen, doch nichts hatte Erfolg. Ovid schildert die Szene bewegend in seinen Metamorphosen:

„… unheilbar war die Verletzung.
Gleich, wie wenn man im Garten
Levkoien zerknickt oder steifen
Mohn oder Lilien, in denen gelbliche
Beutelchen stehen:
Plötzlich lassen sie schlaff ihr Haupt,
das ermattete sinken,
Können nicht aufrecht sich halten;
es neigt sich der Kelch auf die Erde,
So lag sterbend das Antlitz: der Hals,
von der Stärke verlassen,
War sich selber zur Last,
er ruhte erschlafft auf der Schulter."

Apollon war untröstlich. Während er Hyakinthos beweinte, wuchsen aus dessen Blut lilienartige Blumen empor. Sie waren purpurfarben und trugen auf ihren Blütenblättern die Klagelaute „AI AI" (= „Wehe"). Um welche Pflanze es sich bei dieser „Hyazinthe" handelte, ist unter Botanikern umstritten. Klar ist hingegen, wo sich das Grab ihres Namensgebers befand: in Amyklai unter einem Standbild des Apollon.

Eine windige Variante

Eine andere Version der Geschichte lässt Apollon mit Zephyr, dem Gott des Westwindes, um den Knaben einen Wettkampf austragen. Apollon schießt mit dem Bogen und der Zephyr bläst auf Windesart. Davon bekommt Hyakinthos Angst und kürt den Apollon zum Sieger. In seiner Eifersucht lenkt der Windgott dann später den Diskus, der Rest ist bekannt.

Das Füllhorn

Als Sinnbild der Fülle und der Fruchtbarkeit, ein Symbol des Glücks, entstammt es dem Zeus-Mythos. Nachdem ihn seine Mutter Rhea nach Kreta geschmuggelt hatte, wurde er dort von Nymphen mit den Gaben der Ziege Amaltheia aufgezogen. Dies war zum einen ihre Milch, vor allem aber Nektar und Ambrosia, die Speisen der Götter, die aus ihren Hörnern geflossen sein sollen. Eines der Hörner brach ab, und die Nymphen füllten es mit Früchten für das Kind. Das Horn gelangte – nach des Zeus Rückkehr auf den Olymp – in den Besitz der Najaden und brachte hervor, was auch immer der Besitzer sich wünschte.

Apollon beweint seinen Geliebten Hyakinthos, den er beim Spiel tödlich verwundete. Giovanni Battista Tiepolo (1696-1770), um 1752/53.

Ein schöner Schatten
Adonis, Geliebter der Aphrodite

Auch dieser Mythos versucht zu erklären, woher eine Pflanze, hier das Adonisröschen, eine der Anemone verwandte Gattung, ihren Namen hat. Eine Erklärung für den Myrrhenbaum wird gleich noch mitgeliefert.

Es war eine sehr ungewöhnliche Geburt, denn die Mutter war keine gewöhnliche Sterbliche, sondern ein Myrrhenbaum. In einen solchen hatten die Götter Myrrha verwandelt, als sie ihr Vater, König Kinyras von Paphos auf Zypern, töten wollte, denn sie hatte ihm, in anderer Gestalt, beigewohnt. Die Frucht ihres Leibes war das Ergebnis dieses Inzests und musste nun aus einem Baum befreit werden. Durch einen Schwerthieb des Kinyras, einen Eingriff von Eileithyia, der Geburtsgöttin, oder einen wilden Eber gespalten, erblickte Adonis das Licht der Welt. Er war ein ausnehmend schönes Kind.

Aphrodite blieb der schöne Knabe nicht verborgen und sie verliebte sich schon in das Kind. Sie wollte ihn nur für sich haben und legte ihn in einen Kasten, den sie der Persephone übergab. Bei ihr in der Unterwelt blieb er ihr sicher, niemand konnte ihn sehen. Niemand? Die Herrscherin über die Toten war schließlich auch nur eine Frau. Auch sie erlag der Schönheit des Adonis, und als er zum Manne gereift war, verliebte sie sich in ihn. Es kam wie es kommen musste: Persephone weigerte sich, ihren Schützling herauszugeben, sie wollte ihn ganz für sich. Aphrodite sah das Recht jedoch auf ihrer Seite und verlangte von Zeus, dass er ein Machtwort spreche.

Das Urteil der Kalliope

Dem Göttervater war klar, dass er dabei nur verlieren könne, egal wie er entschied. Er hasste Konflikte in seiner Familie und wälzte solche Aufgaben gerne auf andere ab. So setzte er die Muse Kalliope zur Schiedsrichterin ein. Ihr Urteil? Jede der Göttinnen sollte Adonis für die Hälfte des Jahres besitzen – er selbst wurde gar nicht gefragt. Zeus war fein heraus, nicht aber Kalliope, der die unzufriedene Aphrodite zeigte, zu welchem Hass die Göttin der Liebe fähig war: Sie bewirkte den Tod von Orpheus, Kalliopes Sohn.

Nun setzte Aphrodite alles daran, Adonis doch ganz für sich zu gewinnen. Sie verließ den Olymp, um bei ihm zu sein, „ihr Himmel", so schreibt Ovid, „er heißt nun Adonis. Bei ihm verweilt sie, begleitet ihn", sogar zur Jagd, die sie eigentlich als zu gefährlich für ihren Geliebten empfand. Doch das Schicksal meinte es nicht gut mit ihr und vor allem nicht mit ihrem schönen Geliebten. Persephone hatte geplaudert. Sie hatte Ares, den Geliebten der Aphrodite, über deren Liebelei mit Adonis informiert, in der Hoffnung, des Kriegsgottes Zorn würde für klare Verhältnisse sorgen. Ihr Kalkül ging auf, denn Ares suchte bei Adonis die Schuld, verwandelte sich in einen wilden Eber und zerriss ihn vor den Augen Aphrodites. Nun war er, als Schatten, für immer bei Persephone. Die Liebesgöttin aber ließ aus seinem Blut das Adonisröschen wachsen.

Myrrha

Die einen sagen Kinyras, der König von Paphos auf Zypern, habe behauptet, seine Tochter sei schöner als Aphrodite. Andere meinen, Myrrha, so der Name des lieblichen Geschöpfs, habe deren Kult nicht gebührend betrieben. Die Göttin der Liebe jedenfalls strafte des Kinyras' Tochter und ließ sie in Liebe zum eigenen Vater entbrennen.

Mit Hilfe einer alten Amme gelang es ihr, sich in dessen dunkle Kammer zu schleichen und dort mit ihm zu schlafen. Erst nach mehreren Nächten machte er Licht und sah, was geschehen war. Des Inzests gewahr, wollte er seine Tochter töten. Sie konnte fliehen, doch verwandelten sie die Götter in einen Myrrhenbaum – aus ihm wurde nach neun Monaten Adonis geboren.

Leider erfolglos versucht Aphrodite ihren Geliebten Adonis von der Teilnahme an der Jagd abzuhalten. Peter Paul Rubens (1577–1640) malte die Abschiedsszene um 1610 in Öl.

Ein Herz und eine Seele
Amor und Psyche

Der folgende Mythos ist einer der romantischsten und ähnelt einem Märchen. Es ist die Geschichte einer großen Liebe zwischen Psyche (= Seele), der jüngsten von drei Töchtern des Königs von Sizilien, und Eros, der hier, wie alle anderen Götter auch, bei seinem römischen Namen, Amor, genannt wird, da die Geschichte in einer Anthologie des römischen Dichters Apuleius (124-180 n. Chr.) überliefert wurde.

Fatale Neugier, die Erste

Psyche war so schön, dass alle aufhörten, Venus (Aphrodite) zu verehren. Wütend rief daraufhin die Göttin der Liebe und der Schönheit ihren Sohn und befahl ihm, Psyche in den hässlichsten Mann verlieben zu machen, den er finden würde. Aber er verliebte sich selbst in sie. Und nicht nur dies: Amor bat zudem Apollo (Apollon), ihrem Vater durch ein Orakel zu sagen, dass sie sich, angetan mit einem Brautkleid, auf eine einsame Bergspitze begeben solle, wo ein Dämon sie zur Frau nehmen wolle. Stattdessen aber trug sie eine sanfte Brise Zephyrs, des Westwinds, in ein märchenhaftes Schloss. Dorthin kam Amor nun Nacht für Nacht, verschwand aber des Tags und gab sich nie zu erkennen, nahm ihr sogar das Versprechen ab, sein Geheimnis niemals ergründen zu wollen, da sonst ihre Liebe vergehe. Psyches neidische Schwestern, die ihr mit einem Besuch, von Zephyr arrangiert, Abwechslung bieten sollten, machten ihr Angst: Was, wenn ihr Mann eine Schlange wäre? Sie solle nicht warten, bis es zu spät sei, sondern müsse sich unbedingt und schnellstmöglich von seiner wahren Gestalt überzeugen. Die naive Königstochter wartete die folgende Nacht mit einem Messer und einer Lampe auf ihren Mann. Als dieser endlich eingeschlafen war, beleuchtete sie sein Gesicht. Doch was sie sah, war kein Ungeheuer, sondern ganz im Gegenteil, ein begehrenswerter, schöner Jüngling. Es kam wie es kommen musste: Ein Tropfen heißes Öl fiel auf Amors Schulter, er wachte auf, fühlte sich von Psyche betrogen und flog davon.

Fatale Neugier, die Zweite

Auf der Suche nach ihrem Geliebten kam Psyche eines Tages auch zu Venus. Die nahm sie auf, machte sie zu ihrer Magd und stellte ihr einige unlösbare Aufgaben. Mit Hilfe von Ameisen, Schilfrohren, einem Adler und einem sprechenden Turm gelang es ihr doch, sie zu erfüllen. Selbst die letzte Aufgabe, für die sie in die Unterwelt zu Proserpina (Persephone) reiste, Charon und Zerberus (Kerberos) mit einigen Münzen und Kuchen bestach, hatte sie fast erfolgreich bestanden, doch dann packte sie die Neugier. Sie öffnete das Döschen mit der Schönheitssalbe, die sie von der Göttin der Unterwelt für Venus besorgt hatte, und schaute hinein. Doch es war leer, und augenblicklich überfiel sie ein tödlicher Schlaf.

Amor hatte Psyche nicht vergessen. Er fand die Geliebte und scheuchte den Schlaf in die Dose zurück. Für ihn war es nun Zeit, klare Verhältnisse zu schaffen, und so bat er den obersten Gott um Heiratserlaubnis. Jupiter (Zeus) stimmte zu, legte für Psyche ein gutes Wort bei Venus ein und machte sie zur Göttin. Sie feierten Hochzeit auf dem Olymp. Voluptas, die Göttin der Lust, wurde nach angemessener Zeit ihre Tochter.

> ### Kreon
> *Als Nachkomme von Kadmos, des ersten Königs von Theben, herrschte auch Kreon über diese griechische Stadt. Er löste das Drama um seine Nichte Antigone (siehe S. 180) aus, als er nach dem Kampf der Sieben gegen Theben (siehe S. 178) verbot, die gefallenen Gegner beizusetzen. Darüber hinaus spielte er als Schwager des Ödipus, Exilgewährer des Amphitryon und Schwiegervater des Herakles in vielen Mythen eine bedeutende Rolle.*

Im Stil des Klassizismus des ausgehenden 18. Jahrhunderts schuf der Italiener Antonio Canova (1757-1822) um 1796/1800 sein sich innig umarmtes Paar „Amor und Psyche".

Feldzug gegen Taphies
Amphitryon und Alkmene, eine Tragödie

Die Teleboer, die Bewohner der taphischen Inseln, hatten die Rinder König Elektryons gestohlen. Der war als Sohn des Perseus dessen Nachfolger als König von Mykene. Er schickte seine Söhne aus, es kam zum Kampf, und sie fielen. Zu dieser Zeit war Amphitryon, der Sohn des Alkaios, auf Freiersfüßen unterwegs. Er hatte sich in Alkmene verliebt, die Tochter des Königs Elektryon, seines Onkels. Der war mit einer Heirat einverstanden, machte jedoch zur Bedingung, dass die Ehe erst dann vollzogen werden dürfe, wenn er, Elektryon, seine Söhne gerächt habe. Vorher sollte Amphitryon jedoch noch die von den Teleboern geraubte und inzwischen nach Elis gelangte Herde zurückholen. Der beeilte sich und kam in wenigen Tagen mit den Rindern zurück. Erwartungsvoll sah er von Weitem bereits seinen Onkel, als sich ein Rind von der Herde löste. Er warf seine Keule nach ihm und traf – leider nicht das ungehorsame Tier, sondern seinen Onkel Elektryon. Der König war sofort tot, Amphitryon sah schon alles verloren. Da versprach ihm Alkmene trotz ihrer Trauer, dem Geliebten ins Exil nach Theben zu folgen.

Rache für die Brüder

Ganz die Tochter ihres Vaters, übernahm Alkmene dessen Bedingung und forderte Amphitryon dazu auf, gegen die Teleboer ins Feld zu ziehen – vorher sei sie nicht bereit, mit ihm das Lager zu teilen. So trat er vor Kreon, den König von Theben, und bat ihn um Männer und Waffen. Der willigte ein, aber unter einer Bedingung: Er müsse sein Land erst noch von einer Plage befreien. Sie sei den Thebanern als Strafe für den Tod der Sphinx von Artemis geschickt worden: ein Fuchs, der Vieh und Menschen morde. Bevor Amphitryon zusage, müsse er wissen, dass es sich natürlich nicht um einen normalen Fuchs, sondern um den vom Berg Teumessos handele, den zu fangen unmöglich sei. Dem Tier sei bestimmt, nie von einem Verfolger eingeholt zu werden. Jeden Monat opferten sie einen ihrer Söhne, um die Bestie zu besänftigen, aber ohne Erfolg. Amphitryon wurde bange, er dachte jedoch an Alkmene, sammelte Freiwillige und bat auch Kephalos aus Athen, an der Jagd teilzunehmen. Ein schlauer Zug, denn der hatte einen Wunderhund namens Lailaps. Auch bei ihm hatte die Göttin Artemis ihre Hand im Spiel, denn auch ihn stattete sie mit einer einzigartigen Eigenschaft aus: nichts konnte ihm entfliehen. Ein Hund, der immer fängt, ein Fuchs, der immer entkommt – ein unlösbares Dilemma. Der oberste Gott löste das Problem auf seine Art: Zeus verwandelte beide Tiere in Steine.

Apollon und Daphne

Apollon hatte Eros, den Gott der Liebe, verspottet. Er rühmte sich, von beiden der bessere Bogenschütze zu sein. Doch Eros wusste es besser: Während Apollons Pfeile nur verwundeten, trafen seine Pfeile mitten ins Herz. Er zog sich beleidigt zurück und befriedigte seine Wut auf den prahlerischen Kollegen, indem er zwei Pfeile abschoss: mit dem einen, mit goldener, schneidender Spitze, wollte er Liebe entzünden, mit dem anderen, stumpf und bleiern, die Liebe verscheuchen. Diesen bohrte er in die Brust von Daphne, einer Nymphe, Tochter des Flussgottes Peneios. Der goldene Schuss traf hingegen seinen Widersacher Apollon. Während Daphne die Wälder durchstreifte, immer alleine, denn sie konnte keine Freier ertragen, wurde Apollon auf sie aufmerksam und entbrannte in Liebe zu ihr. Sie floh, er schmeichelte ihr, pries sich an, sie jedoch reagierte abweisend und kühl. Von Eros' Pfeil gelenkt, blieb er ihr trotzdem dicht auf den Fersen. Fast erreichte er sie, da richtete sie an den Vater ein Stoßgebet: „Verwandle mich! Nimm die Gestalt." Augenblicklich wurden ihr die Füße schwer, sie hingen in trägen Wurzeln. Ihre Arme wurden zu Zweigen, ihre Haare zu Blättern, der Kopf bildete einen Wipfel. Die schöne Nymphe war zu einem Lorbeerbaum geworden (grch. daphne = Lorbeer).

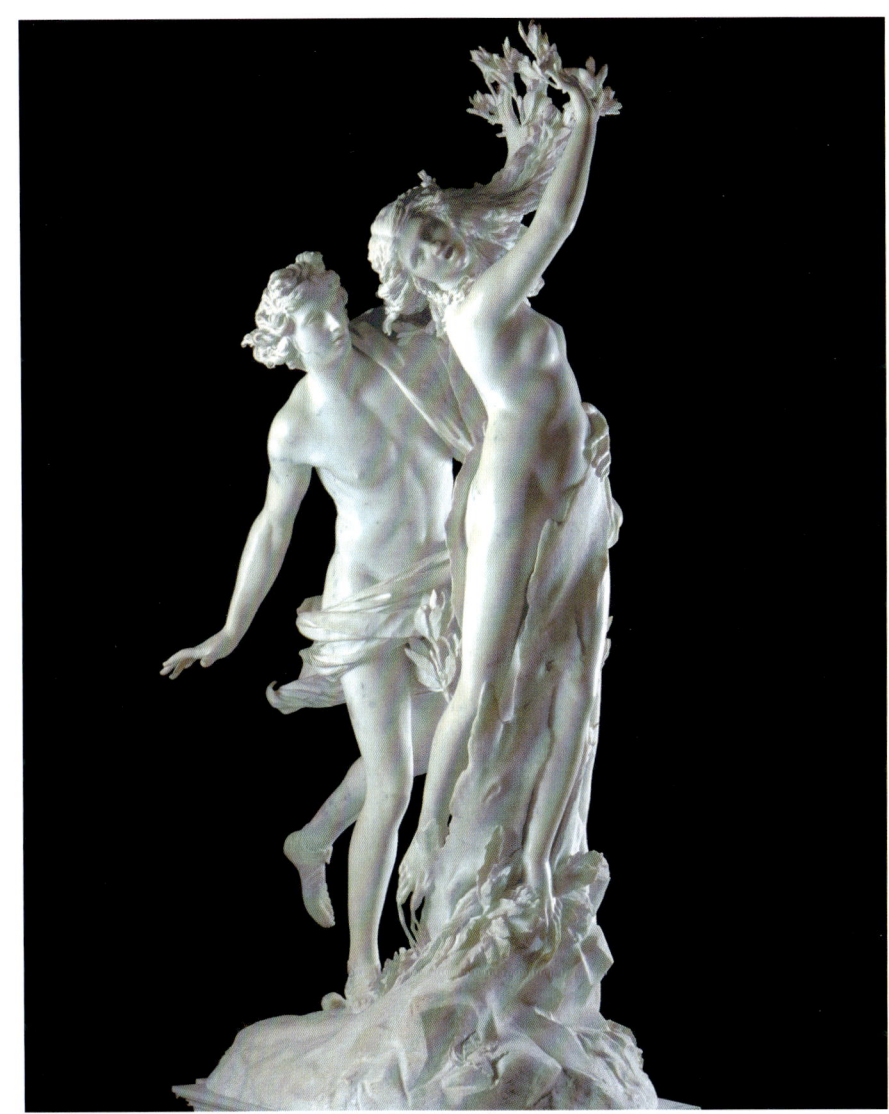

Der italienische Barockbildhauer und Architekt Gian Lorenzo Bernini (1598–1680) meißelte den Augenblick in Stein, in dem sich die von Apollon verfolgte Nymphe in einen Lorbeerbaum verwandelt.

Zeugung und Geburt des Herakles
Amphitryon und Alkmene, eine Verwechslungskomödie

Mit der Verwandlung des teumessischen Fuchses hatte Amphitryon Kreons Bedingung erfüllt, er zog mit ihm gegen die Teleboer. Sie segelten eine Weile, dann erreichten sie die taphischen Inseln. Leider hatten sie nicht bedacht, dass deren König, Pterelaos, unsterblich und solange er lebte, seine Stadt uneinnehmbar war. Pterelaos' Großvater Poseidon hatte ihm dies als Geschenk mit in die Wiege gelegt. Da erwies es sich als Glück, dass Amphitryon den Frauen gefiel. Die Tochter des taphischen Königs, Komaitho, verliebte sich nämlich in ihn und verriet ihm ein Geheimnis: Ihres Vaters Unsterblichkeit hing an einem goldenen Haar auf seinem Kopf, für Amphitryon würde sie es ihm ausreißen. Sie tat es, und Amphitryon brachte sie dafür um, denn er konnte Verräter nicht leiden, auch Pterelaos musste dran glauben.

Nun waren Elektryons Söhne gerächt, alle Hindernisse damit beseitigt. Jetzt kehrte Amphitryon nach Theben zurück, endlich konnte er fordern, was Alkmene ihm lange verwehrt hatte, er erwartete Freudentränen. Doch seine Gemahlin wirkte sehr gefasst, wenn, dann konnte sie ihre Erregung gut verbergen. Dennoch gaben sie sich den Freuden der Liebe hin, doch sie schien nicht bei der Sache. Er hegte einen bösen Verdacht: Ob es einen Nebenbuhler gab? So stellte er Alkmene am nächsten Morgen zur Rede. Sie tat unschuldig, meinte, ihre Zurückhaltung sei doch kein Wunder, sie hätten doch Stunden zuvor bereits miteinander geschlafen. Es klang überzeugend und doch fand er keine Erklärung dafür, denn er hätte es ja wissen müssen. So bat er den blinden Seher Teiresias (siehe S. 180) um Rat. Wie immer konnte er helfen: Es sei Zeus gewesen, der, in Gestalt des Amphitryon, mit Alkmene die Nacht verbrachte. Helios hätte den Sonnenaufgang mehrfach verschieben müssen, denn der Göttervater hätte es überaus genossen.

Die Geburt eines Helden

Alkmene und Amphitryon blieben ein Paar, denn sie hatte ihn ja nur mit ihm selbst betrogen. Neun Monate später hörte man in ihrem Hause großes Geschrei, Alkmene war von Zwillingen entbunden worden. Der kräftigere von beiden war von Zeus und sollte als Herakles einst unsterblich werden. Den anderen nannten sie Iphikles. Er stand seinem Bruder oft bei und heiratete eine Tochter Kreons.

„Und sie lebten glücklich bis an ihr Lebensende" traf bei ihnen nicht zu. Amphitryon wäre später fast ein Opfer seines Stiefsohnes geworden, denn der verfiel einem Wahn, tötete seine Kinder und seine Frau, nur ein Steinwurf der Athene hielt ihn davon ab, sich auch an Amphitryon zu vergreifen. Wegen dieser Verbrechen musste Herakles später als Sühne seine berühmten Taten vollbringen (siehe S. 128). Amphitryon, der seine Frau einmal wegen Untreue verbrennen wollte, aber von Zeus durch Regen daran gehindert wurde, fiel im Kampf um Theben gegen Erginos, den König von Orchomenos. Alkmene heiratete erneut, ihr zweiter Gatte war Rhadamanthys, ein Sohn der Europa. Als sie im hohen Alter starb, gelangte ihr Schatten ins griechische Paradies, auf die Elysischen Felder.

> *Hero und Leander*
>
> *Hero war eine Aphrodite-Priesterin auf der einen, Leander ein Jüngling auf der anderen Seite des Hellespont, der heutigen Dardanellen. Sie verliebten sich, Hero durfte jedoch nicht heiraten. So schwamm Leander jede Nacht zu ihr und morgens zurück. Er orientierte sich dabei an einem Licht, das sie in den Turm stellte, in dem sie lebte. Eines Nachts verlöschte das Licht, und er ertrank. Am nächsten Morgen wurde sein Leichnam an ihrem Ufer angespült. Kummervoll stürzte sich Hero daraufhin von ihrem Turm in den Tod.*

Auch die Kindheit eines Helden geht nicht ohne Heldentaten vonstatten: Der kleine Herakles, Sohn der Alkmene (links) und des Zeus, tötet die von der eifersüchtigen Hera in seine Wiege gesandten Schlangen. Griechische Vasenmalerei, sogenannter Berliner-Maler, um 480/470 v. Chr.

Ein unfehlbarer Speer
Kephalos und Prokris

Kephalos und Prokris, eine Nichte von Prokne und Philomele (siehe S. 108), schworen sich ewige Treue. Da Kephalos immer sehr früh das Haus verließ, er war leidenschaftlicher Jäger, wurde Eos, die Göttin der Morgenröte, auf ihn aufmerksam, verliebte sich in ihn und entführte ihn. Er schwärmte ihr so lange von Prokris vor, bis sie ihn nach langer Zeit gehen ließ, jedoch nicht ohne eine Andeutung hinsichtlich der ehelichen Treue seiner Gemahlin gemacht zu haben. Die Zweifel waren gesät, und so beschloss er, Prokris auf die Probe zu stellen, sich zu verkleiden und ihr Geld und Geschenke anzubieten, wenn sie mit ihm, einem vermeintlich Fremden, eine Nacht verbrächte. Als sie die Tür öffnete, kam er ins Wanken, sah Trauer in ihrem Gesicht, da er, ihr Gatte, schon allzu lange außer Haus war, und hätte ihr fast die Wahrheit gesagt. Dann aber führte er seinen unheilvollen Plan aus. Sie wehrte standhaft ab, sprach von Sehnsucht nach ihrem Gatten. Daraufhin erhöhte er sein Angebot und Prokris begann zu schwanken. Als sie noch überlegte, gab er sich schließlich zu erkennen. Er schrie sie an und tobte. Sie dagegen blieb stumm, packte ihre Sachen und verließ das gemeinsame Haus, hegte seitdem einen Hass auf die Männer.

Kephalos gestand sich seinen Fehler ein, wollte alles am liebsten ungeschehen machen und suchte nach seiner Frau. Er fand sie in den Wäldern und entschuldigte sich.

Prokris rächt sich

Sie rächte sich an ihm, indem sie die Geliebte König Minos' von Kreta wurde, den sie von einem durch dessen Frau verhängten Zauber befreite, der alle Frauen tötete, mit denen er schlief – ein probates Mittel gegen das Fremdgehen.

Zum Dank schenkte er Prokris einen Speer, der immer traf und einen Wunderhund namens Lailaps, dem wiederum aufgrund eines Zaubers niemals ein Wild entkommen konnte.

Wieder versöhnt, doch misstrauisch

Prokris kehrte zu Kephalos zurück, überprüfte ihn, wie er es mit ihr getan hatte, versöhnte sich dann wieder mit ihm und schenkte ihm Speer und Hund. Doch es war nicht mehr wie früher, Misstrauen nagte immer wieder an ihr, sie konnte sich nicht dagegen wehren. So schlich sie ihm eines Tages auf die Jagd hinterher, in der Hoffnung und Angst ihn mit einer anderen zu überraschen. Sie versteckte sich im Gebüsch, Kephalos hörte es rascheln. Er warf den Speer, der immer traf – Prokris starb in seinen Armen.

Kephalos wurde zur Strafe aus Athen verbannt. Er wurde König von Kephallonia, der nach ihm benannten größten der Ionischen Inseln. Sie wurde ihm von Amphitryon aus Dankbarkeit für seine Unterstützung im Krieg gegen die Teleboer einst zum Geschenk gemacht.

Endymion

Selene, Tochter der Titanen Hyperion und Theia, war die Göttin des Mondes. Sie zog des Nachts mit ihrem von zwei Pferden oder Rindern gezogenen Wagen über den Himmel, darin ihrem Bruder, dem Sonnengott Helios, vergleichbar. Ihr bekanntester Mythos verbindet sie mit Endymion. Er war nach der geläufigsten Version ein einfacher Schäfer und der schönste Mann, der je auf Erden lebte. Selene verliebte sich in ihn und schenkte ihm fünfzig Töchter. Da sie den Gedanken an seine Vergänglichkeit nicht ertrug, ließ sie ihn in einer Höhle auf dem Berg Latmos in einen tiefen Schlaf fallen, aus dem er nie mehr erwachte. Wunderschön, jugendfrisch und vollkommen lebendig wirkend ruhte er so in seiner Grotte, jede Nacht mit Küssen bedeckt von seiner glänzenden Göttin Selene.

Irrtümlich für Wild gehalten, liegt Prokris, von Kephalos' Pfeil getroffen, sterbend am Boden. Paolo Veronese (1528–1588), um 1580.

Verwandlung aus Liebe
Keyx und Halkyone

Keyx, König von Trachis in Thessalien, war ein Sohn Hesperos', des Abendsterns, oder des Eosphoros, des Morgensterns, und Gatte der Halkyone. Er soll den vor Eurystheus fliehenden Herakles und später dessen Kinder bei sich aufgenommen haben. Die bekannteste Sage über ihn endet mit der Verwandlung des Königs und seiner Gemahlin in Vögel: Sie hatten die Hybris begangen und sich in ihrem Glück gegenseitig Zeus und Hera genannt. Eine andere Version erzählt Ovid in seinen Metamorphosen.

Der Untergang

Keyx musste eines Tages eine Seereise antreten, denn er wollte das Orakel um Rat fragen. Halkyone, Tochter des Aiolos, des Herrn über die Winde, war darüber gar nicht begeistert. Sie hatte Angst um ihn, denn sie wusste, wie die Sturmwinde toben konnten. Sie bat ihn inständig, wenigstens, wenn er die Reise schon nicht absagen wolle, ihn begleiten zu können. Keyx lehnte ab, Halkyone musste zurückbleiben. Schweren Herzens nahm sie Abschied von ihm. Noch in der folgenden Nacht brach ein fürchterlicher Sturm über das Meer herein, die Wellen erhoben sich wie Berge. Wie eine Nussschale tanzte das Schiff auf der tobenden See, die Seeleute wussten, ihr letztes Stündlein hatte geschlagen. Der Einzige, der sich trotz dieser Aussichten freute, war Keyx, denn immerhin wusste er seine Gemahlin in Sicherheit – als das Schiff unterging, seufzte er ein letztes Mal ihren Namen.

Halkyone aber ahnte nichts davon, sie lenkte sich ab und betete tagtäglich vor allem zu Hera, ihn zu beschützen. Die Himmelskönigin wusste, was geschehen war, wusste, Halkyone flehte für einen Toten. Sie befahl Hypnos, dem Gott des Schlafes, Halkyone einen Traum zu senden, aus dem sie die Wahrheit erführe. Hypnos lebte in einem tiefen, finsteren Tal, vor seinen Türen blühte der Mohn, drinnen lag er auf einem schwarzen Diwan und schnarchte. So traf ihn Iris, die Botin der Hera an, die dem

> **Hybris**
> *Die Selbstüberhebung der Menschen, das Zuhoch-hinaus-wollen insbesondere gegenüber den Göttern nannten die Griechen Hybris. Sie ist nicht wie der Stolz etwas, was man fühlt, sondern geht mit einer Handlung einher. Bestraft wird sie von Nemesis, der Göttin der ausgleichenden Gerechtigkeit. Vor dem Areopag, dem Obersten Gericht von Athen, stand der sogenannte „Stein der Hybris", auf den die Angeklagten zu treten hatten.*

Gott den Befehl überreichte. Als sie ihn endlich geweckt hatte, befahl er seinem Sohn Morpheus („Veränderer der Gestalt"), sich in Keyx zu verwandeln und der Flehenden so im Traum zu erscheinen. Auf lautlosen Schwingen flog der Gott zu Halkyone. Triefend legte er sich neben ihr Bett, Tränen strömten über seine Wangen. Er berichtete ihr, was geschehen war, und bat sie, ihn zu beweinen. Halkyone wollte nicht weiterleben. Sie ging an den Strand, an die Stelle, an der sie seinem Schiff nachgeschaut hatte. Dieses Mal sah sie in der Ferne einen Gegenstand treiben, die Flut brachte ihn immer näher. Da erkannte sie ihren Mann und lief in die Brandung, dem toten Körper entgegen. Doch statt in den Wellen zu versinken, flatterte sie über diese hinweg, ihr waren Flügel gewachsen. So lange umflatterte sie den schwimmenden Leichnam, bis die Götter ein Einsehen hatten und auch Keyx in einen Eisvogel (grch. = Halkyone) verwandelten.

Seitdem sieht man Eisvögel immer zu zweit über Gewässer fliegen. Aiolos konnte das Schicksal seiner Tochter nicht vergessen. Während der Paarungszeit der Eisvögel im Winter sorgte er mit seinen Winden dafür, dass das Meer für sieben Tage ruhig war. Das sind die sprichwörtlichen halkyonischen Tage.

Hera schien Mitleid mit Halkyone zu haben, denn sie ließ Hypnos durch Iris ausrichten, er möge ihr einen Traum schicken, in dem sie über den Tod ihres Gatten Keyx erführe. Giulio Carpioni (1613–1679), „Iris als Botschafterin im Reich des Hypnos", um 1660.

Die Macht der Musik
Orpheus und Eurydike

Orpheus war vielleicht eine historische Figur, wie einige Forscher vermuten. Als solcher könnte der berühmteste Sänger der griechischen Mythologie – ein Anhänger des Dionysos – der Begründer der nach ihm benannten Orphik, einer philosophisch-religiösen Bewegung, die wohl im 6. Jh. v. Chr. in Thrakien entstand, gewesen sein. Aus Thrakien soll auch er selbst stammen, sei ein Sohn des mythischen Flussgottes und Königs Oiagros, dies ist eine Version seiner Herkunft. Andere sehen, aufgrund seines göttlichen Gesangs, den Gott der Musik, Apollon, als Vater. Die Mutter ist in beiden Fällen Kalliope, die Muse der epischen Dichtung. Orpheus steht im Zentrum des berühmtesten aller romantischen Mythen, der Erzählung seiner Liebe zu Eurydike.

Nach seiner Fahrt mit den Argonauten nach Kolchis (siehe S. 122) kehrte Orpheus wieder nach Thrakien zurück. Dort verliebte er sich unsterblich in die Nymphe Eurydike. Noch an ihrem Hochzeitstag wurde sie, als sie auf der Flucht vor den Nachstellungen eines anderen durch die Wiesen rannte, von einer Schlange gebissen. Der Biss war tödlich, Eurydike starb. Orpheus Schmerz war grenzenlos. Ein Leben ohne Eurydike, das war für ihn unvorstellbar. Er besann sich auf die Macht der Musik. Konnte sie nicht alles überwinden, vielleicht sogar den Tod? Also stieg er in die Unterwelt hinab und rührte dort mit seinem Gesang sogar die grauenvollen Erinnyen, die Rachegöttinnen, zu Tränen. Wohin er auch kam, überall hörten die düsteren Schatten ihm zu, selbst Sisyphos ruhte sich aus, auch Tantalos vergaß seine Qualen.

Für immer verloren

Von den Thronen des finsteren Herrscherpaars stimmte er sein Klagelied an, sang von der Liebe zu Eurydike, von Schmerz, Trauer und Tod und zauberte Tränen auf ihre Wangen. Hades und Persephone waren gerührt und ließen Orpheus gewähren. Er sollte Eurydike mitnehmen dürfen – unter einer Bedingung: Erst wenn sie

> *Aktäon*
>
> *Aktäon war ein Sohn des Aristaios, der den Tod Eurydikes verursacht haben soll, und der Autonoe, einer Schwester von Ino und Semele. Er galt als hervorragender Jäger, dieses Handwerk soll er von Chiron dem Zentauren gelernt haben, der auch der Lehrer Jasons, Äskulaps und des Achilles war. Eines Tages sah er Artemis nackt im Wald badend. Um zu verhindern, dass er dies überall hinausposaunte, verwandelte ihn die Göttin in einen Hirsch, den seine eigenen Hunde zerrissen.*

an der Erdoberfläche seien, dürfe er nach ihr schauen. Sie kamen nur langsam voran, der Schlangenbiss störte beim Laufen. Eurydike blieb etwas hinter ihm, Orpheus glaubte, sie komme nicht nach, drehte sich um und ... Eurydike glitt in die Nebel des Schattenreichs zurück, er glaubte noch einen Kuss zu spüren, aber es war wohl doch nur ein Hauch, ein letztes „Lebwohl" war alles, was er noch hörte.

Für immer vereint

Atemlos lief Orpheus zurück, doch bat er Charon diesmal vergeblich. Er weigerte sich trotz seines schönsten Gesangs, ihn erneut über den Styx zu rudern. Sieben Tage lang stand er am Ufer und kehrte dann nach Thrakien zurück. Nie mehr wollte er eine andere lieben. Orpheus sang und schlug dabei mit seiner Lyra wieder so herrliche Töne an, dass Bäume und Tiere ihm folgten, selbst Felsen wurden weich und Flüsse änderten ihren Lauf, um ihm zuzuhören. Da traf er auf eine Gruppe Mänaden (siehe S. 60). Sie waren betrunken, außer Rand und Band und fühlten sich provoziert von seinen traurigen Liedern. Sie zerrissen ihn bei lebendigem Leib, doch hatte dies auch ein Gutes: Orpheus' Schatten war nun mit Eurydike für immer vereint im paradiesischsten Teil der Unterwelt, auf den Elysischen Feldern.

Selbst Hades und Persephone waren von Orpheus' Klagelied berührt und ließen sich erweichen, Eurydike unter bestimmten Umständen ziehen zu lassen. François Perriers (1590-1650) Orpheus stimmt sein Lied vor dem Herrscherpaar der Unterwelt an.

Alte Liebe rostet nicht
Philemon und Baucis

Auch diese Erzählung von einen alten Ehepaar, das trotz seiner Armut zwei Wanderer gastfreundlich aufnimmt, stammt in der Form, wie wir sie heute kennen, aus der Feder des römischen Dichters Ovid. Darum werden auch hier die römischen Namen der Götter verwendet, es sind dies Jupiter (Zeus) und Merkur (Hermes). Die Namen der Eheleute lauten in der griechischen Form Philemon und Baucis.

Da man Jupiter zugetragen hatte, dass die Menschen nicht taugten, stieg er vom Olymp herab, um sich selbst ein Bild zu machen. Sollten die Gerüchte der Wahrheit entsprechen, würde er eine Sintflut schicken. Auf seiner Reise begleitete ihn Merkur (Hermes), der Götterbote, immer zu Späßen aufgelegt, dies versprach, trotz allen Ärgers, eine unterhaltsame Zeit. Besonders wollte er überprüfen, wie die Menschen es mit der Gastfreundschaft hielten, denn die war Jupiter heilig. Als arme Wanderer zogen sie durchs Land, klopften an tausend Behausungen, doch weder in Paläste noch in Hütten wurden sie eingelassen. Nun standen sie vor einem windschiefen Häuslein, sie pochten auch hier und wollten schon wieder gehen, da hieß eine Stimme sie einzutreten. In dem einfachen Raum brannte ein Feuer, unterhalten von einer betagten Frau, es war Baucis. Daneben saß auf einer Bank ihr Mann, Philemon mit Namen. Sie waren beide in dieser Hütte gealtert und lebten dort arm, aber zufrieden. Sie bewirteten die Gäste mit dem Besten, was sie zu bieten hatten: Kohl aus dem Garten und dazu eine Schweineschwarte, die vom Balken baumelte. Baucis legte unter den wackelnden Tisch eine Tonscherbe, fegte ihn mit Minzezweigen und tischte Oliven, Eier, Endivien und Rettich auf. Dazu reichte Philemon sauren Wein, der mit viel Wasser verlängert war. Sie baten die Gäste auf zwei wacklige Liegen und waren glücklich, ihnen so viel bieten zu können. Zum Nachtisch gab es noch Nüsse und Feigen, verschrumpelte Datteln, Pflaumen, Äpfel und Trauben, sogar eine Honigwabe zierte den Tisch.

Belohnung und Strafe

Da bemerkten sie, dass etwas nicht mit rechten Dingen zuging, denn der Krug mit dem Wein leerte sich nicht, so oft Philemon auch nachschenkte. So beteten sie leise zu den Göttern und entschuldigten sich für das ärmliche Mahl, denn sie hatten ein schlechtes Gewissen. Sie hätten, so dachten sie, auch ihren größten Schatz, eine Gans, opfern müssen. Während sie noch versuchten, die Gans zu fangen, gaben sich die Götter zu erkennen. Sie verkündeten den beiden Alten die Pläne, die sie mit der Menschheit hatten, und führten sie vor die Tür: Philemon und Baucis staunten nicht schlecht, als sie die Spitze des Hügels, auf dem sie wohnten, von Wasser umgeben fanden. Bevor sie verschwanden, verwandelten die Götter ihre Hütte in einen prächtigen Tempel und gewährten ihnen noch einen Bitte: „Priester wollen wir sein und euren Tempel behüten", sagte Philemon und fügte hinzu: „Und keiner soll den anderen überleben." So wurden die beiden gemeinsam uralt, dann wuchs Rinde um sie herum, und sie wurden zu Bäumen. Noch lange wurden sie in Phrygien bestaunt, eine Eiche und eine Linde, die, für immer vereint, demselben Stamme entwuchsen.

Eos und Tithonos

In ihren zweiten Mann, Tithonos, einen Sterblichen, war Eos, die Göttin der Morgenröte, so verliebt, dass sie Zeus bat, ihn unsterblich zu machen. Er folgte ihrem Begehren, doch versagte er ihm die ewige Jugend – Eos hatte einfach vergessen, ihn auch darum zu bitten. So alterte er neben ihr und wurde mehr und mehr zu einer ausgetrockneten Hülle. Sie verwandelte ihn in eine Zikade. So konnte er sie wenigstens mit seinem Gezirpe erfreuen und jährlich seine alte Haut abwerfen.

Auf Bramantinos (1465-1530) nach 1500 gefertigtem Bild scheinen sich die hohen Gäste soeben erst zu erkennen gegeben haben, denn die beiden Gastgeber Philemon und Baucis sind in ehrfurchtsvoller Haltung vor ihnen auf die Knie gesunken.

Schwesternliebe
Prokne und Philomele

Die Geschichte der beiden Schwestern Prokne und Philomele ist im mythischen Königshaus von Athen angesiedelt, aus dem viele sagenhafte Figuren stammen. Als Enkelinnen des Stammvaters Erichthonios (siehe S. 42) sind sie Mitglieder dieser erdachten Dynastie, die mit Theseus und seinen Kindern endet. Ovid (siehe Kasten) erzählt ihre Geschichte in seinen Metamorphosen.

Vergewaltigung und Kannibalismus
Der athenische König Pandion gab dem Tereus, einem Sohn des Kriegsgottes Ares, seine Tochter Prokne zur Frau. Nach fünf Jahren in der Fremde hatte sie Sehnsucht nach ihrer Schwester Philomele und lud sie ein, sie in Thrakien zu besuchen. Tereus holte sie persönlich ab und war begeistert von der Schönheit seiner Schwägerin. Noch bevor sie am Ziel ankamen, war sein Verlangen so groß, dass er sie in ein Gehöft schleppte und dort missbrauchte. Sie drohte ihm, alles zu verraten. Er bekam Angst, sperrte sie ein, und schnitt ihr, um sie für immer zum Schweigen zu bringen, die Zunge heraus. Prokne erzählte er seufzend, ihre Schwester sei auf dem Weg gestorben. Nach einem Jahr der Gefangenschaft vertraute Philomele ihre Geschichte einem Gewebe an, das sie mit einfachen Mitteln wirkte. Eine Magd war bereit, das unverdächtig scheinende Stück Stoff zu Prokne zu tragen. Sie durchschaute alles, befreite Philomele und nahm sie mit sich in den Palast. Sie überlegte, wie sie ihren Gemahl strafen könne, dachte an Kastration, an Feuer, an Mord. Da kam ihr Itys, ihr kleiner Sohn entgegengelaufen. Er war dem verhassten Vater ähnlich, so sehr, dass sie ihn plötzlich verabscheute. Nun wusste sie, wie sie sich bei Tereus für das rächen konnte, was er ihrer Schwester angetan hatte: Sie schwankte noch, dann erstach sie den Sohn. Die Schwestern zerteilten und kochten ihn, dann setzten sie ihn dem Tereus zum Nachtmahl vor. Anschließend enthüllten sie ihm auf grausige Weise, wessen Fleisch er zu sich genommen hatte. Außer sich vor Wut wollte nun Tereus die Schwestern töten, doch eine große Übelkeit lähmte ihn. Sie flohen, doch bald war er ihnen auf den Fersen. Da griffen die Götter ein und verwandelten Prokne in eine Nachtigall, die mit dem schönsten Gesang ihr Geschick betrauert. Die zungenlose Philomele aber wurde zur Schwalbe, ihr Gesang ist darum nur ein Gezwitscher. Auch Tereus wurde zu einem Vogel, zu einem Wiedehopf, der, so Ovid, mit seinem langen Schnabel einem Krieger in Waffen gleiche.

Ovids Metamorphosen
Publius Ovidius Naso wurde 43 v. Chr. in den Abruzzen, etwa 120 km östlich von Rom, geboren. Aus dem Landadel stammend, sah sein Vater ihn für eine Senatorenlaufbahn vor. Mehr als für die Politik interessierte er sich aber für die Kunst. Schließlich wurde er als Schriftsteller bekannt, veröffentlichte zahlreiche Werke. Im Jahr 8 n. Chr. wurde er durch Augustus persönlich verbannt, dem sittenstrengen Kaiser waren Ovids Darstellungen wohl zu freizügig. Er fristete seine letzten Lebensjahre in Constanza am Schwarzen Meer und starb dort etwa 17 n. Chr. Sein bekanntestes und einflussreichstes Werk sind die Metamorphosen („Verwandlungen"), ein aus 15 Büchern à 700-900 Versen bestehendes Epos, in dem der Dichter einen weiten Bogen von der Erschaffung der Welt bis zu Kaiser Augustus spannte. Darin verarbeitete er etwa 250 bekannte Mythen, die er geschickt miteinander verknüpfte. Allen ist die Wandlung gemeinsam: Die Welt entsteht aus dem Chaos, in den ausgewählten Geschichten verwandeln sich Menschen oder Götter in Pflanzen, Tiere oder Sternbilder und die ungeordnete römische Republik durch begnadete Herrscher in ein Imperium.

Prokne und Philomele zeigen Tereus den Kopf des von ihm verzehrten Sohnes Itys. „Das Mahl des Tereus", Peter Paul Rubens (1577-1640), um 1636/38.

Die ideale Frau
Pygmalion und Galatea

Wie bei Amor und Psyche ist uns die in einem alten Mythos wurzelnde Geschichte von Pygmalion nur durch einen römischen Dichter, im vorliegenden Fall durch Ovid und seine Metamorphosen, überliefert. Darum nennen wir die Göttin der Liebe, die in ihr eine Hauptrolle spielt, Venus und nicht Aphrodite. Viele spätere Künstler ließen sich von der Erzählung über die Menschwerdung einer künstlichen Frauenfigur, erst im 18. Jh. wurde sie Galatea genannt, inspirieren. So manchen Mann hat sie zum Träumen gebracht.

Verliebt in eine Statue
Die Propoetiden, Töchter des Propoetus aus der Stadt Amathus auf Zypern, leugneten die Gottheit der Venus, die die Schutzherrin der Insel war. Sie verdammte sie darum, sich zu prostituieren – es waren die ersten Frauen des Altertums, von denen man das berichtete. Sie sollen darüber im wahrsten Sinne des Wortes hart geworden sein, so hart, dass sie sich in Kiesel verwandelten. Pygmalion, der König von Zypern, wurde darüber zum Frauenverächter. Er war so empört über die Laster der Frauen, dass er beschloss, nie zu heiraten, für immer einsam zu bleiben. Trotzdem erfüllte ihn die Sehnsucht nach einem schönen Frauenkörper. Da er ein geschickter Bildhauer war, begann er, sich aus edlem Material sein Idealbild zu schaffen, so wie es die Natur niemals vermocht hätte. Er arbeitete Tag und Nacht, um der elfenbeinernen Statue Leben einzuhauchen. Änderte hier etwas, rundete da etwas, erprobte sein Werk mit den Händen. Begeisterung erfasste ihn, und schließlich verliebte er sich in das tote Gebilde. Er küsste die Statue, glaubte sich geküsst, sprach mit ihr und umarmte sie vorsichtig, damit sie keine blauen Flecken bekäme. Er schenkte ihr Muscheln, Vögel und Blumen, kleidete sie und schmückte sie mit Edelsteinen. Als er sie neben sich auf sein Lager legte und die Sehnsucht ihn übermannte, kam ihm eine Idee: Am Festtag der Venus würde er die Göttin mit einem generösen Opfer darum bitten, ihm die Figur zur Frau zu geben.

Der Stein wird lebendig
Der Tag kam und Pygmalion betete zur Göttin. Er traute sich nicht, sie direkt um die elfenbeinerne Figur zu bitten, sondern sagte nur scheu: „Ihr Götter, gebt mir ein Mädchen, das ihr gleiche". Wieder daheim gab er der starren Gestalt einen Kuss und spürte sofort eine Wärme. Er betastete ihren Busen und wirklich, die Starre war gewichen, alles fühlte sich weich an. Er legte seine Hand auf die Stelle, an der bei lebendigen Menschen der Puls zu spüren ist, und tatsächlich, er pochte. Er küsste sie erneut, sah die Jungfrau die Augen verdrehen und dabei heftig erröten. Bald wurde Hochzeit gefeiert, die Liebesgöttin selbst gab dem Brautpaar die Ehre. Nachdem sich „neunmal die Sicheln des Mondes zum völligen Kreise gerundet" hatten, erblickte ihre Tochter die Welt. Sie nannten sie Paphos, nach jenem zyprischen Ort, an dem einst Venus nach ihrer Geburt an Land ging. Sie vermählte sich später mit Kinyras und wurde so zur Großmutter des Adonis.

> **My Fair Lady**
> *Der irische Schriftsteller George Bernhard Shaw (1856-1950) verarbeitete den Mythos in seiner bekanntesten Komödie, Pygmalion. Darin versucht der Sprachwissenschaftler Professor Higgins die Blumenverkäuferin Eliza Doolittle nach seinem Ideal zu formen, das heißt ihr vor allem eine gute Aussprache beizubringen. Es gelingt ihm, doch es gibt kein Happy-End: Da er Eliza schlecht behandelt, verlässt sie ihn. Diesen Stoff arbeitete Frederic Loewe (1904-1988) zu dem Musical My Fair Lady um, das ein Welterfolg wurde, nicht zuletzt auch durch den Film (1963) gleichen Namens, dessen Hauptrollen mit Audrey Hepburn und Rex Harrison besetzt sind.*

Das ideale Bild – nicht nur erschaffen, sondern zum Leben erweckt. „Pygmalion und Galatea" von Agnolo Bronzino (1503-1572), um 1530.

Ein Doppelselbstmord
Pyramus und Thisbe

Pyramus und Thisbe lebten in Babylon. Haus an Haus wohnten sie, der schöne Jüngling und das strahlende Mädchen. Natürlich kannten die beiden sich gut und bald lernten sie sich auch lieben. Sie wollten heiraten, doch die Eltern verboten es ihnen. Sogar jedes Treffen wurde ihnen untersagt, aber die Liebe bahnte sich einen Weg: In der gemeinsamen Wand der elterlichen Häuser befand sich ein Spalt, durch den sie sich wenigstens austauschen, kosende Worte wechseln und Pläne aushecken konnten. Wie gerne hätten sie ihre Körper gespürt, doch jede Nacht trennten sie sich und küssten zum Abschied die Wände.

Irgendwann war es genug, sie konnten die Trennung nicht länger ertragen. Sie vereinbarten, sich noch in derselben Nacht am Grab des Königs Ninus zu treffen. Es war nicht zu übersehen, denn es lag unter einem gewaltigen Maulbeerbaum, der zu jener Zeit eine Fülle von weißen Beeren trug. Die Stunden schlichen dahin, doch endlich war es soweit. Thisbe schlich sich, sie konnte nicht länger warten, als Erste hinaus. Sie hatte Angst, doch die Liebe verlieh ihr Mut. Pyramus ließ auf sich warten. Da bewegte sich etwas in der Finsternis direkt auf sie zu, im fahlen Mondlicht konnte sie eine Löwin erkennen. Ihre Kiefer waren blutverschmiert, sie hatte wohl eben gefressen und wollte nun an der neben dem Grab plätschernden Quelle ihren Durst stillen. Thisbe schlich sich langsam davon, versteckte sich, verlor jedoch unglücklicherweise ihren Schleier. Die Löwin fand und zerriss ihn und hinterließ dabei blutige Flecken.

Pyramus stürzt sich in sein Schwert

Pyramus kam kurz danach zum vereinbarten Treffpunkt, zum düsteren Grab, doch wo war die Geliebte? Thisbes Schleier lag – in Fetzen – da, doch von ihr keine Spur, da entdeckte er

> ### Pyramus, Thisbe und Shakespeare
> *Die Geschichte von Pyramus und Thisbe, die zum ersten Mal bei Ovid in den Metamorphosen zu finden ist, wurde gleich zweimal von Shakespeare verarbeitet: In einer dramatischen Fassung als Theaterstück, das innerhalb seines „Sommernachtstraums" von sechs Laienschauspielern aufgeführt wird und, nur auf Motive zurückgreifend, in seiner Tragödie „Romeo und Julia". Dort vergiftet sich Romeo, weil er Julia für tot hält. Während er sein Leben aushaucht, kommt sie zu sich, sieht ihren Geliebten, küsst seine toten Lippen und ersticht sich mit seinem Dolch.*

die blutigen Flecken. Sofort war es ihm klar: Er hatte Thisbe in den Tod geschickt, er hatte sie an diesen gefährlichen Ort gelockt, er hatte die Idee zu dem Plan gehabt, er, er, er. Auf diese Klage gab es nur eine Antwort: den Tod. So trug er die Fetzen zum Maulbeerbaum, bedeckte sie mit Tränen und Küssen. Dann rammte er sich sein Schwert in den Leib. Gleich einer Fontäne schoss sein Blut in die Luft und färbte die Maulbeeren tiefrot.

Auch Thisbe bringt sich um

Thisbe hatte sich inzwischen aus ihrem Versteck getraut, sie wollte Pyramus nicht verpassen. Sie ging zur Quelle zurück, und ihre Augen suchten die weißen Früchte des Maulbeerbaums. Da stand er, doch seine Beeren hatten den Glanz verloren. Darunter bewegte sich etwas, sie sah den sterbenden Geliebten. Sie fiel neben ihm auf die Knie und nannte ihren Namen. Da öffnete er seine Lider das letzte Mal, dann schloss er für immer die Augen. Ohne ihn wollte sie nicht länger leben und stieß sich sein blutnasses Schwert mitten in ihr klagendes Herz. Die Eltern fanden sie im Tode vereint, versöhnten sich und ließen beide in einer einzigen Urne bestatten. Der Maulbeerbaum aber trägt seit dieser tragischen Nacht nur noch tiefrote Früchte.

Thisbe findet den sich über den vermeintlichen Verlust seiner Geliebten in Verzweiflung selbst getöteten Pyrmus. Gregorio Pagani (1580-1605), um 1600.

Ein unmöglicher Auftrag
Perseus, eine Heldengeschichte

Perseus ist einer der ganz großen Helden der griechischen Sage. Seine Abenteuer wurden in vielen Varianten erzählt, der Kern des Mythos blieb jedoch immer gleich. Er selbst wurde zum Ahnherrn des Herakles, seine Geschichte von der Befreiung der Andromeda vor einem Drachen zum Muster zahlreicher Ritter-rettet-Prinzessin-Geschichten des Mittelalters.

Alles begann mit einem Orakel: König Akrisios von Argos wurde geweissagt, dass er einst von der Hand eines Enkels den Tod finden würde. Daraufhin sperrte er seine Tochter Danae in einen Kerker. Zeus wurde durch ihre Klagen auf die schöne Königstochter aufmerksam und begehrte sie. Als Goldregen drang er durch eine Ritze im Dach und fiel ihr genau in den Schoß, so dass sie schwanger wurde und Perseus gebar. Akrisios blieb das nicht verborgen, er kannte kein Erbarmen und setzte beide in einer Kiste auf dem Meer aus. Sie sollten dort verhungern oder ertrinken. Doch der Wind meinte es gut mit ihnen, und so trieben sie auf die Küste der Insel Seriphos zu. Ein Fischer namens Diktys nahm sie bei sich auf. Er war zufälligerweise der Bruder des Königs, Polydektes mit Namen. Er verliebte sich Jahre danach in Danae und wollte sie für sich gewinnen, doch Perseus ließ es nicht zu. Der König trachtete danach, den kleinen Störenfried auf möglichst geräuschlose Art loszuwerden, die Drecksarbeit wollte er anderen überlassen. Also verlangte Polydektes von allen Inselbewohnern eine Abgabe in Form von Pferden in der Gewissheit, dass Perseus dem Gebot nicht nachkommen könne, da er keine Rosse besaß. Seinem Angebot, ihm irgendetwas anderes zu bringen, stimmte der König bereitwillig zu. Er verlangte nichts weniger als das Haupt der Medusa, der einzigen der drei Gorgonen, die sterblich war. Sein Besitz konnte Schlachten entscheiden, denn ihr Anblick verwandelte jeden zu Stein.

Ein Zahn und ein Auge

Perseus, voll Mut, Eifer und jugendlichem Ungestüm, stimmte zu und brach zu seiner gefahrvollen Reise auf. Da erschien ihm Athene, die Beschützerin der Tapferen und Feindin der Medusa, seit diese durch ein Schäferstündchen mit Poseidon einen der Göttin geweihten Tempel geschändet hatte. Sie schenkte Perseus einen polierten Schild, den er als Spiegel benutzen sollte, denn er durfte keinesfalls die Gorgonen anschauen, um nicht in Stein verwandelt zu werden. Außerdem sollte er vorher unbedingt einige Nymphen (siehe Kasten) aufsuchen. Den Weg zu ihnen könnte er nur von den Graien erfahren, drei alten Weibern, Schwestern der Gorgonen, die zusammen nur einen Zahn und ein Auge besaßen. Als er in deren Höhle kam, waren sie gerade dabei, sich um beides zu streiten. Perseus kam ihnen gerade recht, denn sie konnten ihn gut als Schiedsrichter gebrauchen. Sie gaben ihm bereitwillig Auge und Zahn, doch er urteilte nicht, sondern erpresste sie, ihm zu verraten, wo er die Nymphen fände, andernfalls würden sie für immer blind und zahnlos bleiben.

> **Nymphen**
>
> *Im Mythos gab es zahlreiche Nymphen: Dryaden, die in Bäumen, Oreaden, die auf Bergen, Najaden, die in Quellen und Bachen, Nereiden und Okeaniden, die in Meeren wohnten. Man stellte sie sich als jugendlich schöne Frauen vor, eine Art Feen, die – wie diese – gut oder böse sein konnten. Sie spielten in vielen Mythen eine, wenn meist auch nur untergeordnete Rolle, traten häufig in Begleitung von Satyrn und Silenen auf und waren oft in Gesellschaft von Pan, Hermes, Dionysos, Apollon und Artemis anzutreffen. Sie bewegten sich frei, tanzten, jagten das Wild und waren meist für Liebesabenteuer zu haben. Trotz ihres göttlichen Ursprungs waren sie sterblich, wenn sie meistens auch länger als die Menschen lebten.*

Tizians (1490-1576) Bild aus dem Jahr 1551 zeigt den Zeugungsakt des Perseus. Seine Mutter, Danae, wird von Zeus in Form eines goldenen Regens heimgesucht.

Eine romantische Liebesgeschichte
Perseus und Andromeda

Die Graien zeigten sich kooperativ und erklärten Perseus den Weg zu den Nymphen und den Gorgonen. Nun ging alles sehr schnell: Die Nymphen gaben ihm eine Tarnkappe, ein Paar Flügelschuhe und einen Sack, der alles, was man darin trug, leicht erscheinen ließ. Bei seinem Abschied traf er auf Hermes, der ihm noch ein sichelförmiges Schwert überreichte. Mit der Kappe auf dem Kopf und den geflügelten Schuhen an den Füßen gelangte er wie im Fluge zu den Gorgonen, die am Rande des Okeanos wohnten. Sie schliefen, die Schlangen auf ihren Häuptern hatten den Eindringling jedoch schon gewittert. Nun durfte er nicht zögern. Perseus sah in sein Schild, trat auf die mittlere der drei zu und schnitt ihr mit einem Streich den Kopf ab. Er erschreckte sich, als in diesem Moment die geflügelten Rösser Pegasos und Chrysaor aus ihrem Leib hervorsprangen, fasste sich jedoch schnell wieder und flog mit dem Kopf in seinem Sack davon.

Ein Sturm brachte ihn von seinem Heimweg ab und trug ihn bis zu Atlas (siehe S. 16) nach Afrika. Er verwehrte ihm die Gastfreundschaft, da ihm prophezeit worden war, ein Zeus-Sohn würde eines Tages kommen und ihm die Äpfel der Hesperiden stehlen. Dass damit Herakles gemeint war, konnte er nicht wissen. Perseus wurde wegen Atlas' Unfreundlichkeit zornig, zog das Medusenhaupt aus dem Sack und verwandelte den Titanensohn in ein Gebirge.

Die Rettung Andromedas

In der Hoffnung, nun auf direktem Wege nach Hause zu gelangen, sah er sich bald getäuscht. Denn unter sich sah er eine schöne Frau, die direkt am Meer an einen Felsen gekettet war. Er landete und erkundigte sich nach ihr. Es sei die Tochter des Königs, Andromeda (siehe Kasten), sagte man ihm, sie werde einem grässlichen Meeresungeheuer geopfert, das jeden Moment kommen müsse, um sie zu verschlingen. Der Held konnte das natürlich nicht zulassen. Mit seinem Schwert stieß er mehrfach in den Leib der riesigen Seeschlange, doch es gelang ihm nicht, sie zu erlegen. Da erinnerte er sich an seine Wunderwaffe, das Medusenhaupt, und zeigte es dem Monster – versteinert sank es auf den Grund des Meeres. Andromeda war gerettet, aus Dankbarkeit versprach ihm das Königspaar die Hand ihrer Tochter und das Reich dazu.

Die Hochzeit wurde vielleicht etwas zu voreilig begangen, denn eigentlich war Andromeda bereits vergeben. Ihr Onkel Phineus besann sich seiner älteren Rechte und platzte mit einer Schar Bewaffneter in die Feierlichkeiten hinein. Perseus hatte dem zuerst nichts entgegenzusetzen. Aber wieder kam ihm das Gorgonenhaupt in den Sinn. Er warnte noch alle, die zu ihm hielten, den Blick abzukehren, dann hielt er es seinen Feinden entgegen und verwandelte auch sie zu Stein.

> ### Andromeda
> *Andromeda war die Tochter des Königs Kepheus von Äthiopien und der Kassiopeia, einer Tochter des Hermessohns Arabos. Die Königin hatte damit geprahlt, sie sei schöner als die Nereiden, die Nymphen der Meere. Diese beschwerten sich bei Poseidon und forderten von ihm eine Bestrafung. Er schickte daraufhin ein schreckliches Meeresungeheuer, das die Küstenregionen verwüstete, Mensch und Vieh verschlang. Das Orakel des Zeus Ammon in Ägypten, von Kepheus befragt, prophezeite, dass dieses Unglück erst ein Ende finde, wenn er dem Meeresungeheuer seine Tochter opfere. Schweren Herzens musste er sich fügen, doch glücklicherweise kam Perseus im entscheidenden Moment und besiegte das Ungeheuer. Aus Dankbarkeit und wohl auch aus Liebe erhielt er Andromeda zur Frau. Nach vielen gemeinsamen Jahren wurden sie nach ihrem Tod als Sternbilder an den Himmel versetzt.*

Entgegen der Sage kommt Perseus ganz in der Manier eines mittelalterlichen Ritters in Giuseppe Cesaris (1568-1640) Gemälde auf Pegasos dahergeritten, um Andromeda vor dem Meeresungeheuer zu retten, um 1602.

Die letzte Versteinerung
Perseus, eine Prophezeiung erfüllt sich

Einige Zeit später brachen sie nach Seriphos auf, denn Perseus hatte Sehnsucht nach seiner Mutter. Außerdem war er gespannt auf Polydektes' Gesicht, wenn er ihm das Medusenhaupt präsentierte. Perseus trat also vor den König und verkündete ihm, er habe den riskanten Auftrag, den er ihm gab, erledigt. Der spottete jedoch nur und lachte ihn aus. Perseus fragte ihn noch, ob er das Medusenhaupt wirklich zu sehen begehrte, doch Polydektes glaubte ihm nicht und bejahte. Mehr als warnen konnte Perseus ihn nicht – er griff in den Sack, wandte sich ab und sofort wurde der König zu Stein.

Perseus wurde sein Nachfolger und gab die Regentschaft an Diktys weiter, als er beschloss, seinen Großvater Akrisios in Argos zu besuchen, der einst Danae und ihn wegen eines Orakelspruchs auf dem Meer ausgesetzt hatte. Angeblich hegte er jedoch keine Rachegedanken. Akrisios hörte von seinem herannahenden Enkel und floh nach Larissa, damit sich die Prophezeiung, er sterbe einmal von seines Enkels Hand, nicht doch noch erfülle. Dort waren gerade festliche Begräbnisspiele im Gange, denn der Vater des dortigen Königs war gestorben. Perseus nahm an den sportlichen Wettkämpfen teil und schleuderte den Diskus. Ein Wurf verfehlte unglücklich das Ziel und fiel in die Menge. Dort traf er einen alten Mann genau am Kopf und verletzte ihn tödlich. Es war König Akrisios – dem Orakel konnte er nicht entkommen.

Nun kehrte Perseus als König nach Argos zurück. Doch den dortigen Thron hatte zwischenzeitlich Proitos eingenommen, der Zwillingsbruder des Akrisios. Die Brüder hatten sich zeit ihres Lebens immer gestritten und sich schließlich darauf geeinigt, das von ihrem Vater ererbte Land gerecht zu teilen, so dass Akrisios über den südlichen Teil mit Argos, Proitos über den nördlichen mit der neu gegründeten Stadt Tiryns herrschte. Jetzt nutzte Proitos die Gunst der Stunde und brachte auch den anderen Teil des Landes unter seine Kontrolle. Perseus machte kurzen Prozess, indem er auch ihn in Stein verwandelte. Den Thron der Argolis aber lehnte er ab. Er wollte nicht über ein Land herrschen, dessen König – Akrisios – er, wenn auch ohne Absicht, getötet hatte. Darum tauschte er mit dem Sohn des Proitos, Megapenthes, und wurde zum Herrscher von Tiryns. Dort gebar ihm Andromeda noch viele Kinder, darunter Sthenelos und Elektryon, der als Vater der Alkmene zum Großvater des Herakles wurde.

Der Triumph der Athene

Wäre noch nachzutragen, was mit dem Haupt der Medusa geschah. Nachdem er den Nymphen Tarnkappe und Flügelschuhe zurückgegeben hatte, überreichte Perseus seine schreckliche Trophäe der Athene. Sie setzte sie in ihr Rundschild ein und erschreckte damit ihre Feinde.

> ### Sternbilder und Planeten
> *Nicht nur Kepheus und Kassiopeia, sondern auch das Seeungeheuer, Perseus und Andromeda sind am Sternenhimmel zu sehen. Man glaubte, dass sie, wie auch Orion oder die Plejaden (siehe S. 16), von den Göttern aus Mitleid, zur Belohnung oder zu ewigem Gedenken nach ihrem Tod an den Himmel gesetzt wurden. Die Götter selbst brachte man mit den sieben sichtbaren „Planeten" in Verbindung: Helios (Sol) als Sonnengott mit der Sonne, Selene (Luna) als Mondgöttin mit dem Mond. Ares (Mars) stand als Kriegsgott für den blutroten Himmelskörper, Kronos (Saturn) passte als Greis am besten zu dem Planeten, der die meiste Zeit für einen Umlauf benötigte. Hermes (Merkur) war der schnellste, Aphrodite (Venus) strahlte scheinbar am hellsten von allen Planeten.*

Abstoßend und überaus furchteinflößend malte Peter Paul Rubens (1577–1640) sein „Haupt der Medusa" um 1612.

Ein schimmerndes Widderfell
Jason und das Goldene Vlies

Die Sage um Jason und Medea, die Argonauten und das Goldene Vlies gehört zu den bekanntesten griechischen Mythen. Relativ unbekannt ist die Herkunft des schimmernden Widderfells. Es war das Produkt einer kurzen Affäre des Poseidon mit Theophane, der schönen Tochter des Bisaltes. Um sich ihr in Ruhe nähern zu können, entführte er sie auf eine Insel, wo sie jedoch von ihren zahlreichen Freiern bald entdeckt wurde. Da verwandelte er sie in ein Schaf und sich selbst in einen Widder und zeugte mit ihr ein Lämmchen, das fliegen und sprechen konnte und dem ein goldenes Fell wuchs.

Die böse Stiefmutter

Ino war so, wie man sich eine Stiefmutter vorstellt: immer nur darauf bedacht, ihre eigenen Kinder zu fördern. Phrixos und Helle, die Kinder ihres Gatten, Königs Athamas von Orchomenos, aus dessen erster Ehe mit der Nymphe Nephele, behandelte sie wie Dreck. Um sie loszuwerden, verfolgte sie einen heimtückischen Plan: Sie führte eine Hungersnot herbei, indem sie den Bäuerinnen riet, die Saatkörner zu rösten. Niemand dürfe davon erfahren, sonst wirke der Zauber nicht. Als dann im nächsten Jahr die Ernte ausblieb, schickte man einen Boten zum delphischen Orakel. Ino bestach ihn, und so lautete seine Botschaft, dass – laut der Prophezeiung – Phrixos und Helle geopfert werden müssten, um den Fluch von Orchomenos zu nehmen. Schweren Herzens erklärte sich der König dazu bereit. Sie standen schon am Altar, da erschien ein goldener Widder und flog mit den Kindern nach Osten davon. Über der Meerenge, die Europa von Asien trennt, stürzte Helle ins Meer, das seitdem nach ihr „Hellespont" (Meer der Helle, die heutigen Dardanellen) hieß. Phrixos flog noch weiter über das Schwarze Meer, bis sie in dessen Osten, in Kolchis, landeten. Der dortige König, Aietes, nahm ihn zuerst freundlich auf, tötete ihn dann jedoch, da er aufgrund eines Orakelspruchs befürchten musste, von der Hand eines Fremden zu sterben. Doch vorher hatte Phrixos den Widder Zeus geopfert, sein Vlies dem König geschenkt, der es in einem heiligen Hain an einen Baum nagelte und dort von einem riesigen Drachen bewachen ließ.

Jason war der rechtmäßige Thronerbe von Iolkos in Thessalien. Sein Onkel Pelias hatte dessen Vater Aison vom Thron verdrängt, aber nun war Jason alt genug, um sein Recht einzufordern. Pelias tat, als wäre er dazu bereit, nur eine Heldentat wollte er ihm noch abverlangen. Um zu beweisen, dass er würdig sei sein Nachfolger zu werden, sollte er ihm das Goldene Vlies aus Kolchis bringen – ein, wie Pelias glaubte, undurchführbares Unterfangen. Jason willigte ein und sandte in alle Winkel Griechenlands Boten, um die fähigsten Männer zu gewinnen, ihn bei seinem Abenteuer zu begleiten. Sie bauten ein Schiff, das sie nach ihrem Erbauer „Argo" nannten und segelten nach Kolchis.

Der Orden vom Goldenen Vlies

Anlässlich seiner 1430 gefeierten Hochzeit mit Prinzessin Isabella von Portugal stiftete Herzog Philipp von Burgund für die Angesehensten seiner Länder den Orden vom Goldenen Vlies. Weltliche Ritterorden stifteten im Spätmittelalter auch andere Souveräne, doch neben dem englischen Hosenbandorden sollte der heute noch existierende Orden vom Goldenen Vlies als Hausorden der österreichischen und spanischen Habsburger zum vornehmsten in der Christenheit werden. Als Ordensabzeichen wählte der Fürst für diese Gemeinschaft bewusst das goldene Widderfell der Jasonsage. Seine Mitglieder verpflichteten sich zum täglichen Tragen dieses an einer Halskette hängenden Abzeichens, das dadurch die Bedeutung einer Auszeichnung erhielt und zum Urbild der heutigen Verdienstorden wurde.

Die Fahrt der Argo bot zahlreiche Abenteuer, nicht nur durch Meeresgott Poseidon, der auf dieser Buchmalerei zu Dantes (1265-1312) „Göttlicher Komödie" das Schiff der Argonauten erblickt.

Die gesäten Männer
Jason und die Fahrt der Argo

Schon auf ihrem ersten Landgang auf der Reise nach Kolchis trafen sie auf die von ihren Männern verlassenen Lemnierinnen (siehe S. 56), bei denen sie für zahlreiche Nachkommen sorgten. Dann hatten sie es mit mehreren Ungeheuern zu tun, unter anderem mit den Harpyien – halb Weib, halb Vogel –, die den König Phineus damit peinigten, dass sie ihm ständig sein Essen wegschnappten oder es verunreinigten. Auch durch die Symplegaden, zwei Felsen am nördlichen Ausgang des Bosporus, die unregelmäßig zusammenschlugen, kamen sie heil mit ihrem Schiff.

Noch einige Prüfungen später gelangte Jason sicher nach Kolchis. König Aietes versprach ihm das Vlies, wenn er zwei Aufgaben löste: Er sollte zwei Stiere vor einen Pflug spannen, damit ein Feld bestellen und anschließend die Drachenzähne aussäen, die ihm von Athene geschenkt worden waren. Nichts leichter als das, dachte Jason, doch er wusste nicht, dass es sich bei den Stieren um zwei feuerspeiende Exemplare handelte, die Aietes einst von Hephaistos erhalten hatte, und dass die Drachenzähne vom Aresdrachen stammten. Aus ihnen würden umgehend bewaffnete Männer wachsen, die sich sogleich auf den Sämann stürzten.

Bezaubernde Medea

In dieser schwierigen Situation kam Jason die Tochter des Königs Aietes, Medea, zur Hilfe. Hera, die sie zu ihrem Werkzeug für ihre Rache an Pelias, dem Onkel des Jason, machen wollte, weil der ihrem Kult nicht Genüge getan hatte, ließ sie durch Aphrodite in Liebe zu Jason entbrennen. Über ihren Vater war sie eine Enkelin des Helios und eine Nichte der Circe, wie sie verfügte auch Medea, deren Name „die Wissende" bedeutet, über Zauberkräfte. Gegen die Bedingung, dass er sie mitnähme und zu seiner Frau machte, gab sie ihm eine magische Salbe, die jeden Angriff an ihm abprallen ließe. Auch in Sachen der gesäten Männer hatte sie einen Rat: Er solle nur einen Stein zwischen sie werfen, dann gingen sie nicht auf ihn, sondern aufeinander los. Perfekt vorbereitet löste Jason die Aufgaben und verlangte von Aietes das Goldene Vlies.

Der König dachte jedoch gar nicht daran, plante vielmehr, die Argonauten zu töten und ihr Schiff zu versenken. Da handelte Medea, die auch um ihr eigenes Leben fürchtete, und führte Jason in den heiligen Hain. Sie betäubten den Drachen mit einem Lied und einem Zaubermittel, nahmen das Fell und flohen zum Schiff – Aietes war ihnen bereits auf den Fersen, kam jedoch in den folgenden Kämpfen um. Medea hielt die Verfolger mit einer schrecklichen Tat auf: Sie zerstückelte ihren Halbbruder Absyrtos und warf die Stücke ins Meer. Um ihm ein würdiges Begräbnis zu ermöglichen, mussten die Kolcher die Leichenteile einsammeln und verloren so wertvolle Zeit.

Die Argonauten

Die Sage von den Abenteuern der Argo und ihrer Besatzung ist wahrscheinlich noch älter als die Odyssee oder die Ilias. Erhalten blieb sie vor allem in einer Version des Apollonios Rhodios, der im 3. Jh. v. Chr. lebte. Die Quellen weichen hinsichtlich der Helden die mit dem Schiff unterwegs waren, voneinander in Teilen ab. Es waren um die fünfzig Personen, darunter neben Jason und Argos, dem Erbauer des Schiffes, Orpheus, der die Wellen mit seinem Gesang glättete; Zetes und Kalais, die Söhne des Nordwindes Boreas; Tiphys, der Steuermann; die Dioskuren Kastor und Polydeukes; Peleus, der Vater des Achilles; Meleager, der mit Atalante nach dem kalydonischen Eber gejagt hatte; Laertes und Autolykos, Vater und Großvater des Odysseus; Admetos, durch seine Gattin Alkestis Schwiegersohn des Pelias; der Seher Amphiaraos, einer der Sieben gegen Theben, und, für einen Teil der Reise, auch Herakles.

Mission geglückt: Jason hält das Goldene Vlies in Händen. Erasmus Quellyn (1607–1678), um 1650.

Namenloses Entsetzen
Jason und Medea

Auf einer ungewöhnlichen Route, sie passierten Donau und Rhein, kehrten sie nach Iolkos zurück, nachdem sie unterwegs zahlreichen Gefahren getrotzt hatten. So passierten sie nicht nur die Insel der Sirenen (siehe S. 164), sondern auch die Meerenge zwischen Skylla und Charybdis (siehe S. 166). In der Heimat dachte Pelias nicht daran, den Thron zu räumen, im Gegenteil: Er ließ Jason noch nicht einmal in die Stadt. Medea verkleidete sich daraufhin und veranlasste die Töchter des Königs ihren Vater zu zerstückeln und ihn dann zu kochen. Sie hatte ihnen vorher erfolgreich an einem Widder demonstriert, dass sie jedes Lebewesen verjüngen könne, wenn sie dessen Fleisch koche. So ermordeten sie guten Gewissens ihren Vater und erfüllten damit gleichzeitig die Rache der Hera. Jason hatte nun zwar Iolkos in seiner Gewalt, doch musste er wegen des Mordes an Pelias die Stadt verlassen. Medea und er gingen nach Korinth, wo sie zehn Jahre glücklich zusammenlebten und zwei Kinder bekamen. Mit der Harmonie war es zu Ende, als er sich in die junge Glauke verliebte, die Tochter König Kreons von Korinth. Medea, rasend vor Eifersucht, schenkte ihrer Rivalin ein magisches Gewand, das, mit Flammen gewoben, sich, als sie es anlegte, selbst entzündete. Kreon versuchte noch, die Flammen zu ersticken, doch er und seine Tochter kamen jämmerlich um. Medeas Rache war damit noch nicht befriedigt. Sie machte nicht einmal vor den eigenen Kindern halt, die sie, um Jason zu bestrafen, mit einem Dolch erstach.

Ein versuchter Giftmord

Medea floh mit einem von Drachen gezogenen Zauberwagen ihres Großvaters Helios aus der Stadt nach Athen. Auf dem Weg dorthin heilte sie in Theben erst noch Herakles (siehe S. 126), der, wie sie, seine Kinder umgebracht hatte, von seinem Wahn. In Athen war ihr König Ägeus verpflichtet. Sie heiratete ihn und verfolgte neue Pläne. Fast wäre es ihr geglückt, ihren gemeinsamen Sohn Medos zum Thronfolger zu machen. Der Versuch, Theseus, Sohn des Königs aus dessen erster Ehe, zu vergiften, wurde jedoch aufgedeckt, und sie und ihr Sohn mussten die Stadt verlassen. Nun kehrte sie in ihre Heimat nach Kolchis zurück. Dort entmachtete sie den Bruder ihres Vaters, der die Macht an sich gerissen hatte, und setzte ihren Sohn Medos auf den Thron. Sie selbst wurde trotz ihrer vielen Missetaten vom Volk als mächtige Zauberin verehrt und erwarb Unsterblichkeit.

Jasons Ruhm war bald verblasst, er war ein gebrochener Mann und hing den ganzen Tag seinen Gedanken nach. Man sah ihn oft auf seinem alten Schiff, das er dem Poseidon geweiht hatte. Es lag am Isthmus von Korinth und faulte vor sich hin. Als er dort wieder einmal von alten Zeiten träumte, löste sich ein Stück Holz und erschlug ihn. So nüchtern endete die Geschichte eines der größten griechischen Helden. Was aus dem goldenen Widderfell wurde, ist leider nicht bekannt.

Hekate

Medea war von früh an eine Anhängerin Hekates, die sie bei Euripides, dessen Stück „Medea" die einzig erhaltene von mehreren griechischen Bearbeitungen des Stoffes ist, während ihrer Zaubereien mehrfach anrief. Galt Medea neben Circe als größte Zauberin des griechischen Mythos war Hekate als Spuk- und Zaubergöttin von Amts wegen auch zuständig für Giftmischerei. Man stellte sie sich vor, wie sie nachts mit ihren Anhängern, fackelschwingend und begleitet von heulenden Hunden, durch die Lande jagte und dabei die Menschen erschreckte. Ihr Kult hatte keine große Bedeutung, nur im privaten Bereich, in dem man ihr Speisen und Hunde opferte, galt sie viel.

„Die rasende Medea" tötet die Kinder aus ihrer Ehe mit Jason. Eugène Delacroix (1798-1863), 1838.

Größter Held der Antike
Herakles, erste Heldentaten

Die Mythen um Herakles, den die Römer Hercules nannten, den beliebtesten aller griechischen Heroen, haben Menschen zu allen Zeiten fasziniert. Sogar einem Eigenschaftswort lieh er seinen Namen – „herkulisch", im Sinne von gigantisch, übermenschlich, zeigt dabei nur seine Schokoladenseite, denn er war auch der Mörder seiner Kinder, ein Vergewaltiger, ein grober Klotz.

Herakles war der Sohn des Zeus und der Alkmene. Der Gott hatte sich der Gattin Amphytrions, des Königs von Tiryns, in Gestalt ihres Gemahls genähert (siehe S. 98). Sie wurde schwanger und gebar nicht nur Herakles, sondern gleichzeitig auch Iphikles, denn in jener Nacht hatte auch der echte Amphytrion mit ihr geschlafen. Schon als der kleine Herakles acht Monate alt war, zeigten sich seine besonderen Kräfte. Zwei Schlangen, die Hera, als Gattin des Zeus Herakles' natürliche Feindin, in das Bett des Kleinen gesandt hatte, erwürgte er mit bloßen Händen. Amphytrion ließ dem Kleinen nur die beste Erziehung angedeihen, er wurde zu einem hervorragenden Bogenschützen, Ringkämpfer und Speerwerfer und tötete bereits als Siebzehnjähriger einen Löwen, der die Herden seines Stiefvaters bedrohte.

Er heiratete Megara, die Tochter König Kreons von Theben, und wurde Vater dreier Söhne. In einem Anfall von Wahnsinn erschoss er Frau und Kinder. Bevor er auch noch Amphitryon umbringen konnte, stoppte ihn Athene mit einem Felsbrocken. Herakles verließ Theben und suchte Rat beim delphischen Orakel. Die Pythia verlangte von ihm, nach Tiryns zu gehen, wo inzwischen Eurystheus, ein Neffe Amphytrions, König geworden war. Diesem sollte er zwölf Jahre dienen und dabei zehn Arbeiten erledigen, die sich schließlich jedoch auf zwölf summierten, da Eurystheus nicht alle anerkannte. Athene war dabei stets auf Seiten des Helden, während Hera versuchte, ihm Schwierigkeiten zu bereiten. Handlungsort der ersten sechs Aufgaben ist der Peloponnes.

Der Nemeische Löwe

Es war zwar ein unverwundbares Geschöpf, das Hera nach Nemea gesandt hatte. Und doch würgte Herakles das Tier zu Tode. Mit dessen eigenen Krallen häutete er ihn und trug sein Fell seitdem als Kleidungsstück. Hera aber verewigte den Löwen als Sternbild am Himmel.

Die Lernäische Hydra

Die Hydra (siehe S. 198) in den Sümpfen von Lerna hatte zwar dieselben Eltern wie der Nemeische Löwe, war aber eine Wasserschlange auf einem Hundekörper, bestückt mit zahlreichen Köpfen. Herakles' Neffe Iolaos brannte die Halsstümpfe des Ungeheuers aus, sobald er einen der Köpfe abgeschlagen hatte, denn sonst wuchsen sogleich zwei neue. Den Riesenkrebs, der die Hydra begleitete, zerschmetterte Herakles mit einem Fußtritt, auch ihn setzte Hera an den Himmel. Zuletzt tauchte er seine Pfeile in das Blut der Hydra und machte sie dadurch giftig. Da er diese Aufgabe nicht alleine löste, erkannte sie Eurystheus nicht an.

> *Römische Götter und Helden*
>
> *Fast alle der griechischen Götter haben auch lateinische Namen (siehe Anhang). Zeus hieß bei den Römern Jupiter, Hermes Mercurius und Ares Mars. Jupiter, Merkur und Mars waren ursprünglich italische Gottheiten mit Eigenschaften, die zu denen von Zeus, Hermes und Ares passten. Da die Mythen der Griechen, deren Kultur die Römer bewunderten, viel ausgereifter waren als die ihrer eigenen Götter, verschmolzen sie fast völlig miteinander, wenn auch Unterschiede blieben. Anders verhält es sich mit den Helden: Ihre Namen wurden lediglich sprachlich angepasst (siehe Anhang), ihre Mythen meist übernommen, jedoch manchmal, wie bei Herakles/Hercules, auch um „römische" Abenteuer ergänzt.*

Eine seiner ersten Heldentaten war der Kampf mit dem Nemeischen Löwen. Herakles erlegte ihn und zog ihm das Fell ab, das neben der Keule fortan sein Attribut sein sollte. Francisco de Zurbaran (1598-1664), um 1634.

Tugendhaft und gelehrsam
Herakles und die Aufgaben des Eurystheus

Die Kerynitische Hirschkuh
Diese sagenhafte Hirschkuh hatte, obwohl sie ein Weibchen war, ein Geweih, ein goldenes noch dazu. Herakles musste sie fangen, ohne sie zu verletzen, denn sie war der Artemis heilig. Er jagte sie ein ganzes Jahr, bis sie schließlich erschöpft zusammenbrach.

Der Erymanthische Eber
Auch ihn sollte Herakles lebend fangen, was ihm im tiefen Schnee mit einem Netz auch gelang. Anschließend soll sich der Heros eine Auszeit genommen und sich Jason und den Argonauten angeschlossen haben.

Die Reinigung der Augiasställe
König Augias besaß riesige Viehherden, deren Ställe niemals gereinigt worden waren. Bevor sich Herakles an die Reinigung machte, für die er nur einen Tag Zeit bekam, handelte er mit Augias als Bezahlung ein Zehntel der Tiere aus. Dann schlug er zwei Breschen in die Stallmauern und leitete den Fluss Alpheios hindurch. Anschließend verlangte er seinen Lohn. Augias argumentierte, er habe im Auftrag des Eurystheus gehandelt, ihm stehe darum nichts zu. Aber es kam noch besser: Eurystheus hielt die Aufgabe für nicht gelöst, da sich Herakles dafür habe entlohnen lassen wollen.

Die Stymphalischen Vögel
Seine sechste Arbeit erledigte er in Arkadien. Dort waren Vögel eine Plage, die Menschen mit ihren stahlbewehrten Federn beschossen und die Ernte mit ihrem Unrat verdarben. Viele tötete Herakles mit seinen Pfeilen, die anderen half eine bronzene Klapper, die ihm Hephaistos geschmiedet hatte, zu vertreiben.

Der Kretische Stier
Die erste Arbeit, die Herakles über den Peloponnes hinausführte, war die Jagd des Kretischen Stiers. Es war kein anderer als der, den Minos vergaß, dem Poseidon zu opfern, kein anderer als der, von dem die kretische Königin Pasiphae den Minotaurus (siehe S. 196) empfing. Herakles brachte ihn Eurysthenes und ließ ihn dann wieder frei. Als Stier von Marathon tötete das Tier später noch Minos' Sohn Androgeos, bevor es dem Theseus zum Opfer fiel.

Die Stuten des Diomedes
Die nächste Aufgabe führte den Helden nach Thrakien, wo er die menschenfressenden Stuten des Diomedes holen sollte. Unterwegs machte er Rast bei König Admetos von Pherai und rettete dessen Gattin Alkestis vor dem Tod. In Thrakien stahl er dann die Pferde, schlug seine Verfolger vernichtend und verfütterte König Diomedes an die Tiere – sie wurden daraufhin ganz zahm.

Nessos

Während seiner Suche nach dem wilden Eber auf dem Berg Erymanthos wurde Herakles von dem Zentaur Pholos bewirtet. Das Ganze artete zu einem wilden Gelage aus, an dem sich noch andere Zentauren beteiligten. In ihrer Trunkenheit fielen sie über Herakles her, der sich mit seinen vergifteten Pfeilen wehrte. Viele starben, andere konnten entkommen. Darunter auch Nessos, der seitdem einen Groll auf Herakles hegte. Die Gelegenheit zur Rache kam, als er sich einmal anbot, Deianeira, Herakles' Frau, über einen Hochwasser führenden Fluss zu tragen. Nessos versuchte sie dabei zu vergewaltigen, doch nun ereilte auch ihn das Schicksal in Form eines vergifteten Pfeils. Mit ersterbender Stimme riet er Deianeira, etwas von seinem Blut abzufüllen und damit ein Gewand ihres Mannes zu tränken, sobald sie glaube, seine Liebe zu ihr schwinde. Jahre später machte sie davon Gebrauch. Doch Nessos hatte sie belogen: Herakles starb durch das in Nessos Blut enthaltene Gift der Hydra.

Herakles fängt die sagenhafte Kerynitische Hirschkuh. Ausschnitt aus dem sogenannten Herkules-Sarkophag mit Darstellungen der Arbeiten des Herakles/Hercules, römisch, 3. Jh.

Über die Grenzen der griechischen Welt
Herakles, weitere Arbeiten

Der Gürtel der Amazonen

Ares hatte der Amazonenkönigin Hippolyte einst einen Gürtel als Zeichen ihrer Herrschaft geschenkt, den wollte Eurystheus haben. Herakles sammelte darum ein paar Gefährten, darunter Theseus und Telamon, und segelte nach Themiskyra, der Hauptstadt der Amazonen. Es ging alles ganz leicht, Hippolyte überreichte ihm ihren Gürtel. Hera passte das nicht, sie stiftete die anderen Amazonen an, über die Griechen herzufallen. Viele starben, doch Herakles trug Sieg und Gürtel davon.

Das Vieh des Geryon

Die restlichen Arbeiten führten Herakles nun nicht nur über den Peloponnes, sondern sogar über die Grenzen der griechischen Welt, bei der letzten Arbeit sogar über oder vielleicht besser unter die Erde hinaus. Schon die zehnte Aufgabe hatte es in sich: Er musste die Herde des dreiköpfigen Riesen Geryon rauben. Sie weidete auf der im westlichen Okeanos vor Iberien liegenden Insel Erytheia und wurde von Orthos, einem schlangenschwänzigen Hund mit zwei Köpfen bewacht, der ein Bruder des Höllenhunds Zerberus war. Herakles reiste immer nach Westen, bis er den Okeanos erreichte. Ihn überquerte er mit der goldenen Schale des Helios (siehe S. 68), mit der der Sonnengott nachts immer vom Westen zurück in den Osten fuhr. Um seine Reise zu erleichtern, durchtrennte er die Verbindung zwischen Afrika und Europa bei Gibraltar und errichtete auf jeder Seite der so entstandenen Meerenge zur Erinnerung daran eine Säule, die Säulen des Herakles. Auf Erytheia machte er kurzen Prozess: Er erschlug Orthos und den Kuhhirten Eurytion mit seiner Keule, Geryon starb durch einen vergifteten Pfeil. Eurystheus war überrascht, als Herakles wieder bei ihm auftauchte. Er war sehr lange unterwegs gewesen, denn das Heimtreiben der Herde wurde von zahlreichen kleineren Abenteuern unterbrochen.

Die goldenen Äpfel der Hesperiden

Für die erste Ersatzaufgabe musste Herakles sich zu Atlas begeben, der ganz im Westen den Himmel trug. Ganz in seiner Nähe war der Garten der Hesperiden, die als dessen Töchter galten und gemeinsam mit dem Drachen Ladon diese Äpfel bewachten, die einst Gaia, die Erde, Hera zur Hochzeit geschenkt hatte. Herakles überredete Atlas, sie für ihn zu holen, dafür trüge er solange den Himmel. Der Titanensohn war einverstanden, kam mit den Äpfeln zurück und wollte sie selbst Eurystheus bringen, denn er hatte genug von seiner tragenden Rolle. Herakles willigte ein, bat ihn, noch einmal kurz zu halten, um sich die Schultern zu polstern, nahm die Äpfel und verschwand. Er zeigte sie dem Eurystheus, der sie sofort zurückgab, denn sie waren heilig. Auf dem Weg zu Atlas tötete Herakles übrigens den Adler, der Prometheus peinigte (siehe S. 18). Auch auf Antaios, den unbesiegbaren Riesen, der seine Stärke aus seinem Kontakt zu seiner Mutter Gaia, der Erde, bezog, traf er dabei. Er rang ihn nieder, indem er ihn in die Luft hob und erdrückte.

> *Herakliden*
>
> *Herakles überzeugte nicht nur mit seiner Kraft, sondern auch mit seiner Potenz. Von keinem griechischen Helden sind so viele Nachkommen bekannt, eine Liste führt 67 Söhne von 60 Frauen auf – Töchter wurden nicht gezählt. Eurystheus verfolgte nach dem Tode des Heros auch dessen Kinder, fiel aber mit seinen Söhnen im Kampf gegen sie und Iolaos, den Neffen des Herakles. Die Nachkommen des vergöttlichten Helden, die Herakliden, versuchten daraufhin den Peloponnes, die Heimat ihrer Vorfahren, zurückzuerobern, was aber erst drei Generationen später gelang. Schließlich besetzten sie alle bedeutenden Throne der Region.*

Auch Helden brauchen manchmal eine Ruhepause. Beim sogenannten Farnesischen Herkules handelt es sich um die Marmorkopie des griechischen Bildhauers Glykos (tätig im 1. Jh. v.Chr.), nach dem verlorengegangen Vorbild des Lysippos.

Die Zeit der Abrechnung
Herakles, Weg zur Unsterblichkeit

Keine Aufgabe schien für Herakles unlösbar zu sein, doch ein Ass hatte Eurystheus noch im Ärmel: die Unterwelt. Keinesfalls wäre der Held in der Lage, ihm den Höllenhund Zerberus zu bringen, denn niemand kehrte aus dem Hades zurück. Mit Hilfe von Hermes, des Totenbegleiters, fand er den Eingang in die Schattenwelt. Hades war nach einem Gerangel bereit, ihm seinen Wachhund auszuleihen, er musste ihn nur ganz ohne Waffen fangen. Er traf auf Theseus und Peirithoos, die dort unten auf den Stühlen des Vergessens saßen, und erreichte, dass Hades zumindest Theseus gehen ließ. Auch auf Meleager traf unser Held, dem er versprechen musste, dessen Schwester Deianeira zu heiraten. Auf seinen Armen trug er den Zerberus zu Eurystheus, der sich – wie üblich – in einem Bronzekrug versteckte und froh war, als Herakles ging.

Der Weg in die Sklaverei

Zufrieden verließ Herakles Tiryns, führte Zerberus in die Unterwelt zurück und war frei, sein Dienst war zu Ende. Die Unsterblichkeit war ihm gewiss, doch musste er sein irdisches Leben erst noch zu Ende bringen. Von nun an wanderte er durch die Welt, half, wo man ihn brauchte, und bestand viele weitere Abenteuer. Doch auch unrühmliche Taten waren dabei.

Begonnen hatte es mit einem Wettbewerb im Bogenschießen, dem Sieger war als Preis die Tochter des örtlichen Königs Iola versprochen. Herakles kam, sah und siegte, doch König Eurytos von Oichalia verschob die Hochzeit immer wieder, bis Herakles die Stadt voll Zorn verließ. Unterwegs wurde er vom Bruder der schönen Iola eingeholt, der ihm berichtete, dass seit dessen Abreise einige Pferde und Vieh verschwunden waren. Herakles hörte daraus eine kaum verdeckte Anschuldigung. Der Jähzorn packte ihn und er schleuderte den jungen Mann in einen Abgrund. Zeus, ob dieses Missbrauchs der seinem Sohn verliehenen Kräfte zornig, verurteilte ihn daraufhin zu drei Jahren Sklaverei. Er wurde von der Königin Omphale erworben, die bald erkannte, wer er war. Von da an wurde er hofiert, brauchte nichts mehr zu tun und fand zu sich selbst.

Nach dieser „Sklavenzeit" begann er mit allen Menschen abzurechnen, die ihm Unrecht getan hatten – er hatte gut zu tun. Zuerst kämpfte er gegen die Trojaner, deren König Laomedon sich einst geweigert hatte, ihm den versprochenen Lohn für die Errettung Hesiones zu geben. Er besiegte sie und setzte Priamos als neuen Herrscher ein. Dann nahm er sich Augias vor, auch er war ihm den Lohn schuldig geblieben. Er besiegte ihn und setzte dessen Sohn Phyleus als König auf den Thron. So ging es noch eine ganze Weile, und immer gelang es Herakles, siegreich zu bleiben. Dann wandte er sich schließlich gegen Eurytos, der ihm seine Tochter Iole schuldete. Er zog mit einer Armee gegen ihn zu Felde, besiegte und tötete ihn. Iole wollte sich das Leben nehmen, doch es gelang ihr nicht, stattdessen wurde sie Herakles' Mätresse. Seine Gattin Deianeira wurde eifersüchtig und schickte ihm ein giftgetränktes Gewand. Davon starb er zwar nicht, quälte sich aber so, dass er es vorzog, sich auf einem Scheiterhaufen selbst zu verbrennen. Der Mensch Herakles war tot, als Gott wurde er unsterblich.

> ### Hebe
> *Die Tochter des Zeus und der Hera war die Göttin der Jugend. Sie fungierte als Mundschenk der Götter auf dem Olymp und kredenzte ihnen den Nektar bis dieses Amt Ganymed (siehe S. 26) alleine versah. Nach seiner Aussöhnung mit Hera erhielt der unter die Götter aufgenommene Herakles Hebe als himmlische Gemahlin. Ihm zuliebe gab sie seinem Neffen Iolaos die Jugend zurück, damit er gegen Eurystheus zum Kampf antreten und ihn schließlich vernichten konnte.*

Ende und Anfang eines Mythos. Herakles verbrennt sich selbst auf dem Scheiterhaufen, stirbt als Mensch, erlangt als Gott aber Unsterblichkeit und zieht in den Olymp ein. Guido Reni (1575-1642), „Herkules auf dem Scheiterhaufen" aus der Serie der „Taten des Herkules", 1617.

Jugendjahre eines Helden
Theseus, auf den Spuren des Herakles

Der athenische Nationalheld ist Theseus. Ihm waren nicht nur die übermenschlichen Fähigkeiten zu eigen, die Herakles besaß, sondern er war darüber hinaus auch überaus kultiviert und gebildet. Die Athener sahen in ihm den Begründer ihrer Demokratie und verehrten seine angeblichen Gebeine in einem eigenen Heiligtum, dem Theseion.

Seine Herkunft ist ungewiss, Aithra, seine Mutter, die Tochter des Königs Pittheus von Troizen auf der Halbinsel Peloponnes, hatte in der in Frage kommenden Nacht seiner Zeugung nämlich nicht nur mit Ägeus, dem König von Athen, sondern auch mit Poseidon geschlafen. Sollte, so hatte es ihr Ägeus aufgetragen, sie schwanger werden und einen Sohn gebären, so sollte der, sobald er stark genug sei, einen Stein zu heben, unter dem Ägeus ein Schwert und ein Paar Sandalen deponierte, sich zu ihm begeben. Mit sechzehn war er kräftig genug und machte sich auf den Weg nach Athen. Er ging zu Fuß, was zwar weiter und gefahrvoller war als mit dem Schiff zu reisen, doch brachte es ihn seinem großen Vorbild Herakles näher. Wie er wollte er Abenteuer bestehen und sich einen Namen machen.

Schon bei Epidauros traf er auf Periphetes, den Keulenmann, der Reisenden mit seiner Bronzekeule den Schädel einzuschlagen pflegte. Theseus erschlug ihn und nahm die Keule gleich mit. Auf eine andere Todesart war der zweite Gegner spezialisiert, mit dem er es zu tun bekam: Sinis bat Vorüberkommende, ihm beim Umbiegen einer Fichte zu helfen, dann ließ er los, die Unglücklichen flogen durch die Luft und wurden am Boden zerschmettert. Theseus bog zwei Bäume bis auf den Boden, band Sinis an beiden fest und ließ sie dann zurückschnellen – das Ergebnis kann man sich ausmalen. Als Nächstes erlegte er die Sau von Krommyon, eine Wildsau, die das ganze Land verwüstete. Auch Skeiron, ein Landstreicher, war eine

> ### Prokrustesbett
> *Sein echter Name war Polyphemos, Prokrustes, „Strecker" oder auch Damastes, „Bändiger", wurde er genannt, weil er die schlechte Angewohnheit hatte, Reisende, die er zu sich nach Hause zur Übernachtung einlud, an die Größe seines Bettes anzupassen. Waren sie zu groß, hieb er ihnen einfach das ab, was über das Gestell hinaus reichte. Waren sie zu klein streckte er sie gewaltsam, indem er mit einem Schlegel auf ihre Gliedmaßen einhieb. Wie bei allen seinen Jugendabenteuern schlug Theseus Prokrustes mit seinen eigenen Waffen: da er länger als sein Bett war, hackte er ihm den Kopf ab.*

Plage, denn er zwang an der Stelle, an der der Isthmos am engsten war, die Reisenden ihm die Füße zu waschen. Knieten sie vor ihm, stieß er sie unsanft die Klippen hinunter, die dort unten wartende Riesenschildkröte dankte es ihm. Doch Theseus war zu schnell für ihn und Skeiron stürzte an ihm vorbei die Steilküste hinunter. In Eleusis forderte ihn der Ringer Kerkyon zum Kampf, und auch ihn schlug er wieder mit dessen eigenen Mitteln. Zuletzt wurde er noch von Prokrustes gedrängt, eine Nacht auf seinem Bett zu verbringen (siehe Kasten) – auch dieses Mal blieb der Herausforderer nur zweiter Sieger.

Medea, die Zauberin

In Athen angekommen, gab sich Theseus erst nicht zu erkennen. Doch die Zauberin Medea, zweite Frau des Ägeus, durchschaute ihn gleich und hasste ihn auf der Stelle. Sie hatte große Pläne für ihren eigenen Sohn und setzte darum alles daran, Theseus unschädlich zu machen. Sie drängte ihren Mann dazu, dem jungen Fremden eine tödliche Aufgabe zu stellen: Er sollte den Stier von Marathon, einst der Geliebte von Kretas Königin Pasiphae, fangen. Bisher war noch niemand von dem Versuch lebend zurückgekehrt, doch Theseus gelang es, und er opferte ihn Athene.

Gleiches mit gleichem: Theseus tötet den Riesen Sinis mit dessen eigenen Mitteln, griechische Vasenmalerei, um 490 v. Chr.

Eine neue Herausforderung
Theseus, König von Athen

Als Nächstes besann sich Medea auf ihre Qualitäten als Giftmischerin. Während des Opferfestes stellte sie Theseus einen präparierten Becher hin und wartete. Da sprang Ägeus auf und stieß ihn um, er hatte das Schwert des Theseus erkannt, als dieser dazu ansetzte, das Opferfleisch zu zerteilen. An der Stelle, auf die sich der Inhalt des Bechers entleert hatte, zischte und brodelte es. Medea war durchschaut, sie musste Athen verlassen.

Vater und Sohn waren wieder vereint, wenn auch nur für kurze Zeit. Als Wiedergutmachung für den Tod seines Sohnes Androgeos, den Ägeus vor Theseus ausgeschickt hatte, den Stier von Marathon zu töten, forderte König Minos von Kreta von den Athenern jährlich oder, wie andere sagen, alle neun Jahre sieben Jungfrauen und sieben edle junge Männer als Tribut. Sie wurden dem Minotaurus (siehe S. 196) in seinem Labyrinth zum Fraß vorgeworfen. Theseus wollte unbedingt einer von ihnen sein, denn er wollte dieses stierköpfige Monster für immer unschädlich machen. Schweren Herzens stimmte Ägeus zu und erbat sich als Zeichen, dass alles gut ausgegangen sei, das Hissen eines weißen Segels, wenn ihr Schiff wieder nach Hause käme.

Auf Kreta verliebte sich Ariadne (siehe Kasten), des Minos Tochter, in den athenischen Königssohn und gab ihm nicht nur ein Schwert, sondern auch ein Garnknäuel mit in das verschachtelte Gängesystem, in dem der Minotaurus auf seine Opfer wartete. Theseus erschlug das Monster, gelangte am abgespulten Faden entlang nach draußen und segelte mit Ariadne und den anderen Griechen zurück nach Athen. Unterwegs machten sie Halt auf Naxos. Dort ließ er Ariadne zurück – die Gründe dafür sind umstritten. In seinem Eifer zurückzukehren oder aus Trauer, weil Ariadne auf Naxos geblieben war, vergaß er, weiße Segel zu setzen. Ägeus sah es mit Grausen, stürzte sich von den Klippen und wurde zum Namensgeber des Meeres, in dem er ertrank.

Die schöne Helena

Als König von Athen gemeindete Theseus die umliegenden Ortschaften ein und begründete Athens künftige Bedeutung. Auch als Herrscher war Theseus noch für manches Abenteuer gut, als Gast des Lapithenkönigs Peirithoos war er in dessen Kampf gegen die Zentauren verwickelt. Von den Amazonen brachte er deren Königin Hippolyte mit zurück nach Athen. Hippolytos, sein Sohn aus dieser Verbindung, gefiel seiner Gattin Phädra, einer Schwester der Ariadne, so sehr, dass sie Selbstmord beging, als dieser ihr Begehren nicht erwiderte. Theseus, nun Witwer, und Peirithoos beschlossen, zwei Zeustöchter zu entführen. Mit Helena, später Menelaos' Frau, ging alles glatt. Um Persephone zu bekommen, mussten sie jedoch in die Unterwelt, wo Hades sie scheinbar freundlich empfing. Auf den ihnen angebotenen Sitzen verloren sie jegliche Erinnerung, und Theseus säße noch immer dort, hätte ihn Herakles nicht befreit. Er starb schließlich von der Hand des skyrischen Königs Lykomedes, der ihn von einem Felsen stürzte.

> **Ariadnefaden**
>
> *Ariadne, die Tochter des Königs Minos von Kreta und der Pasiphae, verliebte sich in den athenischen Helden Theseus, als dieser auf ihre Insel kam, um den Minotaurus zu töten. Da er niemals mehr aus dem Labyrinth herausgefunden hätte, das der geniale Ingenieur und Architekt Dädalus zur Unterbringung dieses Mischwesens, einem Menschen mit Stierkopf, gebaut hatte, gab sie ihm ein Garnknäuel mit, das er abrollen sollte, während er in das Labyrinth hineinlief, und dann nur aufzurollen brauchte, um wieder zurückzufinden. Wichtig dabei war für Theseus, wie eine sich auf diese Geschichte beziehende Redewendung besagt, nur, nicht den Faden zu verlieren.*

Theseus, zurück aus dem Labyrinth des getöteten Minotaurus. Römische Wandmalerei aus Pompeji, 1. Jh.

Die Kalydonische Jagd
Meleager, Atalante und der Eber von Kalydon

Althaia, die Frau des kalydonischen Königs Oineus, hatte einen Sohn, Meleager. Eines Tages träumte ihr, dass sich drei Gestalten über sein Bettchen beugten. Es waren die Moiren, die Schicksalsgöttinnen. Eine von ihnen kniete vor dem Herd nieder und legte einen Scheit in die Flammen. Sie sagte, dass das Leben des Kindes mit dem des langsam verbrennenden Holzes verbunden sei, dass es so lange dauere, wie der Scheit brenne. Althaia schreckte auf und sah auf den Herd: Dort brannte tatsächlich das Stück Holz, dass die Göttin hineingeworfen hatte. Erschrocken zog sie es sofort hinaus und löschte die Glut. Sie würde es von nun an wie ihren Augapfel hüten.

Eine Landplage

Meleager wuchs heran, wurde groß und stark. Da schickte Artemis eine Plage über Kalydon, denn sein Vater hatte es versäumt, ihr zu opfern. Ein riesiger Eber verwüstete das Land, größer als der mächtigste Stier. Er zertrampelte nicht nur die Ernte, sondern riss Hunde und Hirten, den Menschen drohte Hunger und Tod. Es brauchte die besten unter Griechenlands Männern, um dem rasenden Untier Einhalt zu gebieten. Meleager rief darum die hellenischen Helden zusammen: Jason, den Helden der Suche nach dem Goldenen Vlies, Theseus, der den Minotaurus bezwang, und Admetos, der Gatte der treuen Alkestis (siehe Kasten).

Eine emanzipierte Frau

Zu ihnen gesellte sich auch eine Frau, die tapfere Jägerin Atalante. Sie war, da sich ihr Vater einen Sohn gewünscht hatte, als Kind ausgesetzt und von einer Bärin gesäugt worden, bis sie Jäger fanden und sie erzogen. Sie hatte schon oft ihren Mut und ihr Geschick bewiesen, wollte auch mit den Argonauten ziehen, doch lehnte dies Jason ab, er fürchtete um die Moral seiner Männer. Nun stand sie vor Meleager, der sich sofort in sie verliebte und sie mitnahm zur Jagd.

Die Jäger ließen die Meute los und folgten einer Spur in eine tiefe Schlucht. Da teilte sich das Gebüsch, und heraus kam ein riesiges Tier. Es war der wütende Eber. Der erste Jäger warf seinen Speer und verfehlte das Ziel. Auch Jason hatte kein Glück und warf über ihn hinweg. Der dritte Jäger traf, aber verletzte ihn nicht, Artemis hatte ihm im Fluge seine eiserne Spitze entfernt. Der Eber wurde immer wilder, aus seinen Augen sprühte Feuer. Zwei Jäger trampelte er nieder, einen anderen spießte er auf, ein vierter suchte sein Heil in der Flucht. Dann verschwand das monströse Tier im Dickicht. Genau in diesem Moment spannte Atalante ihren Bogen und schickte ihm einen Pfeil hinterher. Doch der Eber war zu schnell und so traf sie ihn nur hinter dem Ohr, doch immerhin war er verwundet. Die Jäger verdoppelten ihre Anstrengungen, denn sie fühlten sich beschämt, eine Frau hatte sie vorgeführt, wie hatte das nur passieren können?

Alkestis

Die unter anderem von Rilke, Werfel und Händel bearbeitete Geschichte der Alkestis gilt als besonders rührendes Beispiel von Selbstlosigkeit. Ihr Gatte Admetos, der, bevor er sie zur Frau bekam, einen Eber und einen Löwen gemeinsam vor einen Wagen spannen musste, hatte in Apollon einen großen Freund. Er schaffte es für ihn den Schicksalsgöttinnen zu entlocken, wie er, wenn seine Zeit gekommen sei, es bewerkstelligen könne, dem Tod zu entgehen. Er müsse einfach jemanden finden, so der Gott, der an seine Stelle träte. Alkestis war dazu bereit, wurde aber, als es soweit war, von der gerührten Persephone aus der Unterwelt zurückgeschickt. Vielleicht, so wissen es andere, gelang es auch Herakles, den Tod niederzuringen und Alkestis aus seinen Fängen zu befreien.

Die Kalydonische Eberjagd auf ihrem Höhepunkt. Ausschnitt aus einem römischen Sarkophagrelief, 2. Jh.

Tödlicher Neid
Meleager und Atalante, das Ende einer Jagd

Der Eber war verwundet, doch schien ihn das nicht zu schwächen, sondern eher noch wütender zu machen. Seine Überheblichkeit kostete einen weiteren Jäger das Leben, als er seine Doppelaxt direkt vor ihm schwang, rammte ihm das Riesentier seine Hauer in den Leib. Verbissen warfen nun alle anderen ihre Speere, die wild durcheinander ihr Ziel verpassten. Einige änderten schon, wie von Geisterhand gelenkt, in der Luft ihre Richtung und trafen die Hunde. Da bedeckte sich das Ungetüm mit Blut, eine Lanze Meleagers steckte in seinem Rücken. Vor ihm stehend verabreichte er ihm nun den Todesstoß mit dem Speer direkt zwischen die Schultern. Die Jäger umringten und gratulierten ihm, doch er hatte nur Augen für Atalante. Ihr schenkte er das Fell, Kopf und Hauer der Beute.

Dies erweckte den Neid der anderen. Sie bezichtigten Meleager, Atalante nicht wegen ihres Geschicks als Jägerin, sondern wegen ihrer Schönheit die Trophäen zuerkannt zu haben, und murrten. Besonders Plexippos, sein Onkel, tat sich, von Artemis angefeuert, hierbei hervor und versuchte Atalante die Gaben zu entreißen. Doch ehe er sich versah, streckte ihn Meleager mit seinem noch vom Blut des Ebers feuchten Speer nieder, und auch Toxeus, dem Bruder des soeben Getöteten, erging es nicht anders.

Das Orakel erfüllt sich

Althaia hörte vom Jagderfolg ihres Sohnes und begab sich zum Tempel, um den Göttern ein Dankopfer darzubringen, als sie unterwegs auf die Bahren mit ihren toten Brüdern traf. Sie erfuhr, dass sie nicht Opfer der Jagd, sondern ihres Sohnes waren. In ihre Freude mischte sich nun der Durst nach Rache. Sie erinnerte sich der Weissagung der Moiren (siehe Kasten), kehrte heim, suchte nach dem Scheit, das sie einst sorgfältig weggeschlossen hatte, und befahl, ein Feuer zu entzünden. Dort warf sie das Holz, das Leben bedeutete, hinein und bewirkte so Meleagers Tod.

Wettlauf mit dem Tod

Atalante wollte wie ihr Vorbild Artemis Jungfrau bleiben. Doch ihr Vater drängte sie zur Heirat. Schließlich willigte sie ein, aber nur unter einer Bedingung: Ihr zukünftiger Gatte müsse sie im Wettlauf besiegen, andernfalls erwarte den Bewerber der Tod. Viele Männer wagten es ihrer Schönheit wegen, doch Atalante besiegte sie alle. Auch Milanion wollte es versuchen, er hatte sich unsterblich in sic verliebt und flehte Aphrodite an, ihn zu unterstützen. Sie erhörte ihn, schenkte ihm drei goldene Äpfel und unterwies ihn auch gleich in deren Verwendung. Während des Laufs warf er sie auf die Strecke, so dass Atalante, die die schimmernden Früchte begehrte, jedes Mal kurz anhielt, um sie aufzuheben. Milanion gewann, doch er vergaß, Aphrodite zu opfern, noch schlimmer, er liebte Atalante in einem Tempelbereich. Zur Strafe verwandelte die Göttin sie, so Ovid in seinen Metamorphosen, in Löwen, denn Löwen, so glaubte man, paaren sich nicht untereinander, sondern mit Leoparden.

> **Moiren**
> Die Moiren (dt. „Zumessenden"), unter ihrem lateinischen Namen „Parzen" besser bekannt, standen nach Meinung vieler Autoren noch über den Göttern, denn sie wachten über das Schicksal, ohne es jedoch zu bestimmen. Sie galten vielen als Töchter der Nacht und entstanden vielleicht aus deren Verbindung mit dem Blut des Uranos, des Vaters der Titanen. Für andere waren sie Kinder des Zeus und der Themis und wären somit Schwestern der Horen, der drei Jahreszeiten. Auch die Moiren waren zu dritt: Klotho, die den Lebensfaden spann, Lachesis, die ihn den Menschen zuteilte, und Atropos, die ihn zerschnitt.

Der Niederländer Jacob Jordaens (1593-1678) machte sich um 1630 den Streit um die gerechte Verteilung der Jagdtrophäen mit „Meleager und Atalante" im Zentrum zum Thema.

Der Trojanische Krieg
Die Gründung Trojas

Nur wenige griechische Mythen sind uns heute noch so präsent wie der Kampf der Griechen gegen die Trojaner. Ob diese Expedition tatsächlich stattfand, ist nach wie vor umstritten. Jedenfalls wird davon in einem der berühmtesten Epen der Literaturgeschichte berichtet, der Ilias des Homer, die ihren Namen der antiken Bezeichnung für Troja, Ilion, verdankt und ungefähr 50 Tage des etwa zehnjährigen Krieges um die stolze Stadt umfasst.

Tros und Ilos

Die mythischen Troer, Bewohner der Troas, einer kleinasiatischen Landschaft östlich der Dardanellen, unterschieden sich nicht von den Bewohnern Griechenlands und der Inseln, sie folgten denselben religiösen und sozialen Bräuchen. Sie bewohnten zuerst eine Siedlung, die man „Dardania" nannte, nach dem Sohn des Zeus, Dardanos. Er war einst dort gelandet, nachdem er sich, um der Sintflut zu entkommen, von seiner Heimat, der Insel Samothrake, auf einen aufgeblasenen Weinschlauch gerettet hatte, der ihn dann nach Südosten trieb. Der Enkel des Dardanos wiederum hieß Tros – er ist der Namensgeber des ganzen Landstriches. Zudem ist er der Vater des Ganymed, des schönen Jünglings, in den sich Zeus verliebte. Für die Geschichte Trojas sind dessen beide Brüder jedoch von größerer Bedeutung: Der eine wurde zum Urgroßvater des Äneas, eines trojanischen Helden, der aus der brennenden Stadt floh und sich nach Irrfahrten in Italien niederließ. Dem anderen, Ilos, befahl ein Orakel, einer Kuh so lange zu folgen, bis sie sich zum ersten Mal hinlegte. Dort sollte er eine Stadt gründen, die Ilion heißen sollte.

Eine neue Stadt benötigt vor allen Dingen feste Mauern, ob im Mythos oder im realen Leben. Ein bedeutender Vorgang, für den es galt, sich der Unterstützung der Götter zu versichern. Also kam Laomedon, Sohn des Ilos, mit Apollon und Poseidon überein, ihm, gegen einen angemessenen Lohn, behilflich zu sein. Fatal nur, dass Laomedon glaubte, die Götter betrügen zu können. Im Mythos war dies nie von Erfolg gekrönt. Und so auch hier. Laomedon musste seine Tochter Hesione opfern, um beide Götter, die die Pest und ein Meerungeheuer geschickt hatten, zu besänftigen. Zum Glück kam gerade Herakles des Wegs und war bereit, das unglückliche Kind zu retten. Der griechische Superheld verlangte dafür die exquisiten Stuten, die Zeus Laomedons Großvater einst als Entschädigung für Ganymed gelassen hatte. Ilos Sohn stimmte zu. Herakles sollte Hesione erst einmal retten, alles andere würde sich dann schon regeln lassen. Natürlich würde er, so dachte sich Laomedon, die edlen Rosse auf keinen Fall herausrücken. Doch auch Halbgötter lassen sich nicht um ihren Lohn betrügen: Herakles plünderte das gerade gegründete Troja, erschlug Laomedon und gab Hesione seinem Mitkämpfer Telamon zur Frau.

Paris

Nach Laomedons Tod wurde dessen Sohn Priamos König von Troja. Seine Frau Hekabe hatte, als sie schwanger war, einen seltsamen Traum: Ihr träumte, ihr Sohn werde in ihren Armen zu einer Fackel, die die ganze Stadt niederbrennen würde. Die Seher deuteten den Traum und rieten ihr, den neugeborenen Sohn auszusetzen. Sie gab ihn einem Diener, der ihn auf den nahen Berg Ida bringen sollte, um dem Rat dort nachzukommen. Er ließ das Kind zuerst fünf Tage alleine, eine Bärin säugte es. Dann kam er zurück und nahm es in seine Obhut, erzog den Jungen auf seinem Bauernhof. Eines Tages nahm der inzwischen zum Mann herangewachsene an sportlichen Wettkämpfen in Troja teil. Das Geheimnis um seine Herkunft wurde enthüllt und das Unheil nahm seinen Lauf. Sein Name war Paris.

Ob Mythos oder reale Geschichte – der Kampf um Troja beschäftigte schon die Künstler des antiken Griechenland. Die attische Vase mit den „Trojakämpfern" des sogenannten Euergides-Malers stammt aus dem 6. Jh. v. Chr.

Parade der Helden
Krieg um Troja: Teilnehmer auf Seiten der Griechen

Achilles: Sohn des Peleus und der Nymphe Thetis. Von dieser fast unverwundbar gemacht (siehe Kasten). Erzogen vom Kentauren Chiron. Durch Deidameia Vater des Neoptolemos. Größter Held der Griechen.

Agamemnon: König von Mykene, Sohn des Atreus, Bruder des Menelaos. Verheiratet mit Klytämnestra. Vater von Chrysotemis, Elektra, Iphigenie und Orestes. Oberbefehlshaber der Griechen im Trojanischen Krieg. Er kehrt mit seiner Beute, der Seherin Kassandra, in die Heimat zurück, wo beide von seiner Gattin und deren Liebhaber Ägisth getötet werden.

Ajax der Kleine: Sohn König Oileus' von Lokris. Hervorragender Läufer und Speerwerfer. Vergewaltigte Kassandra, die sich in den Schutz der Göttin Athene begeben hatte. Ajax ertrank während der Heimfahrt, da sich die Göttin rächte und sein Schiff zerstörte.

Ajax der Große: Sohn König Telamons von Salamis, dadurch Cousin des Achilles. Nach diesem der bedeutendste Held des Krieges. Beging Selbstmord.

Diomedes: König von Argos, Sohn des Tydeus. Er raubte das trojanische Palladion, das Kultbild der Pallas Athene, nachdem den Griechen geweissagt worden war, ohne dessen Besitz sei die Einnahme der Stadt unmöglich. Er kehrte nach der Zerstörung Trojas nach Hause zurück, wo ihn seine Gattin betrog. Daraufhin gelangte er nach mehreren Irrfahrten schließlich nach Italien.

Idomeneus: König von Kreta. Kehrte nach dem Feldzug in die Heimat zurück. Heute noch in Erinnerung durch Mozarts Oper Idomeneo.

Menelaos: König von Sparta, Sohn des Atreus, Bruder des Agamemnon, Gatte der Helena. Nach der Eroberung Trojas erschlug er den Deiphobos, den Bruder des Paris, der Helena nach dessen Tod geheiratet hatte. Kehrte danach mit Helena nach Griechenland zurück.

Neoptolemos: Sohn des Achilles. Wurde erst spät nach Troja gerufen, da ohne ihn, so eine Prophezeiung, die Einnahme der Stadt nicht gelingen würde. Tötete Priamos, dessen Tochter Polyxene und dessen Enkel Astyanax. Erhielt als Beute die Witwe Hektors, Andromache. Heiratete Hermione, die Tochter des Menelaos. Wurde deshalb von Orestes in Delphi erschlagen.

Nestor: König von Pylos. Einer der Argonauten. Seine elf Brüder fielen im Kampf gegen Herakles. War der älteste unter den griechischen Helden vor Troja. Sein Name wurde zur Bezeichnung für den ältesten Anwesenden bzw. den Altmeister einer Wissenschaft.

Odysseus (siehe S. 60 ff.)

Palamedes: Sohn des Nauplios. Überführte den Odysseus der Heuchelei. Dieser stellte ihn später als Verräter dar, worauf er gesteinigt wurde.

Patroklos: Bester Freund des Achilles.

Stentor: Kein Held, aber wegen seiner Stimme bemerkenswert, die so stark gewesen sein soll wie die von 50 Männern. Starb nach einem Schreiwettbewerb mit Hermes. Nach ihm wurde die Stentorstimme sprichwörtlich.

Achillesferse

Achilles' Mutter, die Nymphe Thetis, zog, um ihm Unsterblichkeit zu verleihen, ihren Sohn durch ein reinigendes Feuer und salbte ihn mit Ambrosia, der Speise der Götter, oder, so eine andere Version, badete ihn im Styx, dem Fluss der Unterwelt – nur seine Ferse, an der sie ihn festhielt, blieb verletzlich. Der Gott Apollon wusste um diese verwundbare Stelle und lenkte während des Trojanischen Krieges einen durch Paris geschossenen Pfeil genau dorthin, um Achilles zu töten. Ein anderer Heros, allerdings aus der Nibelungensage, hatte ein ähnliches Problem: Auch Siegfried war unverwundbar, nachdem er in Drachenblut gebadet hatte. Seine „Achillesferse" war eine Stelle am Rücken, die während des Bades mit einem herabgefallenen Lindenblatt bedeckt war.

„Die Helden des Trojanische Krieges" in einem Kupferstich von Ernst Ludwig Riepenhausen (1765-1840) nach Johann Heinrich W. Tischbein (1751-1829), aus der Folge: „Homer, nach Antiken gezeichnet", Berlin 1801/1821. (v. l. n. r.: Agamemnon, Achilles, Nestor, Odysseus, Diomedes, Paris, Menelaos)

Verteidiger einer stolzen Stadt
Krieg um Troja: Teilnehmer auf Seiten der Trojaner

Äneas (siehe S. 170)

Antenor: Einer der weisesten unter den älteren Trojanern. Vermittelte einen Zweikampf zwischen Paris und Menelaos, um dem Krieg ein Ende zu machen. Die meisten seiner 14 Söhne fielen. Sein Haus, das mit einem Pantherfell gekennzeichnet war, blieb bei der Plünderung Trojas verschont. Er galt darum später als Verräter. Er gründete auf den Trümmern der Stadt ein neues Troja, ließ sich in Kyrene nieder oder gründete Padua.

Deiphobos: Sohn des Priamos und der Hekabe. Nach dem Tode des Paris, seines Bruders, heiratete er dessen Witwe Helena. Wurde nach dem Fall Trojas von Menelaos, Helenas erstem Mann, erschlagen.

Glaukos: Sohn des Antenor, der wie dieser den Trojanischen Krieg überlebte. Er hatte Paris nach Griechenland begleitet, um Helena zu entführen, und war dafür von seinem Vater verstoßen worden.

Hektor: Ältester Sohn des Priamos und der Hekabe. Gatte der Andromache, Vater des Astyanax. Er tötete den Protesilaos, der als erster Grieche an der asiatischen Küste vom Schiff an Land sprang. Forderte Ajax als stärksten Griechen zum Zweikampf heraus – das Kräftemessen endete unentschieden. Wurde von Achilles getötet.

Laokoon: Sohn des Antenor. Priester von Apollon und Poseidon. Schleuderte einen Speer gegen das hölzerne Pferd und warnte seine Landsleute davor. Als er am Strand dem Poseidon ein Opfer darbrachte, krochen zwei Schlangen aus dem Meer und erwürgen ihn und seine Söhne.

Memnon: König der Äthiopier, Sohn der Göttin der Morgenröte. Eilte den Trojanern zu Hilfe, wurde von Achilles getötet. Seine Asche soll in Vögel verwandelt worden sein.

Paris (auch Alexandros): Sohn des Priamos und der Hekabe, Bruder Hektors. Als Baby ausgesetzt, wurde er am Berg Ida von einem Hirten erzogen. Hier erfolgte sein berühmtes Urteil (siehe S. 150). Als Königssohn wieder in seine eigentliche Familie aufgenommen, entführte er Helena nach Troja und entfesselte so den Trojanischen Krieg. Im Zweikampf gegen Menelaos unterlag er, wurde aber von Aphrodite gerettet. Tötete den Achilles, wurde selbst von Philoktetes mit einem Giftpfeil schwer verwundet. Oinone, die er einst wegen Helena verließ, besaß ein Gegengift, verweigerte es ihm aber.

Priamos: König von Troja, Gemahl der Hekabe. Vater von 50 Söhnen, die fast alle während des Krieges umkamen, und vielen Töchtern. Wurde am Zeusaltar Trojas durch Neoptolemos, den Sohn des Achilles, erschlagen.

Sarpedon: König von Lykien, Sohn des Zeus und der Europa, Bruder des Minos. War der zweitstärkste Trojaner nach Hektor. Wurde von Patroklos erschlagen, worauf dieser von Hektor niedergestreckt wurde. Auf Veranlassung des Zeus wurde sein Leichnam von Hypnos und Thanatos, Schlaf und Tod, nach Lykien getragen.

Rhesusfaktor

Rhesos, der reiche König von Thrakien, kam den Trojanern im zehnten Jahr des Krieges zur Hilfe. Noch in der ersten Nacht, in der seine Truppen vor den Stadtmauern lagerten, schlichen sich Odysseus und Diomedes mit Hilfe der Göttin Athene zu ihren Zelten. Sie ermordeten Rhesos und stahlen seine berühmten Pferde, von denen es hieß, wären sie bereits im nahe Troja fließenden Skamandros getränkt worden, wäre Troja unbesiegbar gewesen. Der Naturforscher Jean Baptiste Audebert benannte – ohne tieferen Sinn – im 18. Jh. eine Affenart nach dem König und benutzte dafür die lateinische Namensform, Rhesus – Rhesusaffe. Im Blut dieses Affen wurde 1940 erstmals ein Protein entdeckt, dem auch beim Menschen eine besondere Bedeutung bei Schwangerschaften und Bluttransfusionen zukommt, der Rhesusfaktor.

Die Marmorfigur aus der Ostgiebelgruppe des Aphaia-Tempels (um 480 v. Chr.) auf der griechischen Insel Ägina mit Darstellungen des Kampfes der Ajakiden vor Troja wird gemeinhin mit Priamos, dem König Trojas, gleichgesetzt.

Der Trojanische Krieg
Krieg um Troja: die beteiligten Frauen

Andromache: Die „Manneskämpferin", so die Übersetzung ihres Namens, musste von der Stadtmauer aus zusehen, wie ihr geliebter Mann Hektor, der größte Held unter den Trojanern, von Achilles getötet wurde. Nach dem Fall Trojas wurde sie Neoptolemos, dem Sohn des Achilles, als Beute zugesprochen. Ihm gebar sie drei Kinder, darunter Pergamos, den mythischen Gründer der Stadt Pergamon.

Briseis: Die Tochter des Brises von Lyrnessos, eines Herrschers in der Nähe Trojas, war der Ausgangspunkt des Streits zwischen Achilles und Agamemnon, des eigentlichen Themas der Ilias. Ihre Familie war von den Griechen getötet, sie selbst gefangen genommen worden und diente Achilles als Sklavin. Da Agamemnon seine eigene Geliebte Chryseis wieder zu den Trojanern zurückschicken musste, begehrte er Briseis für sich, es kam zum Streit und zur Kampfesverweigerung des Achilles (siehe S. 154). Nach dessen Rückkehr ins Kriegsgeschehen gab ihm Agamemnon Briseis zurück.

Chryseis: Die Tochter des trojanischen Apollonpriesters Chryses fiel in die Hände der Griechen. Sie wurde Agamemnon als Sklavin zugesprochen und gebar ihm einen Sohn, Chryses. Auf die Weigerung der Griechen hin, sie herauszugeben, betete ihr Vater um Rache, und Apollon schickte ihnen die Pest. Nun blieb Agamemnon nichts anderes mehr übrig. Er schickte sie zurück, suchte Ersatz und fand ihn in Briseis, der Sklavin des Achilles.

Hekabe: Tochter des Königs Dymas von Phrygien, Gemahlin Königs Priamos', dem sie 19 Kinder gebar. Wurde nach Trojas Untergang Odysseus als Beute zugesprochen und begleitete ihn auf der Heimfahrt nach Griechenland. Sie blendete den Mörder ihres Sohnes Polydoros, Polymestor, dem sie ihn zum Schutz anvertraut hatte, und tötete dessen Kinder.

Helena: Tochter von Zeus und Leda, Halbschwester der Dioskuren und der Klytämnestra, schönste Frau ihrer Zeit. Heiratete Menelaos und wurde von Paris nach Troja entführt. Dies wurde zum Anlass für den Trojanischen Krieg, den Helena überlebte. Sie wurde wieder von ihrem Gatten aufgenommen, obwohl sie sich nach dem Tod des Paris dessen Bruder Deiphobos zugewandt hatte,.

Klytämnestra: Tochter des Tyndareos und der Leda, Gemahlin des Agamemnon, den sie nach seiner Rückkehr aus dem Trojanischen Krieg, unterstützt von ihrem Liebhaber Ägisth, tötete. Orestes, wie Elektra, Iphigenie und Chrysothemis ein Kind der Klytämnestra, rächte diesen Mord, indem er die Mutter erstach.

Penthesilea: Tochter des Gottes Ares, Königin der Amazonen. Kam den Trojanern nach Hektors Tod zur Hilfe. Wurde von Achilles mit dem Speer durchbohrt, es heißt, währenddessen hätten sich ihre Blicke getroffen und sie sich ineinander verliebt – zu spät!

Polyxena: Tochter des Priamos und der Hekabe, begleitete ihren Vater ins Lager der Griechen, um den Leichnam ihres Bruders Hektor auszulösen. Wurde nach dem Untergang der Stadt von den Griechen als Opfer verbrannt.

Kassandrarufe

Kassandra, die Tochter des Königs Priamos von Troja und seiner Frau Hekabe, hatte eine besondere Gabe, sie konnte eine drohende Gefahr oder unheilvolle Entwicklung vorhersehen. Dies war ein Geschenk des Gottes Apollon, denn er hatte sich einst in sie verliebt. Da sie aber sein Werben zurückwies, wurde er zornig und versah sein Präsent mit einem Pferdefuß: Niemand sollte auf Kassandras Warnungen hören. So kam es, dass ihre sprichwörtlichen Rufe hoffnungslos verhallten, obwohl sie Troja hätte retten können. Sie selbst überlebte Trojas Untergang, wurde dem Agamemnon als Sklavin zugesprochen und begleitete ihn nach Mykene. Dort wurde sie mit ihrem Herrn von dessen Frau Klytämnestra umgebracht.

Euripides (um 485–406 v. Chr.) setzte mit der Tragödie „Andromache" dem Leben und Leiden der Frau des im Kampf um Troja gefallenen Hektor ein Denkmal. Luca Ferrari (1605–1654) hielt „Hektors Abschied von Andromache" Mitte des 17. Jhs. in Öl fest.

Die Qual der Wahl
Das Urteil des Paris

Die Trojasage war eine der beliebtesten Erzählungen während des Mittelalters, obwohl Homers Text der Ilias zu dieser Zeit nur in einer schlechten Kurzfassung existierte. Dieses große Epos über menschlichen Zorn und göttliche Rache bildet heute die wichtigste Quelle für den Trojanischen Krieg, obwohl es eigentlich nur die Geschichte des Streits zwischen Achilles und Agamemnon erzählen will. Das älteste erhaltene Werk der abendländischen Literatur beginnt, nachdem die Griechen Troja bereits neun Jahre belagert und einen Großteil der Umgebung der Stadt erobert haben. Die Vorgeschichte, vom Urteil des Paris über die Entführung Helenas bis zur Opferung der Iphigenie und dem Aufbruch der Griechen nach Troja lässt sich aus anderen Quellen, vor allem zwei Tragödien von Aischylos und Euripides, erschließen.

Wer ist die Schönste im ganzen Land?

Das Unheil, das einst, so ein Seher, der einen Traum der Königin Hekabe deutete, über Troja kommen sollte, nahm seinen Lauf durch Paris, ihren Sohn, zu der Zeit, als er, noch unerkannt, als Hirte am Berg Ida die Rinder hütete. Er sollte sich zwischen drei Frauen entscheiden, ein Urteil über ihre Schönheit abgeben. Eine schmeichelhafte Aufgabe für den selbst wegen seines Äußeren gelobten Prinzen, der jedoch auch als eitel und oberflächlich galt. Das Problem: Wo viel Ehr', da auch viel Feind. Einerseits gab es dabei die Gunst der Siegerin zu gewinnen, andererseits, und das gleich doppelt, bedeutete es Ärger mit den Verliererinnen. Verschärfend kam in diesem Falle noch hinzu, dass es sich bei den Frauen um drei Göttinnen handelte.

So standen sie, begleitet von Hermes, dem Götterboten, eines Tages vor ihm – für die Maler der Renaissance und des Barock, die dieses Thema begierig aufgriffen, natürlich nackt, wie auch von Ovid berichtet – und buhlten um seine Gunst. Sie versprachen ihm Ungeheuerliches: Macht, Ruhm oder Liebe. Hera, die Mächtigste unter ihnen, lockte mit der Herrschaft über die ganze Welt, Athene, Göttin des Krieges, versuchte es mit der Aussicht darauf, Paris den Sieg in jedem Kampf zu bringen. Doch erst bei Aphrodite wurde der Trojaner schwach: Sie bot ihm die Hand der Schönsten unter den Sterblichen. Helena, die Tochter von Zeus und Leda, war zwar zu dieser Zeit bereits mit Menelaos, dem König von Sparta, verehelicht, doch sollte dies keinen Hinderungsgrund darstellen, obwohl sich jede Griechin darüber gewiss sein musste, was sie bei Ehebruch erwartete. Mit seiner Entscheidung für Aphrodite hatte er nicht nur Helena, die er erfolgreich umwarb und aus Sparta entführte, sondern auch eine große Fürsprecherin gewonnen. Doch zu welchem Preis? Gleich zwei Göttinnen standen ihm von da an unversöhnlich gegenüber.

> ### *Zankapfel*
> *Zeus hatte dafür gesorgt, dass die schöne Nymphe Thetis, auf die er selbst ein Auge geworfen hatte, den Peleus zum Mann nahm. Er selbst hielt sich zurück, da eine Prophezeiung sagte, der Sohn der Thetis werde einst mächtiger als sein Vater. Bei der Hochzeit waren alle Götter geladen, mit Ausnahme von Eris – nicht ohne Grund, war sie doch die Göttin der Zwietracht. Natürlich kam sie trotzdem und warf, als alle schon beim Mahl saßen, einen goldenen Apfel unter sie, auf dem geschrieben stand: „Der Schönsten". Drei der anwesenden Göttinnen, Hera, Athene und Aphrodite erhoben Anspruch auf ihn, es kam zum Streit. Zeus ging dazwischen. Als kluger Mann urteilte er nun nicht selbst, welcher von den dreien die Trophäe, der Zankapfel, gehören sollte, sondern machte einen folgenschweren Vorschlag: Der Schönste unter den Sterblichen solle als Schiedsrichter fungieren: Paris.*

Macht, Ruhm oder Liebe? Mit dem „Urteil des Paris" nahm das Unheil seinen Lauf – und es wurde zu einem der beliebtesten Themen der bildenden Kunst. Angelika Kaufmann (1741-1807), vor 1778.

Aufbruch nach Troja
Der Raub der Helena

Kurze Zeit nach dem Schönheitswettbewerb begab sich Paris, in der Ilias meist Alexandros genannt, nach Troja, seiner eigentlichen Heimat. Diener des Königs Priamos hatten seinen Lieblingsstier entführt, der als Preis bei einem athletischen Wettkampf ausersehen war. Paris nahm daran teil und besiegte dabei auch seinen Bruder Hektor. Bevor dieser ihn aus Verärgerung töten konnte, gab Paris seine wahre Identität preis. Vater und Mutter, König Priamos nebst Gattin, waren hoch erfreut und nahmen den einst wegen einer Weissagung ausgesetzten Sohn ohne weitere Bedenken wieder in die Familie auf.

Schönste unter den Sterblichen

So groß war Helenas Schönheit, dass alle Prinzen Griechenlands um sie warben. Ihr sterblicher Vater, Tyndareos, König von Sparta, verlangte aus Angst, die abgewiesenen Freier könnten sich gegen ihn verbünden, von allen einen feierlichen Eid: Sie sollten schwören, seine Entscheidung für einen von ihnen zu akzeptieren und dem Erwählten beistehen, falls der Ehe Unheil drohte. Alle waren einverstanden, hätte doch jeder von ihnen der Auserwählte sein können. Schließlich entschied sich Tyndareos für Menelaos, den Bruder des mächtigen Königs von Mykene. Das so verehelichte Paar hatte eines Tages einen Gast aus Troja, Paris, der nach seinem Urteil (siehe S. 150) von Aphrodite zu Menelaos und seiner schönen Gemahlin nach Sparta geleitet wurde. Er nützte die Gastfreundschaft zur Entführung Helenas. Ob sie freiwillig mitkam, ob von Aphrodite beeinflusst oder ob Paris, wie eine Quelle meint, vielleicht nur ein Phantom mit nach Troja nahm, ist offen. Menelaos erinnerte sich an den Eid, rief seine ehemaligen Mitbewerber und auch alle anderen zusammen, die auf eine Gelegenheit warteten, gegen das mächtige Troja vorzugehen, um mit ihnen gemeinsam Paris zu bestrafen und Helena zu befreien. Die Griechen sammelten sich im Hafen von Aulis, nahe Theben. Odysseus jedoch, geachtet wegen seiner Weisheit und Tapferkeit, fehlte. Er kannte die Prophezeiung, er kehre, falls er in den Krieg gegen Troja ziehe, erst nach 20 Jahren zu Frau und Kind zurück. Man sandte Boten nach ihm aus, die ihn beim Pflügen fanden. Vor seinen Pflug waren Ochse und Pferd gespannt, er säte Salz statt Korn – ganz klar, Odysseus musste wahnsinnig sein. Doch seine List wurde von einem der Boten, Palmedes, durchschaut: Er legte Telemachos, den kleinen Sohn des Odysseus, vor den Pflug und der hielt an. Das war der Beweis, dass er nicht von Sinnen war, und er kam mit ihnen.

> *Iphigenie auf Tauris*
>
> *Die Flotte der Griechen stand bereit, aber kein Lüftchen rührte sich. Kalchas, ein Seher, verkündete, dass die Göttin Artemis Agamemnon, dem Oberbefehlshaber der Griechen, zürne, da er ihre Lieblingshirschkuh erlegt habe. Nur durch das Opfer seiner Tochter Iphigenie (siehe S. 186), würde sie sich besänftigen lassen. Schweren Herzens schickte er nach ihr, sie kam und lag bereits auf dem Altar, als ein Nebel sie einhüllte. Die Göttin hatte sich in letzter Minute erbarmt und entführte sie nach Tauris – dort wurde sie ihre Priesterin.*

Ein Held in Frauenkleidern

Mit Achilles war es ähnlich, doch wurde er von seiner Mutter zurückgehalten, die wusste, dass ihr Sohn vor Troja fallen würde. Er wurde, als Mädchen verkleidet, bei den Töchtern des Königs Lykomedes verborgen. Dieses Mal war Odysseus der Bote. Schlau, wie er war, verkleidete er sich als Hausierer und breitete seine Waren, Schmuckstücke und Waffen vor den Frauen aus. Während alle Mädchen nach dem Geschmeide gierten, schielte Achilles nach den Schwertern – von da an war es ein Leichtes, Achilles zum Mitsegeln zu bewegen.

Die wohl tragischste der weiblichen Akteure: Helena, schönste Frau ihrer Zeit, von Paris geraubt und in der Folge Anlass zum Kampf um Troja. Luca Giordano (1634-1705) bannte ihre Entführung Ende des 17. Jhs. auf Leinwand.

Kampf um Troja
Die Ilias

Neun Jahre standen die Griechen nun schon bereits vor Troja, seit sie, nach der Opferung Iphigenies, dort mit ihrer Flotte gelandet waren. Doch bisher war die Belagerung erfolglos geblieben, wenigstens einen Großteil des die Stadt umgebenden Landes hatten sie erobern können. Im zehnten Jahr brach zwischen Agamemnon und Achilles ein heftiger Streit um Kriegsbeute aus. Als Oberbefehlshaber konnte Agamemnon ihn zwingen, einen Teil seiner Beute herauszugeben. Doch Achilles nahm das nicht hin. Er verweigerte den Dienst an der Waffe und zog sich schmollend zurück. Aber dabei blieb es nicht. Er bat seine Mutter, die Nymphe Thetis, bei Zeus ein Wort für ihn einzulegen. Er solle dafür sorgen, dass die Griechen das Kriegsglück verlasse. Und so kam es.

Der Tod von Patroklos und Hektor

Das Kriegsglück verließ die Griechen. Eines Tages waren die Trojaner sogar nahe daran, deren Schiffe anzuzünden. Patroklos, Freund des Achilles, erbat von ihm daraufhin dessen Rüstung. Wenn schon Achilles die Trojaner selbst nicht bekämpfe, dann genügte vielleicht wenigstens sein Anblick, um sie einzuschüchtern und zum Rückzug zu bewegen. Ausgestattet mit Panzer, Helm und zwei Speeren stürzte Patroklos sich ins Getümmel. Und tatsächlich: Die Trojaner begannen zu fliehen. Da traf ihn ein feindlicher Speer, Hektor sah ihn verwundet und versetzte ihm mit Freuden den Todesstoß. Als Achilles davon erfuhr, kannte er nur noch eines: Rache! Er versöhnte sich mit Agamemnon, griff wieder zu den Waffen und stürzte sich Hektor wie ein Löwe entgegen. Der suchte sein Heil in der Flucht. Dreimal umrundete er die Mauern Trojas, doch Achilles blieb hinter ihm, stellte ihn im Zweikampf und durchbohrte ihn schließlich mit seinem Speer. Schäumend vor Wut band er dessen Leichnam an seinen Wagen und schleifte ihn rund um die Stadt. Die Trojaner sollten sehen, was mit einem passiert, der einen Freund des Achilles tötet.

Das Ende der Ilias

Doch damit nicht genug. Er verweigerte den Trojanern die Leiche Hektors, schleifte sie vielmehr Morgen für Morgen, zwölf Tage lang, um den Grabhügel des Patroklos, den er mit aller Pracht hatte bestatten lassen. Das wurde selbst den Göttern zu viel. Sie sorgten dafür, dass Priamos, der trojanische König, der Hektor beweinte, selbst ins Lager der Griechen ging, um seinen toten Sohn gegen ein hohes Lösegeld auszulösen. Achilles ließ sich erweichen. Hektors Leiche konnte schließlich doch noch, wie es die Sitte erforderte, in Ehren bestattet werden. Damit endet die Ilias, die Geschichte Homers, die Kämpfe hingegen wurden fortgesetzt.

> *Der Tod von Achilles und Ajax*
>
> *Nach Hektors Tod kamen weitere Truppen, um den Trojanern zu helfen, darunter Memnon mit seinen Äthiopiern und die Amazonen, angeführt von Penthesilea, ihrer Königin. Beide wurden von Achilles getötet, bevor auch er fiel. Ein Pfeil, von Paris geschossen, traf ihn an seiner verwundbaren Stelle (siehe S. 144), seiner Ferse. Was blieb, war seine wertvolle Rüstung, angefertigt vom Gott der Schmiede, Hephaistos, persönlich. Eigentlich stand sie Ajax, dem bedeutendsten Helden nach Achilles, zu, doch Agamemnon und Menelaos überließen sie Odysseus. Nun war es an Ajax, Rache zu üben. Er schlich sich nachts an die Zelte mit dem Vorsatz, die griechischen Heerführer zu töten. Doch Athene, die Beschützerin der Griechen, schlug den Helden mit Wahnsinn, so dass er auf eine Schafherde einhieb, die er für Soldaten hielt – manche davon nahm er sogar gefangen und fesselte sie. Als er am Morgen erkannte, was er getan hatte, nahm er sich vor Scham über die Tat das Leben.*

Achilles verbindet den im Kampf verwundeten Patroklos. Trinkschale des sogenannten Sosias-Malers (um 500 v. Chr.).

Kriegslist bringt die Entscheidung
Das Trojanische Pferd

Nach zehn Jahren Dauer war der Trojanische Krieg, trotz großer Verluste auf beiden Seiten, noch immer nicht entschieden. Die Mauern konnten noch Jahre aushalten, die Stadt war nur zu nehmen, wenn es gelang, heimlich in sie hineinzugelangen. Guter Rat musste her. Odysseus verfiel auf die berühmteste Kriegslist der Welt: Er ließ ein hölzernes Pferd zimmern, in dessen Bauch er sich mit den größten griechischen Helden verbarg. Die anderen brannten ihr Lager nieder und segelten fort, als hätten sie die Belagerung abgebrochen. Auf einer nahen Insel hielten sie sich versteckt. Die Trojaner trauten ihren Augen nicht, freuten sich aber und verließen ihre Stadt zum ersten Mal seit Jahren. Sie staunten über das riesige Pferd, das die Griechen zurückgelassen hatten. „Tötet mich nicht", rief ein zurückgebliebener Grieche, den sie am Strand fanden. Er berichtete, dass er geopfert werden sollte wie einst Iphigenie, um für gute Winde zu sorgen, dass er aber entkommen konnte. Sie glaubten ihm nicht nur diese Geschichte, sondern auch den Rest seines Berichts, vor allem, dass das Pferd zur Besänftigung der Göttin Athene erbaut worden sei. Es sei so groß, damit die Trojaner es nicht in die Stadt ziehen könnten, da prophezeit sei, die Stadt könne dann niemals eingenommen werden.

Laokoon

Schon wollte man eine Bresche schlagen und das Pferd in die Stadt ziehen, da erhob ein Priester, Laokoon, seine Stimme und warnte die Trojaner. Doch er erreichte genau das Gegenteil, als nämlich Poseidon zwei Seeschlangen schickte, die den Priester mitsamt seinen zwei Söhnen erwürgte – für jeden war nun klar, was die Götter wollten, das hölzerne Pferd musste in die Stadt!

Der Untergang Trojas

Von da an nahm das Unheil seinen Lauf. In der Nacht, nachdem die Stadt nach einem großen Fest in tiefen Schlummer versunken war, kletterten die Griechen aus dem Bauch des Pferdes und öffneten ihren heimlich zurückgekehrten Truppen die Stadttore. Ein blutiges Gemetzel begann, die Männer wurden umgebracht, die Frauen versklavt, die Stadt von Flammen verzehrt. Äneas, ein Verwandter des Königs Priamos, der durch den Sohn des Achilles ermordet worden war, entkam als einer von wenigen, auf seinem Rücken den Vater, an seiner Hand seinen Sohn mit sich führend. Über ihn hielt Aphrodite schützend ihre Hand, als Einzige der Götter stand sie auf Trojas Seite. Auch Helena gelangte mit ihrer Hilfe aus der brennenden Stadt hinaus zur griechischen Flotte, wo sie von Menelaos freudig in die Arme geschlossen wurde.

Die griechischen Helden hatten ihren Eid erfüllt, sie hatten Helena ihrem Gatten zurückgegeben und Troja vernichtet. Die, die noch übrig waren, machten sich auf den Heimweg. Dabei bestanden sie zahlreiche Abenteuer, wurden auf unterschiedlichste Weise in der Heimat aufgenommen. Eine Reihe von Epen hielten das fest. Von ihnen ist nur die Odyssee, die Geschichte von der Heimkehr des Odysseus, erhalten geblieben.

> *Danaergeschenk*
>
> *Laut Vergil, der im 2. Buch seiner „Aeneis" den Untergang Trojas aus Sicht der Trojaner schildert, warnte Laokoon, der Priester von Apollon und Poseidon, seine Mitbürger eindringlich vor dem hölzernen Pferd: „Was es auch sei: Ich fürchte die Danaer, auch wenn sie Geschenke machen." Mit „Danaern" sind bei Homer die Griechen gemeint, die sich gemäß dem Mythos von einem Stammvater mit Namen Danaos ableiten sollen. Das sprichwörtliche „Danaergeschenk" ist darum ein Geschenk, das für seinen Empfänger zunächst etwas Erwünschtes darstellt, sich dann aber als fragwürdig oder unheilvoll erweist.*

Das Halsbild dieser griechischen Reliefamphora (Kykladen, um 670 v. Chr.) zeigt das Trojanische Pferd mit angreifenden Kriegern.

Troja
Dichtung und Wahrheit

Ob der Trojanische Krieg wirklich stattfand und wenn ja wo, ist unter Historikern und Archäologen umstritten. Für die Griechen jedenfalls war er historisch, eine Inschrift aus dem 3. Jh. v. Chr. datiert den Untergang der Stadt auf den 5. Juni 1209 v. Chr. Auch wenn eine solche Genauigkeit nach eintausend Jahren mit Skepsis betrachtet werden muss, sind sich die griechischen Quellen doch nahezu einig: Zwischen dem 14. und 12. Jh. v. Chr. tobte der Krieg um die schöne Helena. Auch Alexander der Große war von dem Ereignis fasziniert, fast besessen, sah er sich doch als Nachfahre des Achilles. Er besuchte das antike Ilion, den Ort, der angeblich über dem zerstörten Troja erbaut worden sein soll.

Die Wiederentdeckung Trojas?

Doch das Wissen um die Lage des Ortes ging im Mittelalter verloren, irgendwann interessierte sich keiner mehr dafür. Die Begeisterung des 18. und 19. Jh. für die Antike machte jedoch auch vor Troja nicht halt. Ein schottischer Amateurgeologe verfasste 1824 eine Dissertation, in der er zu beweisen glaubte, dass der Hügel von Hisarlik, südöstlich der Dardanellen, im nordwestlichen Teil Anatoliens gelegen, der vergessene Ort sei, den Homer Ilion nannte. Ein Teil des Hügels befand sich zufälligerweise in englischem Besitz, für den Bruder des Eigentümers, Frank Calvert, war es darum leicht, 1863-65 dort erste Grabungen durchzuführen. Per Zufall traf er 1868 auf Heinrich Schliemann, den er von seiner Hypothese, unter dem Hügel sei das Troja der Sage begraben, gleich begeistern konnte. Der erhielt 1871 die türkische Grabungslizenz und wühlte sich durch die Erde, dabei eine, aus heutiger Sicht, Schneise der Verwüstung hinterlassend. Zwei Jahre später, er wollte schon aufgeben, fand er einen Schatz, den er als den des Königs Priamos identifizierte – wie sich später herausstellte, ein Fehlurteil. Schliemann wurde berühmt, mit seinem Fund war Troja wieder in aller Munde.

Weitere Grabungen ergaben folgendes Bild: Auf und um den Hügel von Hisarlik befand sich eine Stadt, die von der frühen Bronzezeit bis in die Spätantike besiedelt war. Um die Mitte des 2. Jt. v. Chr. war sie eine der größten im Nahen Osten, bot Platz für bis zu 10000 Menschen. Zehn Siedlungsstufen (Troja I-X) wurden entdeckt, die sich noch einmal in 40 Feinschichten unterteilen lassen. Immer wieder wurde die Stadt zerstört, durch Feuer, Erdbeben oder Krieg, und immer wieder auf den Ruinen aufgebaut. Hielt Schliemann noch Troja II für homerisch, plädieren Forscher, falls sie überhaupt von der These überzeugt sind, dass es sich bei den Ruinen um das Troja Homers handelt, heute für Troja VI oder VIIa.

> ### Heinrich Schliemann
> *Heinrich Schliemann entstammt einer mecklenburgischen Pfarrersfamilie, in die er 1828 als fünftes Kind hineingeboren wurde. Weil der Vater die höhere Schule nicht bezahlen konnte, wurde der kluge Heinrich zu einem Kaufmann in die Lehre geschickt. Als Geschäftsmann brachte er es zu einem kleinen Vermögen durch den Handel mit Russland und vervielfachte es während des Goldrauschs in Kalifornien und durch einen florierenden Waffenhandel während des Krimkriegs. Als gemachter Mann konnte er sich seinen Bildungsreisen widmen und mit Leidenschaft seinen Studien der Antike nachgehen. Er studierte Altertumswissenschaften, lernte Latein und Altgriechisch, vergrub sich in die Epen Homers. 1873 dann der Durchbruch: Er meinte das antike Troja und den Schatz des Priamos gefunden zu haben. Auch in Mykene grub er erfolgreich und überließ seine Funde dem deutschen Volk. Er starb 1890 nach einer Ohrenoperation in Neapel und wurde in Athen beigesetzt.*

Originalaufnahme der Ausgrabungen in Troja 1870-1882 durch Heinrich Schliemann. Blick vom Turm VI nach Norden zum Tor G der III. Stufe (6. Schicht). Mauern der Mykenischen Periode, durchsetzt von römischen Mauern (9. Schicht). Rechts vom Gang eine griechische Mauer.

Die Irrfahrten des Odysseus
Odysseus und Polyphem

Der Trojanische Krieg war beendet. Athene und Poseidon, die vor Troja auf Seiten der Griechen gestanden hatten, waren nun gegen sie, sie sollten für das Gemetzel bei der Einnahme der Stadt büßen. So trieb ein Sturm auch den Odysseus, den klügsten unter den griechischen Helden, während seiner Heimreise vom Kurs ab. Er landete bei den Kikonen, die mit Troja einst verbündet waren. Seine Gefährten führten sich auf wie dort, plünderten und mordeten. Doch die Kikonen verstärkten sich, im Kampf fielen auch sechs Griechen. Sie mussten fliehen. Wieder wehte ein wilder Wind, der sie an eine unbekannte Küste trieb. Es war das Land der Lotophagen, die jeden Fremden freundlich aufnahmen und ihnen von der süßen Lotosfrucht zu essen gaben. Wer davon jedoch gekostet hatte, wollte das Land nie mehr verlassen. Als Odysseus dies bemerkte, war es für drei seiner Männer schon zu spät, doch schleppte er sie mit Gewalt aufs Schiff zurück und fesselte sie, bis das Land der Lotophagen aus ihrem Blickfeld verschwunden war.

Odysseus als Niemand

Das nächste Abenteuer war noch gefährlicher: Nicht weit von dem Ort, wo sie als Nächstes ankerten, fand sich eine riesige Höhle, die Odysseus mit zwölf seiner Gefährten erkunden wollte. Auf der Suche nach Lebensmitteln wurden sie hier überreich fündig: Lämmer und Zicklein, Käse und Milch gab es in Hülle und Fülle. Sie warteten auf den Herrn der Höhle, um seine Gastfreundschaft zu genießen, und erschraken, als er endlich kam: Eher eine „bewaldete Kuppe" als ein Mensch, betrat der Riese Polyphem die Höhle und verschloss sie mit einem Felsbrocken. Sein einziges, in der Mitte der Stirn sitzendes Auge starrte sie an. Als sie sich vorstellten, lachte er nur, streckte die Hand aus, verschlang zwei von ihnen zum Abendbrot und legte sich schlafen. Das wiederholte sich am nächsten Morgen und Abend, es gab keine Chance zu entkommen. Doch da griff Odysseus zu einer List: Zuerst machte er den Zyklopen betrunken und sagte ihm, als dieser nach seinem Namen fragte, er heiße „Niemand". Dann blendete er den schlafenden Riesen mit einem angespitzten Pfahl.

Polyphem raste vor Wut, bekam aber, seines Augenlichts beraubt, keinen der Griechen zu fassen. Er schrie so laut, dass andere Zyklopen aus ihren benachbarten Höhlen kamen und ihn fragten, ob jemand ihm etwas Übles wolle. Seine Antwort: „Niemand". Seine Nachbarn erklärten ihn für verrückt. Am Morgen öffnete Polyphem die Höhle, um seine Tiere zu weiden. Er tastete jedes am Rücken ab, da er damit rechnete, dass die Griechen diese Gelegenheit nutzen würden, um zu fliehen. Doch Odysseus und seine sechs verbliebenen Gefährten hängten sich unter die größten Widder und wurden so nicht entdeckt. Als sie schon auf dem Schiff waren, schleuderte der Zyklop ihnen noch Felsen hinterher, die sie knapp verfehlten. Er verfluchte Odysseus und drohte mit den Göttern, war er doch selbst ein Sohn des Poseidon. Der Göttervater hatte Verständnis und hielt für den Helden neue Leiden bereit.

Odyssee

Sage mir, Muse,
die Taten des vielgewanderten Mannes,
Welcher so weit geirrt,
nach der heiligen Troja Zerstörung ...

Mit diesen Zeilen beginnt die Odyssee, Homers im späten 8. Jh. v. Chr. verfasste Dichtung von der sprichwörtlich gewordenen langen und gefahrvollen Rückfahrt des Odysseus in seine Heimat. Die Erzählstruktur des in 24 Gesänge gegliederten Epos ist komplex, die Ereignisse sind nicht chronologisch geordnet. In 12 200 Versen berichtet der Dichter davon, wie Odysseus, nachdem er zehn Jahre vor Troja verbracht hatte, in zehnjähriger Irrfahrt schließlich doch noch zu Frau und Kind zurückkehrte.

Griechische Schale (6. Jh. v. Chr.) aus Kyrene mit der Darstellung der Blendung des Polyphem durch Odysseus und seine Gefährten.

Argwohn und Liebeszauber
Odysseus und Circe

Wie bei den Kikonen, sollte der Leichtsinn seiner Männer, auch auf der nächsten Etappe seiner Reise, Odysseus in große Gefahr bringen. Dabei sah alles danach aus, als sei dieses Mal das Glück auf ihrer Seite. Sie landeten auf der Insel Aiolia, deren König Aiolos der Herr der Winde war. Er bewirtete alle einen ganzen Monat lang. Doch damit nicht genug, er machte Odysseus zum Abschied ein außergewöhnliches Geschenk. Er sperrte alle ungünstigen Winde in einen Lederschlauch und band ihn zu. Schließlich befahl er einem leichten Wind, seine Gäste heim nach Ithaka zu tragen. Schon konnten sie in der Ferne die Insel sehen, da legte sich Odysseus schlafen. Eine gute Gelegenheit für seine Männer zu schauen, welcher Schatz sich in dem Lederschlauch befand, denn sie argwöhnten, er wolle nicht mit ihnen teilen. Die eingesperrten Winde peitschten heulend heraus. Es hob ein gewaltiger Sturm an und trieb sie, das Ziel so nah vor Augen, wieder zurück nach Aiolia. Ein frostiger Empfang erwartete sie dort. Mit dem Hinweis, Odysseus sei anscheinend bei den Göttern in Ungnade gefallen und seine Hilfe sei darum fehl am Platze, jagte König Aiolos sie davon.

Die Laistrygonen

Konnte es noch schlimmer kommen? Es konnte, denn als Nächstes landeten sie bei den Laistrygonen, einem riesenhaften Volk, das, wie Polyphem, Menschenfleisch nicht verachtete. Odysseus befahl, sobald ihm das klar wurde, die Segel wieder zu hissen und zu fliehen, doch es war bereits zu spät: Die Laistrygonen schleuderten Felsblöcke nach ihnen und versenkten alle Schiffe, nur Odysseus mit seiner Besatzung gelang die Flucht.

Zwei Tage und zwei Nächte ruhten sie am Strand der nächsten Insel, Aiaia, so erschöpft waren sie. Nachdem sie sich gestärkt hatten, teilte Odysseus sie in zwei Gruppen ein, das Los musste bestimmen, welche von beiden das Inselinnere erkunden sollte – niemand hatte mehr Lust dazu.

Bekanntschaft mit einer Zauberin

Der Steuermann Eurylochos und zweiundzwanzig Männer machten sich, das Los hatte entschieden, am nächsten Tag auf den Weg und stießen bald auf ein Haus, aus dem süßer Gesang ertönte. Schon öffnete sich die Tür, und die Hausherrin bat die Griechen herein, nur Eurylochos hatte ein mulmiges Gefühl und blieb davor. Circe, so der Name der freundlichen Gastgeberin, bereitete ihnen ein köstliches Mahl, mischte jedoch „böse Kräuter" darunter und berührte sie dann mit einer Gerte. Da wuchsen den Männern Borsten aus der Haut, ihre Gesichter verlängerten sich zu Rüsseln, grunzend fielen sie auf alle Viere. Eurylochos sah noch, wie Circe sie in einen Koben trieb und mit Abfällen mästete, dann lief er panisch davon und berichtete Odysseus von seinem unglaublichen Erlebnis. Dieser, ganz Held, wollte es mit der Zauberin aufnehmen, packte sein Schwert und marschierte los.

Circe

Odysseus war anfällig für die Waffen der Frauen, besonders, wenn es sich bei ihnen um Zauberinnen handelte. Circe, eine Tochter des Sonnengottes Helios, war eine der berühmtesten unter ihnen. Sie, die Homer „die mit den schönen Flechten, die Redebegabte" nennt, wohnte auf der Insel Aiaia, wo sie mit allerlei friedfertigen Tieren lebte – alles Besucher der Insel, die sie verwandelt hatte. Auch Odysseus versuchte sie zu bezaubern, zu „bezirzen". Er widerstand, erlag aber dem Zauber der Liebe. In einer antiken Fortsetzung der Odyssee wird berichtet, sie habe Odysseus drei Kinder geboren, von denen das eine, Telegonos, zum Mörder seines Vaters und Ehemann von dessen Witwe werden sollte.

„Die Zauberin Circe mit den in Tiere verwandelten Gefährten des Odysseus", Fresko von Alessandro Allori (1535-1607) im Palazzo Salviati, Florenz, 1580.

Weitere Abenteuer
Die Schatten der Unterwelt

Auf dem Weg zu Circe traf Odysseus auf Hermes. Der Gott wollte ihm beistehen und gab ihm ein Kraut. „Dieses Kraut heißt Moly, damit widerstehst du allen Zauberkräften", sagte er und gab ihm weitere Instruktionen. Und es kam, wie Hermes gesagt hatte: Circe gab Odysseus lächelnd den Zaubertrank und berührte ihn mit ihrer Gerte, doch er verwandelte sich nicht. Er drohte ihr mit dem Schwert, und sie fiel ihm zu Füßen, genau wie es Hermes vorausgesagt hatte. Sie war besiegt und hatte in ihm ihren Meister gefunden, so wie es ihr ein Orakel angekündigt hatte. Nun versuchte sie ihn mit herkömmlichen Mitteln zu bezaubern – er ließ es mit sich geschehen, nachdem er ihr den Eid abgenommen hatte, dass sie ihm nichts Böses mehr wolle. Sie war wie ausgewechselt, das kommende Jahr wurde für Odysseus und seine Mannen, die die Zauberin freundlicherweise zurückverwandelte, wie im Paradies. Trotzdem verlor Odysseus sein Ziel nicht aus den Augen und bat Circe, ihn zu entlassen. Einen Rat gab sie ihm noch mit auf den Weg: „Willst du dir lange Irrfahrten ersparen, musst du in die Unterwelt fahren und dort den Schatten des blinden Sehers Teiresias um ein Orakel bitten."

Schweren Herzens machte sich Odysseus nun auf den Weg und landete in der Nähe des heiligen Hains der Persephone mit seinen schwarzen Pappeln, hob, von Circe vorher instruiert, eine Grube aus und opferte ein schwarzes Schaf und einen schwarzen Widder. Die Geister der Toten wurden durch das Blut angelockt, unter ihnen auch Teiresias. Der warnte ihn davor, die Rinder des Helios auf Thrinakia zu essen und enthüllte ihm, was ihn zu Hause in Ithaka erwartete. Auch seine tote Mutter Antikleia berichtete ihm von seiner Familie und davon, wie sie aus Sehnsucht nach ihm starb. In langer Reihe kamen die Schatten der Toten zu ihm: Agamemnon erzählte von seinem Schicksal, Achilles wünschte sich unter die Lebenden zurück, und Ajax würdigte ihn keines Blickes. Ein Who-is-Who des Totenreichs zog an ihm vorüber, er erkannte Sisyphos, Tantalos und sogar Herakles, doch was er erfahren hatte, genügte ihm, und voll bleichem Entsetzen befahl er, zurück auf Circes Insel zu segeln.

Sirenengesänge

Bereits einen Tag später hatte Odysseus schon wieder Planken unter seinen Füßen. Nun hieß es, die Insel der Sirenen zu passieren. Von Circe vorgewarnt, hatte er seine Mannschaft mit Wachs versorgt, den sie sich in die Ohren stopften, denn mit ihrem süßen Gesang versuchten diese Mischwesen aus Mensch und Vogel, Schiffe auf unter dem Wasser verborgene Riffe und Seeleute auf ihre Insel zu locken. Er selbst ließ sich an den Mast binden und konnte so gefahrlos seine Neugier befriedigen und den honigsüßen Stimmen lauschen.

Sirenen

Die Sirenen, zu Anfang zwei, später wird auch von mehreren berichtet, waren Mischwesen, meist mit Vogelleib und Frauenköpfen dargestellt, die auf einer kargen Insel vor Italien hausten. Durch ihren Gesang, der von niemandem übertroffen wurde – so glaubten sie, bis sie in einem Wettstreit den Musen unterlagen –, lockten sie Seefahrer, die ihre Insel passieren wollten, zu sich und ließen sie dann jämmerlich verhungern oder fielen über sie her, saugten ihr Blut aus und fraßen sie. Obwohl es hieß, dass sie sich ins Meer stürzen müssten, sobald es einem Schiff gelänge, ihren Sangeskünsten zu widerstehen, überlebten sie die Passage der Argo, des Schiffs von Iason und Medea (siehe S. 124), sowie die des Odysseus. Warum die schrillen Signalhörner der Schiffe und Alarmanlagen unserer Zeit ihren Namen erhielten, wissen wohl noch nicht einmal die Götter.

Odysseus, am Mast seines Schiffes vertaut, trotzt auf diesem römischen Mosaik aus dem 3. Jh. den betörenden Gesängen der Sirenen.

Neue Gefahren
Odysseus vor der Rückkehr

Nachdem sie den Sirenen entkommen waren, lauerte schon die nächste Gefahr auf sie: ein grässliches Meerungeheuer, die Skylla. An ihr musste man ganz dicht vorbei, wollte man nicht in den Strudel der Charybdis geraten. Sie ruderten mit allen Kräften, doch die sechs Köpfe der Skylla packten sich sechs von Odysseus' Gefährten, zogen sie herab in ihre Höhle und verschlangen sie.

Die Rinder des Helios

Erschöpft wollten sie auf der Insel Thrinakia vor Anker gehen, auf der die Rinder des Gottes Helios weideten. Aber Odysseus dachte an die Warnung des Teiresias und wollte weitersegeln. Seine Gefährten jedoch bestanden darauf, wenigstens eine Nacht zu bleiben. Doch Zeus sandte nachts einen Sturm, der sie auch noch den nächsten Tag, die nächste Nacht und so fort auf der Insel festhielt, so lange, bis sie Hunger litten. Es kam, wie es kommen musste: In Abwesenheit ihres Anführers schlachteten sie, immerhin zu Ehren der Götter, einige der fetten Rinder. Was hatten sie angerichtet! Die Häute der Rinder krochen über den Rasen, das rohe Fleisch muhte am Spieß. Helios forderte eine angemessene Strafe, und Zeus war dazu bereit. Er wog sie in Sicherheit, als sich das Meer am siebten Morgen beruhigte. Sie bestiegen ihr Schiff und fuhren hinaus. Doch dann erhob sich ein schrecklicher Sturm, der Göttervater schleuderte seinen Blitz gegen das Schiff, und es brach entzwei. Alle ertranken, nur Odysseus blieb am Leben.

Kalypso und Nausikaa

Zehn Tage trieb er über das Meer, bis er an der Insel Ogygia an Land gespült wurde. Die schöne Nymphe Kalypso, die dort in einer Grotte hauste, nahm ihn auf und machte ihn zu ihrem Geliebten – er hatte keine Möglichkeit zu fliehen. Bereits sieben Jahre waren vergangen, als sich die Göttin Athene erbarmte und Zeus dazu bewegen konnte, Kalypso mittels Hermes zu befehlen, dass sie ihn ziehen lassen sollte. Er baute sich ein Floß und erreichte zuletzt schwimmend – Poseidon hatte ihn noch einmal kentern lassen – das Land der Phäaken, eines Seefahrervolkes, das dazu ausersehen war, ihn nach Hause zu geleiten.

In einem Dickicht am Ufer einer Flussmündung vor Erschöpfung schlafend, wurde er, wie Gott ihn schuf, von der phäakischen Prinzessin Nausikaa entdeckt und zu ihrem Vater, König Alkinoos, geleitet. Der gab für ihn ein Fest, auf dem sich Odysseus zu erkennen geben und seine Abenteuer erzählen musste: Von den Kikonen und den Lotophagen, von Polyphem, Aiolos, den Laistrygonen, Circe und der Unterwelt, von den Sirenen, Skylla und Charybdis, den Rindern des Helios und Kalypso. Es fiel ihm schwer zu gehen, weg aus diesem Schlaraffenland, in dem er als lebender Mythos gefeiert wurde, doch die Sehnsucht schwelte, und so brach er, mit Geschenken überhäuft, auf – ein schnelles phäakisches Schiff brachte ihn tatsächlich heim, heim nach Ithaka.

> ### *Skylla und Charybdis*
> *Dass „zwischen Skylla und Charybdis" schon verhältnismäßig früh sprichwörtlich für eine ausweglose Situation wurde, lässt sich leicht nachvollziehen, wenn man einen näheren Blick auf beide wirft. In einer Felsenhöhle hauste, schon früh in der Meerenge von Messina, zwischen Sizilien und dem italienischen Festland, lokalisiert, die Skylla. Sie war ein riesiges Ungeheuer, hatte zwölf Beine, sechs Köpfe auf langen Hälsen und jeweils drei Reihen messerscharfe Zähne, mit denen sie ihre Opfer, vorbeifahrende Seefahrer, zerkleinerte. Sie war unsterblich, man konnte sie nicht bekämpfen. Genauso wenig war etwas gegen den Strudel Charybdis' auszurichten, der ihr gegenüber lag und dreimal am Tag das Wasser einsog und es laut gurgelnd wieder ausspie.*

Der schiffbrüchige Odysseus wird von Nausikaa, der Tochter des phäakischen Königs Alkinoos, aufgefunden. „Odysseus und Nausikaa", Michele Desubleo (um 1603–1676), nach 1654.

Zurück auf Ithaka
Das Ende einer Odyssee

Zurück auf Ithaka, ging Odysseus behutsam vor, viel zu oft hatte er erleben müssen, wie er, das Ziel vor Augen, scheitern musste. Zuerst wusste nur Göttin Athene, die während seiner langen Abwesenheit in Gestalt des Mentor ihre schützende Hand über seinen Sohn Telemachos gehalten hatte, Bescheid. Erst mit der Zeit gab er sich ihm und einem Hirten, Eumaios, zu erkennen. Von ihnen erfuhr er, dass er gut daran getan hatte, sich zu verbergen, denn Penelope, seine Gemahlin, die ihn trotz zwanzigjähriger Abwesenheit noch immer liebte, wurde bereits seit Jahren von Freiern bedrängt, die sich in ihrem Palast eingenistet hatten. Sie spielte lange auf Zeit, gab vor, sie müsse erst ein Leichentuch für Odysseus' Vater Laertes weben, bevor sie sich für einen von ihnen entscheiden könne – und trennte das Tuch jede Nacht heimlich wieder auf. Ihre List wurde durchschaut, und nun nahte der Tag, an dem sie sich entscheiden musste.

Doch Odysseus hieß nicht umsonst „der Listenreiche": Er machte sich, als Bettler verkleidet, auf zu seinem Palast, dort gelang es ihm sogar, sich – unerkannt – ausführlich mit Penelope zu unterhalten. Noch einmal, nachdem ihn auf dem Weg schon sein alter Hund freudig angebellt hatte, wurde es brenzlig, als seine alte Amme eine Narbe an seinem Bein wiedererkannte, doch schärfte er ihr ein, sich ruhig zu verhalten, bis er die Freier bezwungen habe. Noch am Abend beschloss Penelope, eine Entscheidung herbeizuführen: Wer von den Freiern es schaffte, Odysseus' großen Bogen zu spannen und einen Pfeil durch zwölf in einer Reihe aufgestellte Äxte zu schießen, den wollte sie heiraten. Nur dem unbekannten Bettler, den die Freier widerstrebend gewähren ließen, gelang es. Odysseus gab sich zu erkennen und metzelte mit der Hilfe Athenes alle nieder. Das Happy-End war nahe, nur noch eine letzte Prüfung zu bestehen.

Penelope verlangte, dass ihr vermeintlicher Gemahl das gemeinsame Bett beschreiben solle, wegen seiner Konstruktion war es unverwechselbar, nur Odysseus konnte davon wissen. Er bestand. Nun war sie sich sicher; sie erneuerten „den Brauch des früheren Lagers", „erfreuten sich der Liebe, der ersehnten" und schliefen zufrieden ein.

Nach der Odyssee

„Und wenn sie nicht gestorben sind ...", so heißt es im Märchen, doch die Geschichte ist hier noch nicht zu Ende. Es folgte das Wiedersehen mit Laertes und ein blutiger Kampf gegen die Rächer der Freier. Über das weitere Schicksal des Odysseus schweigt Homer. Er soll, so die bekannteste Geschichte über sein Ende, durch Telegonos, seinen mit Circe gezeugten Sohn, mit einem Rochenstachel getötet worden sein, ohne dass dieser jedoch wusste, wem er den tödlichen Stoß gab.

> **„Ulysses" und „2001: Odyssee im Weltraum"**
>
> *Die Odyssee hat viele Künstler beeinflusst, darunter so verschiedene wie James Joyce und Arthur C. Clarke. Joyce drängt in seinem bahnbrechenden, 1922 erschienenen Roman „Ulysses" zehn Jahre Irrfahrt auf einen Tag, den 16. Juni 1904, zusammen und ersetzt die mythische Welt der Griechen durch Dublin, durch das sein Held, der Anzeigenvermittler Leopold Bloom, streift bis er am Abend zu seiner Frau Molly zurückkehrt. Clarke hingegen folgt der Handlung in seinem durch Stanley Kubrick verfilmten Science-Fiction-Roman nicht chronologisch, weist jedoch in vielen Anspielungen darauf hin, etwa mit dem Auge des Supercomputers HAL auf den einäugigen Zyklopen Polyphem, mit dem summenden Geräusch des Monolithen auf die Sirenengesänge oder mit dem Namen seines Helden, Dave Bowman, auf den geübten Bogenschützen Odysseus.*

Odysseus tötet die Freier Penelopes.
Griechische Vasenmalerei, sogenannter
Penelope-Maler, um 450/400 v. Chr.

Von Griechenland nach Rom
Die Irrfahrten des Äneas

Einem der trojanischen Helden gelang es, samt Vater und Sohn dem Inferno der brennenden Stadt unbeschadet zu entkommen, Äneas. Seine Figur verbindet die griechische mit der römischen Sagenwelt, er ist das Bindeglied zwischen Ilias und Rom. Nach dem Vorbild der Odyssee lässt ihn der römische Dichter Vergil (siehe Kasten), ein Zeitgenosse des Kaisers Augustus, in der „Äneis" zahlreiche Abenteuer bestehen; bis zu dem Augenblick, wo er in Latium landet, der späteren Keimzelle des Römischen Reichs. Viele der Protagonisten sind aus den griechischen Mythen bekannt, wenn sie hier auch ihre lateinischen Namen tragen. Als hervorragendes Beispiel für das Weiterleben der griechischen Mythologie in römischem Gewand soll hier ein Überblick über die Erlebnisse des Äneas, des Sohnes der Venus (griechisch: Aphrodite), gegeben werden.

Dido und Äneas

Äneas, ein Ururenkel des Tros, des Gründers von Troja, der Stadt, die er nun brennend verlässt, sticht mit seinem Vater Anchises, seinem Sohn Ascanius und einigen Gefährten in See. Über Thrakien, Kreta und das Ionische Meer gelangen sie, von den Harpyien, Vögeln mit Menschengesichtern, belästigt, zu Andromache, der Witwe Hektors, und Helenus, ihrem Mann. Beide warnen Äneas vor Skylla und Charybdis (siehe S. 166) und erklären ihm, wie er diese Meerenge meiden könne. Sie landen bei den Kyklopen (Zyklopen), werden jedoch durch einen von Ulixes' (Odysseus') Männern, der dort vergessen wurde, gewarnt und verlassen den Ort, ohne mit den einäugigen Riesen in Berührung zu kommen. Im Auftrag Iunos (Hera) durch einen von Aeolus (Aiolos) entfesselten Sturm beinahe versenkt, gelangen sie nach Sizilien. Dort stirbt Anchises, erschöpft von der Reise. Auf der Suche nach einem Ort, an dem sie sich niederlassen können, gelangen sie ins nordafrikanische Karthago, der prachtvollen, von Königin Dido gegründeten Stadt. Äneas und Dido, durch einen von Cupido (Eros) geschossenen Liebespfeil ins Herz getroffen, verlieben sich ineinander. Äneas vergisst über das angenehme Leben fast seine Bestimmung, doch ein Machtwort von Jupiter (Zeus) erinnert ihn daran, erneut aufzubrechen und im Norden ein neues Reich zu gründen.

Äneas gehorcht und segelt nach Campanien, nach dem westlich von Neapel gelegenen Cumae, wo die Stimme Apollos (Apollons), die berühmte cumäische Sibylle, eine Prophetin, ihm den Weg in die Unterwelt weisen soll, damit er dort seinen Vater nach seinem weiteren Schicksal befragen könne.

Mit Hilfe eines goldenen Zweigs lässt ihn Proserpina (Persephone) in den Hades. In den elysischen Gefilden gelingt es ihm, Anchises zu finden, der ihm die Zukunft des Römischen Reiches glanzvoll ausmalt und ihm erklärt, wie er all die Prüfungen, die er noch vor sich hat, überstehen könne. Zurück auf der Erde lässt Äneas Segel setzen, es geht nach Latium, den Teil Italiens, den Anchises ihm als Siedlungsort genannt hatte.

> ### Vergil
> *Publius Vergilius Maro, (70–19 v. Chr.) war neben Horaz der bedeutendste römische Dichter zur Zeit des Übergangs von der Römischen Republik zum Kaiserreich. Mit der Äneis, seinem großen Epos in 10000 Versen, gab er seinem Land einen Helden, seinem Volk einen Stammvater, seinem Herrscher, dem Kaiser Augustus, der den Anstoß zu dem Werk gegeben haben soll, einen mythischen Ahnherrn, der zudem, als Sohn der Venus, halb göttlicher Herkunft war. Daneben dichtete er die zehn Eklogen – Hirtengedichte, die er zum Teil in Arkadien, einer Landschaft im mittleren Peloponnes, ansiedelte. Sie zeichnen ein idyllisches Bild von der Welt des alten Griechenland, das sich bis in unsere Zeit hielt.*

Der italienische Barockmaler Pompeo Girolamo Batoni (1708-1787) setzte die Flucht des Äneas mit Vater und Sohn vor der Kulisse des brennenden Troja um die Mitte des 18. Jh. eindrucksvoll in Szene.

Stammvater der Römer
Ein Trojaner in Italien

Als Äneas und seine Gefährten am Tiber, einem Fluss in Latium, ankommen, sind sie sehr hungrig. Sogar die flachen Brotkuchen, auf denen sie ihre Mahlzeit einnehmen, essen sie mit. Da bemerken sie, dass sie am Ziel ihrer Reise angekommen sind. Kelaino, die Führerin der Harpyien, die sie unterwegs belästigt hatten, hatte ihnen prophezeit, dass dort, wo sie vor Hunger sogar die Tische mitessen würden, ihre neue Heimat sei.

Äneas macht sich einen Feind

Sie sind willkommen, der König Latiums, Latinus, begrüßt sie nicht nur, sondern bietet Äneas gleich auch noch die Hand seiner Tochter Lavinia an. Ein Orakel hatte ihn davor gewarnt, für sie einen Mann aus der Gegend zu wählen. Turnus, der König der benachbarten Rutuler, hat das Nachsehen, ihm war Lavinia zuvor versprochen. Aufgehetzt von der durch Iuno (Hera) geschickten Furie (Erinnye) Alekto, erklärt Turnus den Fremden den Krieg. Er sucht und findet Verbündete, eine Streitmacht formiert sich gegen Äneas. Dem erscheint im Schlaf der Flussgott des Tibers, befiehlt ihm, sich flussaufwärts zu begeben, wo König Euander über eine winzige Stadt herrsche, die dereinst als Rom die Metropole der Welt werden würde. Der König, ein Grieche wie Äneas, wäre bereit, ihm zu helfen. Genauso kommt es und Euander rät seinem Besucher, sich auch noch mit den Etruskern, einem mächtigen Volk auf der anderen Seite des Tibers, zu verbünden. Zwischenzeitlich geraten die Trojaner in ihrem Lager ziemlich unter Druck, Turnus greift sie fortlaufend an. Sie sind hoffnungslos unterlegen. Ein Versuch, Hilfe zu holen, scheitert zunächst, doch dann kommt Äneas und befreit das Lager. Nun folgt Schlacht auf Schlacht, zahllose Helden fallen, Ströme von Blut fließen, es ist ein Gemetzel wie einst in Troja. Alle Feinde der Trojaner finden den Tod, auch viele ihrer Verbündeten lassen ihr Leben. Schließlich vereinbaren sie einen Zweikampf zwischen Turnus und Äneas, um den Streit zu entscheiden. Äneas, inzwischen mehr Gott als Mensch, von Vergil als „hoch wie der Athosberg und breit wie der Appenin" beschrieben, lässt seinem Gegner keine Chance.

Mit dem Tod des Turnus endet die Äneis. Der Dichter lässt noch durchblicken, dass Äneas und Lavinia heiraten und gemeinsam das Geschlecht der Römer begründen. Der Trojaner passt sich Sprache und Sitten der Italer an und gründet eine neue Stadt, Lavinium. Sein Sohn Ascanius wiederum gründet dreißig Jahre später gemäß einer Prophezeiung an der Stelle, an der Äneas eine mächtige weiße Sau mit dreißig Ferkeln begegnet war, Alba Longa, die „Große Weiße", die zur Mutterstadt Roms werden sollte.

Romulus und Remus

Die Geschichte der mythischen Gründer Roms wurzelt in der griechischen Mythologie. Sie sind die Söhne der Rhea Silvia, dem einzigen Kind des Numitor, eines Nachkommen des Äneas und Königs von Alba Longa. Dessen Bruder, Amulius, der Numitor vom Thron verdrängte, zwang Rhea Silvia als Vestalin Jungfrau zu bleiben, doch sie wurde von Mars (Ares) geschwängert. Amulius ließ ihre Zwillingssöhne auf dem Tiber aussetzen. Das Brett mit deren Wiege verfing sich, und eine Wölfin und ein Specht, die heiligen Tiere des Mars, kamen herbei, um für die Kleinen zu sorgen. Sie wurden von einem Hirten aufgezogen und später durch Zufall von ihrem Großvater Numitor wiedererkannt. Mit 18 Jahren beschlossen sie, eine eigene Stadt zu gründen, nahe der Stelle, wo man sie einst ausgesetzt hatte. Romulus markierte die Grenzen, geriet darüber mit Remus in Streit und erschlug ihn. Man schrieb, so die Sage, den 21. April 753 v. Chr. – der Tag wird noch heute als Geburtstag Roms gefeiert.

Als Ahnherr und Stammvater der Römer hielt die Figur des Äneas Einzug in die bildende Kunst Roms. Die Wandmalerei aus Pompeji (1. Jh. n. Chr.) zeigt den verwundeten Äneas zwischen Venus uns Ascanius.

Mord und Blutschande
König Ödipus

Laios, ein Urenkel des Kadmos (siehe S. 40), und Iokaste herrschten über Theben. Als sie erkannten, dass sie keine Kinder haben konnten, befragte Laios das Orakel in Delphi. Statt eines Rats erhielt er eine Warnung: Sein eigener Sohn würde ihn töten. Der König hielt sich künftig von Iokaste fern, bis er sie im Rausch doch schwängerte. Den Sohn, den sie daraufhin gebar, nahm er ihr weg, durchbohrte seine Füße, um ihn zu schwächen, und befahl einem Hirten, ihn weit entfernt auszusetzen.

Prinz „Schwellfuß"

Der hatte Mitleid und gab das Kind einem anderen Hirten, der es „Ödipus" (dt. „Schwellfuß") nannte und zu seinem Herrn, König Polybos von Korinth, brachte. Er und seine Frau Merope waren kinderlos und nahmen den Kleinen mit Freuden auf. Ödipus wuchs heran. An seinem achtzehnten Geburtstag hörte er, wie ein Betrunkener ihn als uneheliches Kind verspottete. Da seine Pflegeeltern nicht zu einer klaren Auskunft bereit waren, wandte er sich an das Orakel in Delphi. Dort erhielt er zwar keine Klarheit über seine Abstammung, aber die Prophezeiung, er werde, falls er in seine Vaterstadt zurückkehre, seinen Vater töten und seine Mutter heiraten.

Vatermord

Nach dieser Voraussage wollte Ödipus natürlich nicht mehr nach Korinth zurück. Der Zufall wählte für ihn eine andere Richtung, ausgerechnet die Straße nach Theben. An einer engen Wegstelle traf er auf den Wagen eines noblen Mannes. Ödipus wich nicht schnell genug aus und musste darum Prügel einstecken. Darüber wurde er wütend und erschlug den Wagenlenker und seinen Passagier, nur ein Knecht konnte entkommen. In Theben angekommen, fand er die Stadt in Aufruhr: Die Bürger hatten gerade von dessen Knecht erfahren, dass König Laios auf dem Weg nach Delphi ermordet worden war. Er hatte das Orakel nach der Sphinx befragen wollen. Dieses schreckliche geflügelte Wesen mit dem Kopf einer Frau auf dem Körper eines Löwen hatte sich in Theben eingenistet und fraß jeden, der vorbei ging und ein von ihr gestelltes Rätsel nicht lösen konnte. Kreon, der Regent, versprach dem, der die Stadt von dem Ungeheuer befreien würde, die Hand seiner Schwester, der Königin Iokaste. Ödipus stellte sich mutig dem Ungeheuer und beantwortete seine Frage. Die Sphinx wurde wütend und stürzte sich von einem Felsen. Ödipus hatte Theben befreit und heiratete Iokaste.

Nun war er mit seiner Mutter vermählt und herrschte an der Stelle seines Vaters, den er ermordet hatte, auch über Theben. Er war allseits beliebt und wurde Vater zweier Söhne, Eteokles und Polyneikes, und zweier Töchter, Antigone und Ismene. Doch die Götter ließen das, was geschehen war, nicht ungesühnt und schickten ein Seuche. Das Land, Frauen und Vieh wurden unfruchtbar, nichts wurde mehr geboren. Wieder wurde das Orakel befragt, das dieses Mal zur Antwort gab, dass die Seuche verschwinde, wenn der Mord an Laios gesühnt sei, wenn der Mörder, der noch immer unter den Thebanern lebe, vertrieben sei. Zur Sicherheit befragte man den Seher Teiresias, der das nicht nur bestätigte, sondern auch den Namen des Mörders nannte: Ödipus.

> **Ödipuskomplex**
>
> *Der Begründer der Psychoanalyse, Siegmund Freud (1856-1939), fand im Mythos von Ödipus die Vorlage zu seiner Theorie, nach der jedes männliche Kind im Laufe seiner Entwicklung eine „ödipale Phase" durchläuft, in der es die eigene Mutter begehrt und den Vater hasst, ihn loswerden will, um die Mutter für sich alleine zu haben. Verharrt der Erwachsene immer noch in dieser Phase, spricht man von einem Ödipuskomplex.*

Ödipus befreit Theben, indem er die Sphinx besiegt und erfüllt damit den Orakelspruch. Jean-Auguste-Dominique Ingres (1780-1867) malte „Ödipus und die Sphinx" im Jahr 1808.

Eine griechische Tragödie
Ödipus auf Kolonos

Die Anschuldigungen von Teiresias konnte Ödipus nicht glauben, er der Mörder seines Vaters? Der Mann seiner Mutter? Er dachte an eine Verschwörung mit Kreon als Strippenzieher, jedenfalls wollte er nur zu gerne daran glauben. Als Nächstes glichen Iokaste und Ödipus ab, was sie wussten. Iokaste berichtete vom einstigen Spruch des Orakels, nahm es als Beispiel dafür, wie es sich irren könne, denn schließlich sei Laios ja nicht von seinem Sohn, sondern von Räubern ermordet worden. Ödipus Zweifel wuchsen. Als Iokaste ihm dann noch ihren toten Mann beschrieb, wurde es ihm immer klarer. Trotzdem klammerten sich beide noch an die Version, Laios sei von mehreren Männern getötet worden.

Selbstverstümmelung

Zur selben Zeit starb in Korinth hochbetagt König Polybos. Ein Bote wurde nach Theben geschickt, denn man dachte, Ödipus sei als sein Sohn der Erbe. Der jedoch lehnte ab, wollte nicht, denn es lebte dort ja noch seine Mutter. Der Bote, es war der korinthische Hirte, der den kleinen Ödipus einst zu Polybos brachte, beruhigte ihn und erzählte ihm die ganze Geschichte. Als er von dem thebanischen Hirten berichtete, der ihn ihm einst übergab, war Ödipus alles klar, mit einem Wahnsinnsschrei stürzte er aus dem Palast. Das Orakel hatte sich also bereits erfüllt. Er rannte durch die Stadt und bat ihre Bürger ihn zu töten. Dann lief er wieder zurück zum Palast und fand seine Mutter und Frau erhängt über ihrem Bett. Er nahm sie ab und stach sich mit ihren Spangen die Augen aus, später verfluchte er noch seine Söhne.

Als Bettler unterwegs

Kreon versuchte, ihn in Theben zu halten, doch der blinde Ödipus verließ die Stadt und zog mit Antigone, seiner älteren Tochter, durch Griechenland. Indessen stritten sich seine Söhne Polyneikes und Eteokles um die Nachfolge auf dem Thron. Polyneikes wurde aus der Stadt gedrängt und sammelte ein großes Heer, um sie zurückzuerobern. Ein erneuter Orakelspruch besagte, dass der von beiden gewinnen werde, der Ödipus auf seiner Seite habe. Kreon versuchte nun Antigone und Ismene zu entführen, um ihren Vater zu erpressen. Der aber stand inzwischen unter dem Schutz des Theseus, dem Herrscher Athens, und hielt sich im heiligen Hain der Rachegöttinnen in Kolonos auf, wo es ihm bestimmt war zu sterben. Theseus vertrieb Kreons Leute. Auch Polyneikes startete einen Versuch, seinen Vater auf seine Seite zu ziehen, und besuchte ihn persönlich. Der aber verfluchte ihn wegen des Bruderkampfs erneut und weigerte sich, ihn zu begleiten.

Theseus hatte sich zu Ödipus gesetzt und nach neuen Gewändern für ihn schicken lassen. Sie plauderten noch ein bisschen, dann zog er sich um und nahm Abschied von allen. Er bat Theseus noch darum, Antigone und Ismene eine glückliche Heimreise zu ermöglichen, dann ging er zurück in den Hain der Erinnyen. Lautlos öffnete sich dort ein Eingang zur Unterwelt, er trat ein und verschwand, hinter ihm schloss sich die Erde.

Sophokles

Sophokles, um 496 v. Chr. geboren, war Schauspieler und wiederholt in hohen Staatsämtern tätig. Er führte einen dritten Schauspieler in die Tragödie ein, vergrößerte den Chor auf 15 Personen (vorher 12) und löste das einzelne Stück noch stärker aus der damals üblichen Trilogie heraus als sein Vorläufer Aischylos. Von über 100 Stücken, die er in seinem langen Leben schrieb, sind sieben vollständig erhalten, darunter Antigone, Elektra, König Ödipus und Ödipus auf Kolonos. Er starb 406/405 in Athen.

Der blinde Ödipus mit seiner Tochter Antigone im Hain der Eumeniden in Kolonos. Johann Peter Krafft (1780-1856), 1809.

Bruderkampf um die Macht
Sieben gegen Theben

Der Kampf des Ödipus-Sohnes Polyneikes um den Thron von Theben bildet das Zentrum des thebanischen Sagenzyklus, einer Sammlung von vier altgriechischen Epen, die die Geschichte der Stadt Theben im mittelgriechischen Boötien behandelten. Sie sind zwar alle verloren, doch dienten sie als Grundlage für die Tragödien des Aischylos, Sophokles und Euripides über die dramatischen Vorgänge in dieser einst bedeutenden Stadt, über Ödipus, Antigone und ihre Brüder.

Polyneikes sucht Verbündete

Dem Marsch der Sieben gegen Theben war eine Vereinbarung vorausgegangen. Die Söhne des Ödipus, Eteokles und Polyneikes, hatten sich darauf geeinigt, im jährlichen Wechsel den Thron der Stadt zu besteigen. Eteokles sollte beginnen. Als nun die Zeit für den Tausch gekommen war, machte er jedoch keine Anzeichen, seinen Platz zu räumen. Polyneikes suchte daraufhin Unterstützung in Argos, bei König Adrastos. Der gewährte sie, sammelt ein Heer und gab ihm die Hand seiner Tochter Argeia. Neben Polyneikes nahmen sieben Männer als Anführer teil: Adrastos, Tydeus, Kapaneus, Eteoklos, Hippomedon, Parthenopaios und Amphiaraos. Er war der Einzige, der, mit prophetischer Gabe ausgestattet, wusste, dass außer Adrastos keiner von ihnen zurückkehren würde, und versteckte sich darum zuerst, wurde aber von seiner durch Polyneikes mit dem Halsband der Harmonia (siehe S. 40) bestochenen Gemahlin verraten.

Auf dem Weg nach Theben verschulden die Sieben unabsichtlich den Tod des kleinen Opheltes, eines Sohnes des Königs von Nemea. Amphiaraos deutet dies als Hinweis auf ihr eigenes Schicksal. Aber zuerst geht alles gut, Tydeus kann sich sogar, von einem Vermittlungsversuch in Theben zurückkehrend, aus einem Hinterhalt befreien und tötet dabei gleich 49 Soldaten. Doch auch die Thebaner sind hoch motiviert, denn Teiresias (siehe S. 180) hatte ihnen den Sieg versprochen, wenn sich ein keuscher Abkömmling der „Gesäten Männer", der Stammväter Thebens, für die Stadt opfere – Menoikeus, der Sohn Kreons, war bereit und stürzte sich von den Mauern.

Der Kampf tobte wild, jeder der sieben Anführer versuchte eines der sieben Tore der Stadt zu erobern. Die Brüder, Eteokles und Polyneikes, starben im Zweikampf, auch alle anderen kamen um, Amphiaraos wurde von der Erde verschlungen. Nur Adrastos gelang die Flucht auf seinem göttlichen Pferd Areion. Theben war gerettet. Kreon, der Onkel der verfeindeten Brüder, wurde zum Herrscher der Stadt und verbot, die Feinde würdig zu bestatten. Antigone, davon betroffen, da dieser Befehl auch ihren Bruder Polyneikes betraf, wehrte sich dagegen und wurde damit zum Anlass für eine weitere Tragödie (siehe S. 180).

Epigonen
Nachahmer von Künstlern oder Wissenschaftlern werden im Deutschen als Epigonen bezeichnet, dabei waren die ersten „Nachgeborenen", so die Bedeutung des griechischen Worts, sehr erfolgreiche Söhne ihrer Väter. Es waren die Söhne der Sieben gegen Theben, die zehn Jahre nach deren vergeblichen Versuch, die Stadt zu erobern, auf einen Rat des Delphischen Orakels hin, auszogen, ihre Väter zu rächen. Ihr Anführer war Alkmeon, der Sohn des Amphiaraos, die anderen hießen Diomedes, Sthenelos, Euryalos, Promachos, Thersandros, Amphilochos und Aigialeus, der Sohn des Adrastos, der, so wie sein Vater der Einzige war, der den ursprünglichen Feldzug überlebte, nun als Einziger sterben sollte. Es gelang ihnen, die Thebaner zu schlagen. Auch der Sohn des Eteokles, Laodamas, fiel dabei im Kampf und, im Sinne ausgleichender Gerechtigkeit, Thersandros, Sohn des Polyneikes, wurde zum König.

Antigone wehrt sich gegen die dem Vater versagte würdige Bestattung, woraufhin sie von den Soldaten Kreons verhaftet wird, Kupferstich, um 1640.

Kampf um Theben
Antigone, die Rebellin

Antigone, die ältere Tochter des Ödipus und der Iokaste, war, ebenso wie ihre Schwester Ismene, bei ihrem Vater, als er in Kolonos bei Athen starb. Noch vor seinem Tode hatte der blinde König dafür gesorgt, dass seine beiden Töchter gefahrlos nach Theben zurückkehren konnten – der König von Athen, Theseus, hatte dabei seine Hilfe angeboten.

In Theben tobte der Krieg, die beiden Söhne des Ödipus, Eteokles und Polyneikes, kämpften gegeneinander. Eigentlich wollten sie sich in der Herrschaft über die Stadt jährlich abwechseln, doch Eteokles, der als Erster an der Reihe war, dachte gar nicht daran, seinen Thron jemals wieder zu räumen. Der Kampf zwischen den Thebanern und den Argivern, die Polyneikes' Verbündete waren, tobte hin und her, am Ende entschied man, dass ein Zweikampf zwischen den Brüdern die Entscheidung bringen sollte – doch fielen sie dabei beide. Im Sterben wünschte sich Polyneikes, in heimatlicher Erde begraben zu werden, doch Kreon, sein Onkel, der neue Machthaber von Theben, verweigerte ihm dies, er, der Rebell, sollte langsam in der Sonne verfaulen. Und nicht nur das: Jeder, der versuche, dem zuwider zu handeln, sollte mit dem Tode bestraft werden.

Gewaltloser Widerstand

Eine unerhörte Anordnung, verstieß Kreon doch damit gegen ältestes Recht, das Recht auf eine würdige Behandlung nach dem Tode. Doch keiner traute sich, den Anweisungen Kreons zu widersprechen. Keiner? Antigone, die beide Brüder gleichermaßen geliebt hatte, konnte dieses Unrecht nicht auf sich beruhen lassen. Sie versuchte ihre Schwester Ismene dazu zu bewegen, ihr behilflich zu sein, doch sie war zu ängstlich. So zog Antigone alleine oder mit Hilfe Argeias, der Witwe des Toten, den Leichnam Polyneikes auf den noch glimmenden Scheiterhaufen des Eteokles oder, wie andere meinen, streute drei Handvoll Erde über den Leichnam und gewährte ihm so ein symbolisches Begräbnis. Jedenfalls wurde sie dabei gesehen und wegen Ungehorsams zum Tode verurteilt. Es kam noch zum Rededuell, denn Kreons Sohn Haimon, der Verlobte Antigones, versuchte mit geschmeidiger Zunge und auf die Meinung des Volkes hinweisend, seinen Vater noch umzustimmen. Doch Kreon pochte auf seinen Befehl, sah in Haimons Argumenten nur Auflehnung, nannte ihn vor Liebe blind und blieb bei seinem Urteil.

Da Kreon sich nicht die Hände mit Verwandtenblut schmutzig machen wollte, ließ er Antigone in einer Höhle einmauern, nicht ohne ihr einen Vorrat an Wasser und Brot mitzugeben. Kurze Zeit später erschien der thebanische Seher Teiresias bei Kreon. Er beschuldigte ihn schwerer Verstöße gegen göttliches Recht und forderte, Antigone zu befreien. Gegen so viel moralische Autorität war selbst der starrköpfige Kreon nicht gefeit. Doch es war zu spät: Antigone hatte sich bereits erhängt. Haimon verfluchte daraufhin seinen Vater und erdolchte nicht ihn, sondern sich selbst.

Teiresias

Der Sohn eines Thebaners und einer Nymphe tötete einmal ein Schlangenweibchen während der Kopulation und verwandelte sich daraufhin in eine Frau. Sieben Jahre später geschah das Umgekehrte, und er verwandelte sich wieder in einen Mann. Da er das einzige Wesen war, das darüber urteilen konnte, ob Mann oder Frau den gleichen Liebesgenuss empfinden, konsultierten ihn Zeus und Hera in dieser Frage. Teiresias widersprach Hera, die meinte, der Mann sei im Vorteil, und wurde dafür von ihr mit Blindheit geschlagen. Zum Ausgleich schenkte ihm Zeus die Gabe der niemals irrenden Weissagung. Als bedeutender Seher spielte er besonders in den thebanischen Sagen und in der Odyssee eine Rolle.

Sophokles machte sie mit seiner gleichnamigen Tragödie unsterblich: Antigone, von Giuseppe Diotti (1779-1846).

Eine Fehde zwischen zwei Brüdern
Atreus

Pelops (siehe S. 78) hatte Atreus und Thyestes, seine Söhne, verflucht und sie aus seinem Land getrieben, da sie ihren Stiefbruder Chrysippos, seinen Lieblingssohn, ermordet hatten. Sie gingen zu ihrem Schwager Sthenelos, dem König von Mykene, der ihnen die Herrschaft über die Stadt Midea gab. Atreus heiratete Aerope, die einst als Sklavin zu ihm kam, und sie gebar ihm zwei Söhne (siehe Kasten). Sie verliebte sich in ihren Schwager und half ihm dabei, den Thron von Mykene zu gewinnen, denn sie verschaffte ihm ein goldenes Lammfell, das dem Atreus gehörte. Als König Sthenelos gestorben war, gebot das Orakel von Delphi, dass einer der Herrn von Midea zum Nachfolger werden sollte. Thyestes schlug vor, derjenige solle es sein, der ein goldenes Lammfell in seinem Besitz habe. Atreus stimmte zu, er hatte den Diebstahl noch nicht bemerkt, und sein Bruder, der das Fell vorzeigen konnte, wurde zum König.

König von Mykene

Mit der Hilfe der Götter gelang es Atreus aber später doch noch König zu werden. Er wettete mit Thyestes, er könne den Lauf der Sonne ändern, und wenn er gewänne, stünde ihm der Thron zu. Zeus bewirkte, dass die Sonne einmal im Osten unterging, Thyestes räumte den Thron und ging ins Exil. Irgendwie gelang es ihm, Atreus' Sohn Pleisthenes mit sich zu nehmen und als sein eigenes Kind aufzuziehen. Als er erwachsen war, schickte er ihn nach Mykene zurück, um an Atreus Rache zu üben. Der wurde gewarnt, kam ihm zuvor und merkte erst zu spät, dass es sein eigener Sohn war.

Kannibalismus, Inzest und Brudermord

Scheinbar um die Feindschaft zu begraben, lud Atreus Thyestes mitsamt seinen drei Söhnen nach Mykene ein. Er schlachtete sie heimlich und setzte sie dem Vater vor. Danach offenbarte ihm Atreus seine Tat, zeigte ihm deren Hände und Füße und schickte seinen Bruder, der ihn verfluchte, erneut ins Exil. Dort erhielt Thyestes einen Orakelspruch, dass ihn ein Sohn, den er mit seiner eigenen Tochter Pelopia zeugen müsse, rächen würde – Thyestes tat, wie ihm geheißen. Atreus traf auf die frisch Geschwängerte an einem anderen Hofe, der dortige König gab sie für seine eigene Tochter aus, er verliebte sich und heiratete sie. Atreus hielt Ägisth, den Knaben, dem sie das Leben schenkte, für seinen eigenen Sohn. Als er erwachsen war, schickte er ihn zu Thyestes, um ihn zu ermorden. Zufälligerweise erkannten sich Vater und Sohn und kehrten den Spieß um: Ägisth wurde nun von Thyestes zu Atreus gesandt, erstach ihn und rächte so seinen Vater.

Die Atriden

Als die Atriden werden zwei der Söhne des Atreus bezeichnet, Agamemnon und Menelaos. Sie verjagten mit Hilfe von Tyndareos, des Königs von Sparta, die Mörder ihres Vaters, Thyestes und Ägisth, und heirateten Tyndareos' Tochter Klytämnestra bzw. deren Halbschwester Helena. Agamemnon wurde Vater von Chrysothemis, Elektra, Iphigenie und Orestes, Menelaos von Hermione. In dem durch den Raub der Helena ausgelösten Krieg gegen Troja kämpften die Brüder Seite an Seite. Aufgrund der Opferung seiner Tochter Iphigenie, um günstigen Fahrtwind zu erlangen, half Klytämnestra dem Ägisth, der während der Abwesenheit Agamemnons ihr Liebhaber geworden war, bei der Ermordung ihres Mannes, als dieser aus Troja zurückkehrte. Menelaos, der den Thron von Sparta geerbt hatte, konnte auf seinem Rückweg aus Troja seinen Neffen Orestes, der gerade an seiner Mutter und ihrem Geliebten den Mord an Agamemnon gerächt hatte, vor dem Todesurteil bewahren. Nach ihrem Tod kamen beide, Menelaos und Helena, in den paradiesischsten Teil der Unterwelt, auf die Elysischen Felder.

Mythos und Wirklichkeit: Eingang zum sogenannten Schatzhaus des Atreus in Mykene, erbaut um 1250 v. Chr.

Rache ist süß
Orestes und Elektra

Das Schicksal von Orestes und Elektra, mit dem Mord an Agamemnon, der Trauer der Elektra, der Blutrache des Orestes, dem Wahnsinn und Freispruch des Muttermörders, bot viel Stoff für große Tragödien. Die einzig vollständig erhaltene tragische Trilogie der Griechen, die „Oresteia" des Aischylos, berichtet ebenso davon, wie der „Orestes" des Euripides. In drei Werken spielt Elektra die Hauptrolle: in den nach ihr benannten Tragödien des Euripides und des Sophokles sowie den „Choephoren" des Aischylos.

Ägisth, der Liebhaber der Klytämnestra und Mittäter beim Mord an ihrem Mann Agamemnon, hätte sicherlich, um den Fluch seines Vaters Thyestes zu erfüllen, auch dessen einzigen Sohn Orestes umgebracht, wenn er seiner habhaft geworden wäre, doch seine Schwester Elektra hatte ihn bereits nach Phokis bringen lassen, wo er den Schutz des Königs Strophios, seines Onkels, genoss. Als Mädchen hatte sie selbst nichts zu befürchten, trotzdem machte ihr Ägisth das Leben schwer. Sie träumte von Gerechtigkeit, von Rache an ihm und an ihrer Mutter.

Jahre später. Auch Orestes dachte an Rache, war aber hin- und hergerissen zwischen der Pflicht, den Tod seines Vaters zu sühnen, und der Schmach, die es gleichzeitig bedeuten würde, denn er würde dann auch seine Mutter töten müssen. Helfen konnte nur das Delphische Orakel. Dessen Anweisungen waren deutlich: „Töte die beiden, welche getötet", sprach die Pythia zu ihm. Also fuhr er nach Mykene, Pylades, sein Freund und Vetter, begleitete ihn. Dort, am Grab des Vaters betend, sah er seine Schwester wieder, vor Rührung hielten sie sich im Arm. Dann fassten sie einen Plan: Pylades und Orestes sollten zum Palast gehen, um dort mit der Nachricht, Orestes sei tot, bis zum Herrscherpaar vorgelassen zu werden, der Rest war eindeutig. Es war dann allerdings doch schwieriger als erwartet, besonders Klytämnestra appellierte an seine Gefühle. Doch Orestes musste dem Orakelspruch schließlich gehorchen.

Die einen sagen, er sei mit Elektra direkt nach der Tat in Mykene zum Tode verurteilt worden und nur der zufällige Besuch seines Onkels Menelaos habe ihn gerettet. Nach einer anderen Version schlugen ihn die Erinnyen mit Wahnsinn. Von unsichtbaren Geistern verfolgt wanderte er durch viele Länder, bis er nach einigen Jahren wieder in die Heimat kam. Dann begab er sich nach Athen, um sich dem Areopag, dem Obersten Gericht, zu stellen. Die Erinnyen waren seine Ankläger, Apollon sein Verteidiger, den Vorsitz führte Athene. Die Stimmen der Geschworenen waren ausgeglichen, Athene entschied schließlich für ihn. Der Grund: ein Vater besitze Vorrang vor einer Mutter.

Wieder vereint

Als Nächstes reiste Orestes nach Tauris und kehrte von dort mit seiner tot geglaubten Schwester Iphigenie zurück. Wieder in Griechenland angekommen, heiratete Pylades seine Kusine Elektra. Orestes war nun König von Mykene und Argos. Er heiratete Menelaos' Tochter Hermione und wurde, als sein Schwiegervater und Onkel das Zeitliche segnete, auch König von Sparta.

> *Aischylos*
>
> *Aischylos wurde 525 v. Chr. in Eleusis geboren. Er nahm erstmals 500 v. Chr. an den Dionysien (siehe S. 62), dem Dichterwettbewerb Athens, teil. Bis zu seinem Lebensende konnte er hier dreizehn Mal den Sieg erringen. Von angeblich neunzig seiner Dramen sind neunundsiebzig namentlich bekannt, sieben sind vollständig erhalten, darunter die älteste griechische Tragödie „Die Perser". Mit der Einführung eines zweiten Schauspielers revolutionierte er das Theater. Er starb auf einer seiner Sizilien-Reisen 456 v. Chr. in Gela.*

Bruder und Schwester in der Trauer vereint. Orestes und Elektra am Grab des ermordeten Vaters Agamemnon. Marmorskulptur des griechischen Bildhauers Menelaos, tätig in Rom im 1. Jh. n. Chr.

Menschenopfer für Artemis
Iphigenie

Das Schicksal der Iphigenie wird in zwei in einem wesentlichen Punkt abweichenden Versionen erzählt, in der einen wird sie geopfert, in der anderen entgeht sie dem Opfer, bereitet dann aber selbst Menschenopfer vor. Beide Varianten zeigen die Grausamkeit dieses alten Rituals, das den Griechen verabscheuungswürdig erschien.

Die Opferung der Iphigenie

Agamemnon sammelte in Aulis an der Küste der Insel Euböa ein Heer, mit dem er nach Troja segeln wollte. Fast 1200 Schiffe sollen es gewesen sein, das berichtet Homer, der von den folgenden Geschehnissen jedoch nichts wusste. Sie warteten auf günstige Bedingungen, doch Artemis sandte nur Gegenwind. Sie war beleidigt oder verärgert, den genauen Grund kennt man nicht. Der Seher Kalchas prophezeite den Griechen, dass sich das erst ändere, wenn man der Göttin ein Opfer spende; nicht irgendeines, sondern Iphigenie, die Tochter Agamemnons musste es sein. Schweren Herzens ließ der Heerführer nach ihr schicken. Er benutzte eine List, damit seine Gattin Klytämnestra sie gehen ließ, sagte, man wolle sie mit Achilles vermählen. So machte sich das Mädchen auf den Weg nach Aulis und wurde tatsächlich geopfert. Der Mord Klytämnestras an Agamemnon nach dessen Heimkehr wird, nach dieser Version, darum nicht als Verbrechen aus Leidenschaft, sondern als Rache für die Opferung der Tochter gedeutet.

Die andere Version spricht davon, dass es Artemis zu sehen genügte, dass die Griechen zu allem entschlossen waren. Sie entführte Iphigenie in dem Moment, als der Priester den Arm erhob, zu den Taurern und legte ihm stattdessen eine Hirschkuh mit durchschnittener Kehle auf den Altar. Dort, auf der Krim, diente Iphigenie der Göttin als Priesterin in einem Tempel, in dem ihr nach barbarischer Sitte Menschenopfer dargebracht wurden. Alle Fremden, die das Land der Taurer besuchten, waren dafür vorgesehen. Iphigenies Aufgabe war es, sie auf die heilige Handlung vorzubereiten.

Nach Jahren kam Iphigenies Bruder Orestes (siehe S. 184) zu den Taurern, er war noch immer von den Erinnyen mit Wahnsinn geschlagen. Das Orakel hatte ihm jedoch die Heilung versprochen, wenn er aus dem dortigen Artemistempel das Götterstandbild raube und nach Attika bringe. Es war gefährlich, darum kam er auch nicht alleine, sondern hatte seinen Freund Pylades dabei. Sie wurden gefangen und Iphigenie als Opfer übergeben. Sie erkannte ihren Bruder, und um ihn zu retten, griff sie zu einer List: Sie überzeugte Thoas, den König der Taurer, von der Unreinheit der beiden Griechen und behauptete, dass die Göttin ein solches Opfer nur akzeptiere, wenn vorher eine Reinigung stattfinde, an der nur sie, das Standbild der Göttin und die beiden Opfer teilnehmen dürften. So gingen die drei ans Meer und erreichten glücklich ihr Schiff. Am neuen Standort des Bildnisses in Attika verrichtete Iphigenie wieder als Priesterin ihren Dienst, Menschenopfer blieben ihr jedoch für immer erspart.

> *Euripides*
>
> *Euripides ist der jüngste der drei großen griechischen Tragödiendichter. Er wurde um 480 v. Chr. auf Salamis geboren. Als Dichter trat er seit 455 in Erscheinung. Von 92 ihm zugeschriebenen Dramen sind 75 dem Titel nach bekannt, 19 erhalten (davon wird eines als Fälschung angesehen). Seine Werke, alle nach mythologischen Stoffen, gelten als die während der gesamten Antike am meisten aufgeführten und gelesenen, vielleicht weil er bei seinen Figuren mehr als zuvor Wert auf das Seelische legte. 408 holte ihn der makedonische König an seinen Hof in Pella, wo er schon zwei Jahre später verstarb.*

Wie eine antike Statue sitzt Anselm Feuerbachs (1829-1880) „Iphigenie" aus dem Jahr 1862 leicht verklärt und melancholisch über dem Meer.

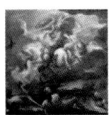

Außer Kontrolle
Phaeton, Sohn des Sonnengotts

Phaeton war ein Sohn des Sonnengotts Helios und der Okeanide Klymene. Er wuchs in Ägypten auf. Sein Ende begann mit einer Neckerei, denn Epaphos, sein Jugendfreund, Sohn des Zeus und der Io (siehe S. 82), behauptete, er sei gar nicht seines Vaters Sohn. Voller Zweifel trat er daraufhin seiner Mutter gegenüber, die ihm den Rat gab, wenn er die Wahrheit wissen wolle, solle er doch Helios selbst fragen.

Nach einer langen Reise, stets in Richtung Osten, gelangte er zum Palast des Sonnengotts, wo ihn, so schien es, Helios bereits erwartete. Er versprach Phaeton, ihm jeden Wunsch zu erfüllen, damit er sich sicher sein könne, dass er sein Vater sei. Er hatte beim Styx geschworen, so dass er es nicht ablehnen konnte, als Phaeton sich wünschte, einen Tag seine Stelle einnehmen und den Sonnenwagen über den Himmel lenken zu dürfen. Helios musste seinen Sohn gewähren lassen. Er warnte Phaeton noch, machte ihn auf die Gefahren aufmerksam, die ihn am Himmel erwarteten: die Sternbilder, die ihn vom Weg abdrängen würden, die enorme Höhe und den steilen Abstieg, dann wurden die vier Feuer speienden Pferde eingespannt, und Phaeton stieg auf.

Die Morgenröte hatte ihren Schimmer bereits ausgebreitet, die Sterne verließen den Himmel, Eosphoros, der Morgenstern, wurde schon blass. Es galt keine Zeit zu verlieren. Er fuhr überstürzt los und fühlte sich wie ein König, nein, wie ein Gott. Alles wirkte so leicht, der Fahrtwind brauste um seine Ohren. Doch schon bald zeigte sich, warum es selbst Zeus nicht erlaubt war, den Wagen zu steuern: Die Rosse gingen ihm durch, sie fühlten die schwächere Hand. Sie schrammten an Skorpion und Krebs vorbei, dann verlor Phaeton die Zügel. Der Sonnenwagen verließ nun ganz seine Bahn und näherte sich bedenklich der Erde. Sie setzten die ganze Welt in Brand. Zuerst säten sie Feuer auf dem Parnass und dem Olymp, den höchsten der griechischen Gipfel, dann sorgten sie dafür, dass Flüsse verschwanden, sogar der Nil zog sich wegen der Hitze zurück – seine Quellen blieben Jahrhunderte verborgen. Die Menschen hatten noch lange wegen Phaetons Wunsch zu leiden, denn die Sonne verbrannte die Erde, eine Dürre war die Folge.

Der Absturz

Als die Pferde auch noch die Haut der Äquatorbewohner versenkten, so dass sie seitdem schwarz blieb, und für die dortigen Wüsten sorgten, geriet Gaia, die Erde, in Zorn. Sie rief nach Zeus, damit der dem Treiben ein Ende bereite. Er schleuderte einen Blitz auf den Wagen. Der brach entzwei, die Pferde stürzten ins Meer, der lodernde Körper des Phaeton in den Eridanos, den heutigen Po. Die dortigen Nymphen bestatteten ihn und ließen folgende Inschrift in sein Grabmal einmeißeln: „Hier liegt Phaeton, der des Helios Wagen lenkte. Gewaltig war sein Mut und gewaltig sein Untergang." Helios war untröstlich, er hatte das Unglück kommen sehen und konnte es doch nicht verhindern. Einen vollen Tag lang regierte die Finsternis über die Erde, erst dann nahm er seine Fahrten wieder auf. Von Phaetons Schwestern heißt es, sie hätten ihren Bruder vier Monate beweint, bis sie endlich zu Pappeln, ihre in den Fluss tropfenden Tränen zu Bernstein wurden.

Schwanengesang

Kyknos, der König der Ligurer in Italien, war mit Phaeton befreundet und verwandt, es heißt sogar, er sei sein Geliebter gewesen. Als Phaeton vom Blitz getroffen in den Po stürzte, war Kyknos so über den Verlust betrübt, dass Apollon Mitleid bekam und ihn in einen Schwan verwandelte. Doch er war nicht zu beruhigen, gab noch ein paar wunderschöne Gesänge von sich und verschied. Seitdem wird das letzte Werk eines Musikers oder Dichters als „Schwanengesang" bezeichnet.

Phaeton verliert die Gewalt über den Sonnenwagen des Vaters und stürzt in den Eridanos. Luca Giordano (1634-1705).

Kampf gegen die Chimäre
Bellerophon

Bellerophon war ein Sohn von Glaukos, dem König von Korinth, und dadurch ein Enkel des listenreichen Sisyphos, der in den tiefsten Tiefen der Unterwelt schmorte (siehe S. 74). Wegen eines Totschlags musste er seine Heimat verlassen und fand Asyl bei Proitos, dem König von Tiryns. Anteia, die Königin, war ganz besonders von dem gut aussehenden Jüngling angetan und machte ihm Avancen. Der lehnte höflich ab und brachte die Geschichte damit ins Rollen: Anteia verleumdete ihn nun bei ihrem Mann, der allen Anschuldigungen Glauben schenkte. Da er das hohe Gut der Gastfreundschaft schon gar nicht durch eine Gewalttat gegenüber seinem Gast verletzen durfte, schickte er Bellerophon mit einem Brief zu seinem Schwiegervater Iobates, König von Lykien. Darin forderte er den Herrscher auf, den Überbringer des Schreibens zu töten – als Bellerophonsbrief, ein Brief, der dem Überbringer Unheil bringt, wurde er bei den Griechen sprichwörtlich.

Aber auch Iobates fühlte sich an das Zeus so heilige Gastrecht gebunden, immerhin war Bellerophon, als er den Brief endlich las, bereits zehn Tage an seinem Hof. Er wollte sich die Hände auch gar nicht selbst schmutzig machen, sondern stellte dem Helden eine Aufgabe, die auf jeden Fall tödlich für ihn enden würde. Er sollte die Chimäre besiegen, eine scheußliche Kreatur mit dem Leib einer Ziege, mindestens einem Löwenkopf und dem Schwanz einer Schlange. Sie war wie der Höllenhund Zerberus und die vielköpfige Hydra ein Produkt der Urweltschlangen Echidna und Typhon, verschlang Viehherden und setzte die Felder mit ihrem Feueratem in Brand. Anders als im üblichen Sprachgebrauch war sie kein Hirngespinst, sondern quicklebendig.

Ein geflügeltes Pferd

Bellerophon bat Poseidon und Athene um Hilfe. Auf Rat eines Sehers legte er sich am Altar der Göttin schlafen. Er träumte von goldenem Zaumzeug, erwachte und hatte den Zaum des Pegasos (siehe Kasten) in der Hand. Das geflügelte Pferd stand zum Ausritt bereit an einer Quelle. Mit seiner Hilfe stellte er die Chimäre aus der Luft und spickte sie mit Pfeilen. Der Plan des Iobates war nicht aufgegangen. Er zog seinen Gast ins Vertrauen, gab ihm seine Tochter zur Frau und schenkte ihm sein halbes Königreich. Bellerophon aber rächte sich mit Pegasos' Hilfe an Anteia, tat so, als ob er sie liebte, und nahm sie auf einen „Ausflug" mit. Hoch in der Luft stürzte er sie dann in die Tiefe. Nun wurde Bellerophon übermütig und versuchte die Götter. Er wollte bis hinauf in den Himmel reiten, um sich zu ihnen zu gesellen. Von dieser Hybris (siehe S. 102) herausgefordert, schickte Zeus eine Stechmücke, die Pegasos stach, so dass das Pferd scheute. Bellerophon stürzte tief und überlebte schwer verletzt. Als Krüppel irrte er den Rest seines Lebens durch die Welt.

Pegasos

Das geflügelte Pferd Pegasos oder Pegasus, wie es bei den Römern hieß, entsprang dem Rumpf seiner Mutter, der Medusa, nachdem ihr der Held Perseus den Kopf abgeschlagen hatte. Geschwängert worden war sie von Poseidon, der nicht nur als Gott der Meere, sondern auch der Pferde galt. Sein größtes Abenteuer bestand Pegasos mit dem korinthischen Helden Bellerophon, dem es beim Sieg gegen die Chimäre half. Das geflügelte Pferd begleitete, nachdem es den tragischen Helden verlassen hatte, vornehmlich die Musen, wurde zum „Musenross". An deren heiligen Berg Helikon schlug es mit seinen Hufen eine Quelle aus dem Fels, die „Hippokrene", Pferdequelle, genannt wurde. Wer aus ihr trank, wurde zum Dichter und „ritt", bildlich gesprochen, „den Pegasus".

„Bellerophons Auszug zum Kampf gegen die Chimäre". Bellerophon mit dem Pegasus nimmt Abschied von dem lykischen Koenig Iobates und seiner Tochter Philonoe. Alexander Andrejewitsch Iwanow (1806–1858), um 1829.

Wer wagt, verliert
Dädalus und Ikarus

Dädalus Herkunft ist umstritten, wahrscheinlich war er ein Angehöriger des athenischen Königshauses. Man hielt ihn für einen großen Erfinder, auch als Bildhauer und Baumeister war er berühmt. Sein Wissen gab er an Lehrlinge weiter, zu denen auch sein Neffe Talos gehörte. Schon mit zwölf Jahren erfand Talos die Töpferscheibe, wenig später den Zirkel. Der Anblick des Rückgrats eines Fischs inspirierte ihn zur Erfindung der Säge. Statt sich zu freuen, wurde Dädalus eifersüchtig, lockte den Knaben auf die Akropolis und stürzte ihn hinunter. Vor der drohenden Strafe floh er nach Kreta.

Dort herrschte König Minos (siehe Kasten), der begeistert war, einen so berühmten Techniker in seine Dienste zu nehmen. Sein erstes Werk war mehr als delikat. Pasiphae, die Königin, war in einen großen, weißen Stier verliebt. Sie wollte von Dädalus eine Vorrichtung, durch die sie sich dem Tier gefahrlos hingeben konnte. So baute er ihr als Kopulationshilfe eine hohle Holzkuh. Der nächste Auftrag war eine Folge davon, denn das Produkt dieser bizarren Liaison war der Minotaurus, halb Mensch, halb Stier. Minos verlangte den Bau eines Irrgartens, so verwirrend, dass keiner aus ihm herausfinden konnte, dort wollte er den Minotaurus für immer einsperren. Dädalus tat wie befohlen und baute das kretische Labyrinth (siehe S. 196).

Der Traum vom Fliegen

Ob um Minos, der immer herrischer wurde, zu entkommen oder weil er Ariadne (siehe S. 136) dabei geholfen hatte, Theseus bei der Ermordung des Minotaurus zu unterstützen, und daraufhin verfolgt wurde – jedenfalls war für Dädalus irgendwann die Zeit gekommen, von der Insel zu fliehen. Per Schiff war es unmöglich, darum konstruierte er für sich und seinen auf der Insel geborenen Sohn Ikarus Flügel, deren Federn mit Wachs verbunden waren. Er schärfte Ikarus ein, nicht zu tief übers Meer zu fliegen, damit die Gischt nicht die Flügel schwer werden ließ, und auch nicht zu hoch, um das Wachs nicht zum Schmelzen zu bringen. Der Start gelang, und bald kamen Delos und Samos in Sicht, doch was tat Ikarus: Er kannte kein Halten mehr, flog immer höher. So kam er der Sonne zu nah, stürzte ab und ertrank. Die Insel Ikaria, auf der man ihn begrub, erinnert noch heute an ihn.

Dädalus fand Zuflucht bei König Kokalos auf Sizilien. Minos suchte ihn mit einer List: Er besuchte alle Herrscher des Westens und bat sie um die Lösung eines Problems, von der er sicher war, dass nur Dädalus sie finden würde. Der Plan ging auf und Minos verlangte die Auslieferung des technisch bewanderten Gastes. Kokalos lehnte ab, lud den kretischen König aber zu sich ein. Vor dem Essen bot man ihm ein Bad an. Er wusste nicht, dass Dädalus ein spezielles Röhrensystem entworfen hatte, das kochendes Wasser in das Becken leitete. Das war sein Pech, denn daran ging er elend zugrunde. Was aus Dädalus wurde ist unbekannt, vermutlich starb er auf Sizilien.

> ### Minos
> *König Minos von Kreta war der Sohn des Zeus und der Europa. Wie seine beiden Brüder wurde auch er von dem Mann seiner Mutter, Asterios, adoptiert. Er ließ sich von Dädalus ein unterirdisches Labyrinth erbauen, in dem er den Minotaurus, einen Menschen mit Stierkopf, verstecken konnte. Ihn hatte seine Frau Pasiphae, eine Tochter des Helios, dem Stier geboren, zu dem sie, durch die Götter gelenkt, in Liebe entbrannt war. Von einem Gift, das ihm seine Frau verabreicht hatte, wurde er durch Prokris (siehe S. 100) geheilt. Eine seiner Töchter war Ariadne, sein Sohn Deukalion wurde sein Nachfolger. Die älteste Hochkultur Europas, die minoische auf Kreta (ca. 3100-1100 v. Chr.), trägt seinen Namen.*

Absturz und Tod des Übermütigen: „Sturz des Ikarus" von Carlo Saraceni (1579-1620) aus dem Jahr 1606/07.

Schlangen
Echidna, Python und die Gorgonen

Wenn es um Ungeheuer geht, sind Schlangen in der Regel nicht weit. Ihre besondere Art der Fortbewegung und des Beutemachens, ließen sie ebenso mit finsteren Mächten im Bunde stehen, wie auch ihre enge Verbindung zur Erde und damit zu den Herrschern der Unterwelt. Doch Schlangen sind nicht immer bösartig, sondern zieren auch den Stab des Götterboten Hermes und des Heilgottes Äskulap, ihm sind sie sogar heilig.

Echidna und Python

Von der Echidna („Schlange") gab es gleich mehrere Ausführungen. Sie war ein Ungeheuer mit dem wunderschönen Oberkörper einer Frau, die andere Hälfte war eine Schlange. Sie hauste in Kilikien und zeugte mit dem dort ebenfalls beheimateten Typhon (siehe S. 198) mehrere grässliche Wesen, den Höllenhund Zerberus, die Chimäre (siehe S. 190) und die lernäische Hydra (siehe S.198), auch die Sphinx und der Adler, der Prometheus peinigte, sollen zu ihrer Brut gehört haben. Beide, Echidna und Typhon, kämpften gegen Zeus und unterlagen. Auch auf der Peloponnes lauerte eine Echidna, die mit Vorliebe Reisende verspeiste. Sie soll hundert Köpfe gehabt haben. Als alle eingeschlafen waren, wurde sie von keinem anderen als dem hundertäugigen Riesen Argos (siehe S. 82) erschlagen, es liegt auf der Hand, warum gerade er dafür geeignet war.

Auch die oder der Python war eine riesenhafte Schlange. Sie war die Tochter von Gaia, der Erde, geboren nach der Deukalischen Flut. Sie lebte in einer Höhle des Parnaßgebirges und bewachte das Orakel ihrer Mutter. Als Leto einen Ort zur Geburt ihrer von Zeus empfangenen Zwillinge Apollon und Artemis suchte, wurde sie im Auftrag der Hera von der Python fast um die ganze Welt verfolgt, bis es ihr endlich gelang, in Delos niederzukommen. Gerade geboren, erlegte Apollon die Python mit seinen Pfeilen und ließ sie in der Sonne verfaulen. Er übernahm das Orakel, das man bald Delphi nannte, die Priesterin aber, durch deren Mund der Gott sprach, wurde in Erinnerung an die Schlange Pythia genannt.

Gorgonen

Die Gorgonen trugen Schlangen statt Haare, auf ihren Köpfen. Es waren drei schaurige Schwestern, Töchter des alten Meeresgotts Phorkys und der Keto, die auch die Eltern der Graien, die Perseus besuchte (siehe S. 116) und der Echidna (siehe oben) waren. Sie hießen Euryale (die Weitspringende), Stheino (die Starke) und Medusa (die Herrschende). Bis auf Medusa waren sie unsterblich. Einige meinen, in der Zeit ihrer Affäre mit Poseidon hätte es Medusa an Schönheit noch mit Athene aufnehmen können. Anderen galten sie schon immer als grässliche Gestalten, mit Schlangen nicht nur in den Haaren, sondern auch an ihren Gürteln, gewaltigen Hauern statt Zähnen und Flügeln. Mit ihrem Blick konnten sie Mensch und Tier versteinern. Als Perseus der Medusa das Haupt abschlug, entsprangen ihrem Leib zwei Pferde, Pegasos und Chrysaos, Kinder des Poseidon. Auch die Schlangen Afrikas sollen ihre Nachkommen sein. Ovid behauptet, sie wären aus ihrem Blut entstanden, als Perseus mit ihrem Kopf über die Wüste flog.

> ### Das Orakel in Delphi
> *Das berühmteste Orakel der Antike war das des Apollon in Delphi. Gelegen an einem Abhang des Parnaßgebirges, verkündete hier die Pythia auf Befragen, manchmal auch spontan, die Orakelsprüche des Gottes, die dann von Priestern noch gedeutet werden mussten. Sie saß dabei an einer Erdspalte, aus der berauschende Dämpfe aufstiegen, direkt neben dem „Omphalos", dem Nabel der Welt, einem Stein, den die Mutter des Zeus dem Mythos nach dessen Vater Kronos anstelle ihres Sohnes reichte, als er seine Kinder verschlang.*

Perseus enthauptet mit dem Beistand Athenes die Gorgo Medusa, die das Pferd Pegasos gebiert. Griechisches Kalksteinrelief von der Ostfront des Tempels C in Selinunt (Sizilien), um 540 v. Chr.

Mischwesen
Minotauros und Sphinx

Alle drei Söhne der Europa, die ihr Zeus geschenkt hatte, waren von ihrem Gatten Asterios, dem König von Kreta, adoptiert worden. Wer von den dreien sollte nun aber dessen Nachfolger werden? Da bat Minos, einer von ihnen, Poseidon um einen außergewöhnlich schönen Opferstier, er wollte seinen besonders guten Kontakt zu den Göttern unter Beweis stellen und seine Anwartschaft auf den Thron festigen. Der Meeresgott schickte ihm ein besonders prächtiges Exemplar, das Minos schließlich für sich behielt, statt es zu opfern. Da wurde Poseidon zornig und ließ Minos' Gattin Pasiphae in Liebe zu dem Stier entbrennen. Mit Hilfe einer von Dädalus (siehe S. 192) gebauten Vorrichtung wurde sie sogar von dem Tier schwanger und gebar ihrem wilden Stier einen monströsen Sohn, den Minotauros, ein Ungeheuer, ein Mensch mit einem Stierkopf. Minos ließ ihn jedoch nicht töten, sondern sperrte ihn in das von Dädalus eigens konstruierte Labyrinth. Ernährt wurde der Minotauros mit Menschenfleisch. Aufgrund eines verlorenen Krieges mussten die Athener den Kretern jedes Jahr sieben junge Männer und Frauen als Tribut liefern, die dann gefressen wurden. In einem Jahr gehörte der attische Königssohn Theseus (siehe S. 136) zu ihnen, wahrscheinlich, weil er es selbst so gewollt hatte, denn er hatte vor, den Minotauros zu töten. Mit Schwert und einer Rolle Garn bewaffnet, beides hatte ihm Ariadne zugesteckt, begab sich Theseus in das verschachtelte Gebäude. In dessen Zentrum stellte er das Monster und streckte es nieder. Mit Hilfe des Fadens fand er wieder hinaus und segelte davon.

Die Sphinx

Das wohl bekannteste Mischwesen der Griechen ist die Sphinx. Sie war die Tochter des Typhon und der Echidna (siehe S. 194), ein geflügelter Löwe mit einem Frauenkopf. Sie saß vor oder in der Stadt Theben und gab jedem Vorüberkommenden ein Rätsel auf, sie hatte es von den Musen gelernt: „Es gibt ein Ding auf Erden, das zwei und vier und drei Füße hat. Von allen Wesen, die sich auf der Erde kriechend oder in der Luft oder im Meer bewegen, wechselt es allein seine Natur, und wenn es sich auf die meisten Füße gestützt fortbewegt, ist die Kraft seiner Glieder am geringsten." Konnten die Befragten das Rätsel nicht lösen, wurden sie erwürgt (gr. Sphinx = Würgerin) und dann verschlungen. Ödipus (siehe S. 174) fand die Lösung: Es ist der Mensch, der sich als Kind auf allen vieren, als Erwachsener auf zwei Beinen und als Greis mit einem Stock fortbewegt. Als Plage von Hera, Apollon oder Dionysos wegen Missachtung göttlicher Gesetze geschickt, stürzte sich die Sphinx daraufhin in einen Abgrund, und Theben war befreit.

Mischwesen gleicher Art gab es schon Jahrtausende zuvor in Ägypten, doch verkörperten sie dort die Macht des Pharao, waren männlich und hatten keine Flügel. Der Große Sphinx von Gizeh ist wohl das eindrucksvollste Beispiel dafür.

Satyrn

Die Satyrn sind sehr eng mit den Silenen verwandt, häufig sind sie von ihnen nicht zu trennen. Wie sie hatten sie Pferdefüße, Pferdeohren und manchmal einen Pferdeschwanz. Der Rest des Körpers war menschlich, jedoch mit starker Körperbehaarung, Knollennase und großen Augen. Ein erigiertes Glied verriet ihre Lüsternheit, die sie besonders gern den Nymphen hinterherjagen ließ. Sie waren ausgelassene Begleiter des Dionysos, in den sogenannten Satyrspielen des antiken griechischen Theaters – sie folgten jeweils auf eine tragische Trilogie – bildeten sie den Chor. Dort traten sie als Kinder des alten Silenos auf, der als Lehrer des Dionysos in der Geschichte des Midas eine wichtige Rolle spielte.

*Der Minotaurus.
Innenbild einer griechischen
Schale, um 515 v. Chr.*

Vielköpfige Monster
Typhon und die Hekatoncheiren

Am Anfang der Zeiten, als die Götter die Giganten besiegt hatten, erhob sich ein fürchterliches Ungeheuer gegen Zeus, das grauenvollste Monster, das die Erde je gesehen hatte:

Typhon

Aus hundert drachenartigen Köpfen leckten dunkle Zungen, die Augen versprühten Feuer, seine Stimmen imitierten die Geräusche von allen Arten von Tieren. Es war ein Produkt der Erde, Gaia, und des Tartaros, der Gottheit der finstersten Unterwelt. Es muss ein gewaltiger Kampf gewesen sein, als Typhon versuchte, gegen Zeus aufzubegehren, es existieren verschiedene Berichte darüber. In einem schafft es das Monster, dem Göttervater alle Sehnen aus dem Leib zu schneiden und ihm seine Blitze zu stehlen, bevor es Hermes und Aigipan gelingt, sie wiederzubeschaffen und den hilflos daliegenden wieder beweglich zu machen. Mit neuen Kräften und Blitzen ausgestattet, gelingt es Zeus schließlich eine Insel auf das Ungeheuer zu werfen, die dann an ihrer neuen Stelle als Sizilien bekannt wird und durch den Ätna noch heute Typhons Feueratem spüren lässt.

Laut anderer Berichte steckte Zeus Typhon mit seinen Blitzen einfach in Brand, packte ihn und schleuderte ihn in den Tartaros. Dort wurde er zum Vater aller schädlichen Winde – das Wort Taifun ist von ihm abgeleitet.

Die Hundertarmigen

Wie Typhon waren die Hundertarmigen, die Hekatoncheiren, zwar auch vielköpfige Ungeheuer, doch sie standen auf Seiten der Götter und kämpften nicht gegen sie. Es waren drei: Kottos, Briareos und Gyges. Unermesslich stark und mit jeweils hundert Armen und fünfzig Köpfen ausgestattet, waren sie wie die Titanen und die ersten Zyklopen Kinder der Erde und des Himmels, von Gaia und Uranos. Wie ihre Geschwister waren sie unsterblich, der Grund dafür, dass sie ihr Vater, der sie fürchtete, in die Erde verbannte. Von Kronos, ihrem titanischen Bruder kurzzeitig als Helfer bei seiner Rebellion gegen Uranos befreit, landeten sie kurze Zeit darauf wieder in der Unterwelt. Umso dankbarer waren sie Zeus, als er sie aus ihrem düsteren Verließ befreite. Er brauchte ihre Hilfe in seinem Kampf gegen Kronos und die Titanen. Mit hunderten von Armen warfen sie mit Felsbrocken auf die Gegner und verhalfen ihm so zum Sieg.

Dann schickte er sie in den Tartaros zurück, doch diesmal, um im Auftrag der Olympier die geschlagenen Gegner zu bewachen, die für alle Ewigkeit in den tiefsten Tiefen der Unterwelt schmoren sollten. Zumindest von Briareos ist bekannt, dass er auch andere Aufgaben übernahm. So reichte seine Anwesenheit als Leibwächter des Zeus, um eine Revolte der anderen Götter gegen ihn zu unterdrücken, sie sahen keine Chance gegen diesen Riesen etwas auszurichten.

> **Die Hydra von Lerna**
>
> Die Hydra brauchte sich gegenüber ihrem Vater Typhon und den Hekatoncheiren, was die Zahl ihrer Köpfe anbelangte, nicht zu verstecken, fünf bis hundert waren es an der Zahl. Sie wuchsen ihr aus einem hundeartigen Leib und waren nach allen Seiten hin beweglich, so dass sich jeder vor ihr in Acht nehmen musste. Allein schon ihr giftiger Atem genügte, um jeden zu töten, der ihr zu nahe kam. Selbst wenn man sie im Schlaf passierte, konnte es geschehen, dass sie, sobald sie erwachte, ihr Gift so in Richtung der Spuren spuckte, dass es ihr Opfer noch in der Ferne erfasste und elendiglich zugrunde richtete. Fast unmöglich war es, sie unschädlich zu machen, denn ihre Köpfe, deren mittlerer noch dazu unsterblich war, wuchsen immer nach. Erst Herakles gelang es, sie endgültig zu bezwingen.

Das Kalksteinrelief vom Giebel des alten Athenetempels auf der Akropolis in Athen zeigt einen dreileibigen Dämon mit Flügeln und Schlangenschwänzen, vermutlich Typhon, um 550-540 v.Chr.

Halb Mensch, halb Pferd
Die Zentauren

Die Zentauren sind merkwürdige Wesen: Halb Mensch, halb Pferd reflektieren sie vielleicht den Eindruck, den die ersten Menschen zu Pferd auf die Griechen machten. Sie kamen aus dem Norden und waren für sie Barbaren, der Kampf gegen sie wurde, übertragen auf den Kampf der Lapithen gegen die Zentauren, der sogenannten Kentauromachie, gerne auf Tempelfriesen dargestellt. Auch im Mythos stammten die Zentauren darum aus dem Norden des Landes und waren Nachfahren des Kentauros, eines Sohnes des Ixion und der Wolke Nephele. Er zeugte sie mit wilden Stuten des thessalischen Berglandes.

Die Kentauromachie

Um sich mit seinen Nachbarn, den triebhaften Zentauren, zu versöhnen, lud sie Peirithoos, der König der Lapithen, zu seiner Hochzeit mit Hippodameia ein. Sie zechten ohne Maß und waren bald so betrunken, dass sie über die anwesenden Frauen und schönen Knaben herfielen. Ihr Anführer Eurytion versuchte sogar, die Braut davonzutragen. Doch Peirithoos gelang es, ihn aufzuhalten. Er schnitt ihm Nase und Ohren ab. Darauf folgte eine wilde Schlacht, in deren Verlauf viele Kämpfende auf beiden Seiten ihr Leben ließen. Die Lapithen behielten, nicht zuletzt unterstützt durch den attischen Königssohn Theseus, schließlich die Oberhand. Auch Herakles kam mehrfach mit diesen wilden Gesellen in Kontakt, einmal, als er den kalydonischen Eber jagte (siehe S. 138), ein anderes Mal, als er bei König Dexamenos zu Gast war. Auch dort war es wieder Eurytion, der versuchte, dessen Tochter zu vergewaltigen. Dieses Mal büßte er dafür mit seinem Leben. Zur letzten Begegnung mit einem Kentauren kam es für Herakles, als Nessos sich an seiner Gattin Deianeira vergreifen wollte. Er erschoss ihn mit einem Pfeil, doch rächte sich der sterbende Zentaur an ihm. Er erreichte mit einer List schließlich noch seinen Tod (siehe S. 132). Auch Chiron, den man wegen seiner Heilkünste verehrte, war ein Zentaur, wenn auch nicht mit den anderen verwandt. Er war ein Sohn des Kronos und der Philyra, der sich der Titan einst als Hengst genähert hatte. Anders als seine wilden Artgenossen war er zivilisiert, freundlich und weise. Er galt als der Lehrer des Jason, Äskulap und Achilles, der sein Urenkel war. Chiron lebte in einer Höhle des Pelion in Thessalien, musste die Gegend jedoch verlassen, da ihn die anderen Zentauren dort nicht mehr duldeten. Als Sohn des Kronos war er unsterblich, doch verletzte er sich versehentlich an einem der vergifteten Pfeile des Herakles, als dieser die Zentauren verfolgte. Von den Leiden, die er dabei davontrug, konnte ihn nur der Tod befreien, es heißt, er habe seine Unsterblichkeit an Prometheus abgetreten. Zeus setzte ihn als Sternbild Centaurus ans Firmament.

> ### Äskulap
> „Ich schwöre und rufe Apollon, den Arzt, und Asklepios und Hygeia und Panakeia und alle Götter und Göttinnen zu Zeugen an ...", mit dieser Beschwörung beginnt der Eid des Hippokrates, der als erste Formulierung ärztlicher Ethik gilt. Der griechische Heilgott Äskulap, Vater der Gesundheitsgöttinnen Hygeia und Panakeia, war ursprünglich ein aus Thessalien stammender Heros. Als von Chiron in der Heilkunst ausgebildeter Arzt kommt er in Homers Ilias vor. Später galt er als Sohn des Apollon und der Koronis. Sein Zeichen war der Asklepiosstab, von einer Schlange umwunden gilt er noch heute als Zeichen der Ärzte und Apotheker. Auf Kos befand sich das berühmte Asklepieion, ein angeblich von Hippokrates gegründetes Sanatorium, in dem Kranke durch eine Art Heilschlaf kuriert werden sollten. Äskulap wurde, da er einen Toten zum Leben erweckte, von Zeus mit einem Blitz erschlagen.

Ein zivilisierter Zentaur: Chiron lehrt den jungen Achilles Bogenschießen. Giuseppe Maria Crespi (1665–1747), um 1700.

Kriegerische Frauen
Amazonen

Kriegerische Szenen schmückten die Giebel der griechischen Tempel: Götter gegen Giganten oder Menschen gegen Zentauren. Zivilisation gegen Barbarei, das ist noch recht leicht nachzuvollziehen. Warum aber auch der Kampf der Griechen gegen Amazonen – Männer gegen Frauen – auf dem Bildprogramm der Architekten stand, ist schwieriger zu deuten. Mag sein, dass matriarchalische Gesellschaften tatsächlich Ängste schürten, vielleicht war man(n), ähnlich den Renaissancemalern in Bezug auf mythische Themen, die ihnen Gelegenheit boten, Nacktheit zu zeigen, auch einfach froh, neben all den Männern, auch attraktive Frauen darstellen zu können, denn die Amazonen wurden nicht als Mannweiber gezeigt, im Gegenteil. Sie galten als im Kaukasus oder dem nördlichen Kleinasien beheimatet und stammten von Ares, dem Kriegsgott, ab. Angeblich weist ihr Name (a mazos = brustlos) darauf hin, dass sie ihren Töchtern die rechte Brust abnahmen, um beim Halten des Bogens einen Vorteil zu haben. Möglich ist aber auch, dass mit ihm dokumentiert werden sollte, dass sie, die von der Jagd lebten, kein Brot (a mazas = brotlos) backen mussten. Als Mann hatte man bei ihnen keine Chance: Die Männer, die sie sich nahmen, wurden nach dem Geschlechtsakt wieder weggeschickt, ihre Söhne wurden umgebracht, kastriert oder den Vätern überlassen.

Hippolyte

Die beiden bekanntesten Vertreterinnen ihres Volkes waren Hippolyte und Penthesilea. Erstere musste Herakles um ihren ihr von Ares geschenkten Gürtel erleichtern, das war seine neunte Aufgabe. Theseus half ihm dabei. Es heißt, sie habe ihn den beiden Helden freiwillig ausgehändigt, doch Hera habe die Amazonen dazu angestiftet, über Herakles herzufallen, woraufhin er Hippolyte tötete. In einer anderen Version gelang es ihnen, den Gürtel im Tausch gegen eine Geisel zu erhalten und damit nach Athen zu entkommen. Auch Hippolyte hätten sie mit sich geführt, ob gegen ihren Willen oder als Geliebte des Theseus, ist nicht klar. Die aufgebrachten Amazonen seien daraufhin nach Athen marschiert, um ihre Königin zurückzuholen, hätten gekämpft, aber verloren. Hippolyte gebar Theseus einen Sohn, Hippolytos, und wurde schließlich von ihrer eigenen Schwester, Penthesilea, getötet.

Die schöne und stolze Amazonenkönigin war untröstlich, hatte sie doch eine unverzeihliche Blutschuld auf sich geladen. Sie wendete sich nach Troja, denn wie es hieß, wollte sie nur noch sterben, doch das war den Amazonen nur in einer Schlacht vergönnt. Also griff sie mit zwölf Gefährtinnen in den Kampf um Troja ein. Nachdem sie zahlreiche Griechen getötet hatten, kam es zum Zweikampf zwischen ihr und Achilles, den der Grieche gewann. Als er der toten Amazone die Rüstung abnahm, verliebte er sich in sie, ihren Leichnam hielt er lange noch fest umklammert.

Sibyllen

Sibylle war der Name einer Frau, die als Tochter des Zeus und der Lamia galt und sich dem Apollon weihte, der ihr die Gabe der Weissagung verlieh. Aufgrund des Ruhmes und der Bekanntheit, die sie erreichte, schmückten sich bald viele Orte mit einer Sibylle, ihr Name wurde zur Gattungsbezeichnung. Am berühmtesten waren die Sibyllen von Erythrai, Libyen und Cumae im italienischen Kampanien. Sie waren sterblich, doch konnte es, wie im Falle von Deiphobe, der cumäischen Sibylle geschehen, dass sie tausend Jahre alt wurden. Apollon hatte sich in sie verliebt und versprach ihr die Erfüllung eines Wunsches, wenn sie ihm zu Willen sei. Sie wollte so alt werden wie ein Kehrrichthaufen Staubkörner enthielt, vergaß aber leider, sich dazu auch die ewige Jugend zu wünschen.

Achilles, den Körper der toten Penthesilea im Arm haltend. Ausschnitt aus einem römischen Sarkophag mit Darstellungen des Amazonenkampfes, 2. Viertel 3. Jahrhundert n. Chr.

Zwei unzertrennliche Brüder
Kastor und Polydeukes

Über ihre Herkunft waren sich die Autoren nicht so ganz einig: Homer sah sie noch als gewöhnliche Sterbliche, als zwei von vier Kindern des Königs Tyndareos von Sparta und der Leda. Nun hatte aber Zeus Leda geschwängert (siehe Kasten), und so kam man auf die Idee, Helena und Polydeukes könnten göttlichen, Klytämnestra und Kastor menschlichen Ursprungs sein. Dass Kastor und Polydeukes dabei als Zwillinge galten, war nur ein Beweis dafür, dass ein Gott seine Hand im Spiel hatte. Als junge Männer beteiligten sich die Dioskuren (dt. = Zeussöhne) an der Expedition der Argonauten. Dabei besiegte Polydeukes den großmauligen König der Bebryker, Amykos, mit der Faust. Auch an der Kalydonischen Eberjagd (siehe S. 138) des Herakles nahmen sie teil. Sie befreiten Helena aus der Hand des athenischen Helden Theseus und entführten selbst Phoibe und Hilaira, zwei Töchter ihres Onkels Leukippos, nach Sparta. Sie wollten sie heiraten, obwohl sie bereits mit Idas und Lynkeus, Söhnen des Königs Aphareus von Messenien, verlobt waren. Dies führte zu einer Fehde zwischen den vier Jünglingen, bei der drei von ihnen den Tod fanden. Eine andere Version berichtet davon, der Grund ihres Streits sei in einem gemeinsam begangenen Viehdiebstahl in Arkadien zu suchen. Beim anschließenden Schmaus verkündete Idas plötzlich, dass die Hälfte der gestohlenen Tiere demjenigen von ihnen gehören solle, der mit dem Essen zuerst fertig sei, den Rest bekäme der zweite. Da Idas und Lynkeus beide schon fast fertig waren, war klar, wer gewinnen würde. Den Dioskuren gelang es jedoch, sich der Tiere zu bemächtigen und mit der Herde zu entkommen. Ihre beiden Konkurrenten, die auch ihre Vettern waren, verfolgten sie. Schon von weitem konnte sie Lynkeus erspähen, Idas schlich sich heran und durchbohrte den Kastor mit seinem Speer. Jetzt griff Zeus ins Geschehen ein, und während Polydeukes den Lynkeus mit einem Speer durchbohrte, schleuderte der Gott einen Blitz gegen Idas. Dann wandte sich der Dioskur seinem sterbenden Bruder zu und beweinte dessen Geschick. Wie sollte er sich künftig an seiner Unsterblichkeit freuen, wenn Kastor im Hades weilte? Da hatte Zeus ein Einsehen: Künftig sollten sie abwechselnd gemeinsam je einen Tag in der Unterwelt und einen Tag im Olymp verbringen.

Ritter der Antike

Die Dioskuren hatten für die Griechen in etwa eine Funktion, wie die Ritter der Tafelrunde für die jungen Adeligen des Mittelalters. Sie wollten so sein wie Kastor und Polydeukes, wahre Draufgänger, denen keine Schandtat fern lag, die sich Wettrennen auf dem Streitwagen lieferten, dazwischen ein paar Rosse bändigten und mit denen man Pferde stehlen konnte. Freundschaft bis in den Tod und Familiensinn waren Werte, die nicht nur bei den Griechen hoch im Kurs standen, auch bei den Römern wurden die Brüder, dann als Castor und Pollux, hochverehrt.

> **Leda mit dem Schwan**
> *Leda war eine Tochter des Königs von Ätolien, Thestios, und Gemahlin des Tyndareos, König von Sparta. Sie war eine so schöne Frau, dass sich Zeus in sie verliebte und sich ihr als Schwan näherte. Sie soll sich für den Geschlechtsakt in eine Gans verwandelt haben. Das Ergebnis dieser Liaison waren vier Kinder, die Dioskuren, Kastor und Polydeukes sowie Helena und Klytämnestra,. Darüber wie sie gezeugt und geboren wurden, gibt es verschiedene Mutmaßungen: Die einen meinen, sie legte zwei Eier, aus denen alle vier schlüpften. Andere, dass nur Polydeukes und Helena Kinder des Zeus und damit unsterblich wären, während Kastor und Klytämnestra in derselben Nacht von Tyndareos gezeugt worden seien.*

Trautes Familienglück: Leda mit Zeus in Gestalt eines Schwans und ihren Kindern, den Zwillingspaaren Kastor und Polydeukes sowie Helena und Klytämnestra. Werkstattkopie nach verlorenem Original, um 1513/16, von Leonardo da Vinci (1452–1519).

Ein goldenes Händchen
König Midas

Wohin die Gier einen Menschen führen kann, zeigt der Mythos von König Midas. Er war im 8. Jh. v. Chr. König von Phrygien, einem kleinasiatischen Reich, das während seiner größten Ausdehnung etwa die Fläche Anatoliens einnahm. In seiner Hauptstadt Gordion wurde ein reich ausgestattetes Grab gefunden, von dem Archäologen glauben, dass dort König Midas bestattet wurde.

Midas, der nicht nur unermesslich reich war, sondern auch glaubte, unheimlich klug zu sein, war ein großer Anhänger des Gottes Dionysos. So war er hoch erfreut, als ihm seine Bauern eines Tages einen rotbäckigen Alten anschleppten, der sich über die schönsten Trauben des königlichen Weingartens hergemacht hatte, denn er erkannte in ihm Silenos, den alten Lehrer und Beschützer des Dionysos. Er hieß ihn willkommen und feierte mit ihm ein zehntägiges Fest, dann brachte er ihn dem Gott zurück. Der war so erfreut über die Behandlung, die man seinem Ziehvater hatte zukommen lassen, dass er dem Midas versprach, ihm jeden Wunsch zu erfüllen. „Mache, dass alles, was ich berühre, zu Gold wird", sagte er und wähnte sich damit als besonders klug. Doch Midas merkte bald, dass diese Gabe zum Fluch wurde. Nicht nur die Türen in seinem Schloss verwandelten sich beim kleinsten Kontakt in Gold, sondern auch die Vorhänge, sein Bett und seine Kleider. Das schlimmste aber war, dass auch alle Speisen zu dem edlen Metall wurden, spätestens sobald sie seine Lippen berührten. Zitternd vor Angst zu verhungern, trat er also erneut vor Dionysos und bat ihn, ihn zu erlösen. Der Gott hatte Mitleid und befahl ihm, sich im Fluss Paktolos zu baden – seitdem findet man dort goldenen Sand.

Eine Binsenweisheit

Er hatte daraus gelernt und fand seine Freude von nun an eher an der Natur als daran, Reichtümer zu sammeln. Bei einer seiner Streifzüge durch den Wald wurde er Zeuge eines musikalischen Wettbewerbs zwischen Pan, dem Hirtengott, und Apollon. Der Preisrichter erkannte den Sieg dem Leier spielenden Gott der Musik zu, sein ziegenbeiniger Gegner, der mit der Flöte angetreten war, musste sich geschlagen geben. Midas trat vor und protestierte: Seien vielleicht seine Ohren schuld daran, dass er Pan als würdigeren Sieger erkenne? Apollon war darüber so erzürnt, dass er ihm, damit er künftig genauer hören könne, Eselsohren wachsen ließ, ansonsten blieb er der alte.

Diese Demütigung verbarg der König künftig unter einer spitzen Phrygischen Mütze. Nur einer bekam sie zu sehen, der Diener, der ihm die Haare schneiden musste. Der hielt es nicht aus, ein solches Geheimnis für sich zu behalten, ging zu einem Fluss, grub ein Loch, flüsterte es hinein und schüttete es wieder zu. Er fühlte sich erleichtert. Doch genau an der Stelle wuchsen später Binsen, die im Wind jedem, der vorbeiging, eine Weisheit, die Binsenweisheit verrieten: „König Midas hat Eselsohren!"

Gordischer Knoten
Die Phrygier stritten darüber, wer ihr König werden solle. Sie befragten ein Orakel und erhielten zur Antwort, dass sie den zum Herrscher bestimmen sollten, der als Nächstes in einem Karren zu ihnen käme. Zufälligerweise war dies Gordios, der mit seiner Familie, darunter sein Sohn Midas, unterwegs war. Die Besonderheit seines Wagens war ein kunstvoller Knoten, mit dem Deichsel und Joch verbunden waren. Es hieß, wer ihn lösen könne, werde Herrscher über Kleinasien sein. Viele versuchten es, bis es Alexander der Große 333 v. Chr. schaffte: Er durchschlug den Gordischen Knoten mit seinem Schwert und hat, so die Bedeutung der Redensart, eine schwierige Aufgabe auf einfache Weise gelöst.

Späte Einsicht: Midas wäscht sich in den Wassern des Paktolos, um sich von seinem selbstverschuldeten „Fluch" reinzuwaschen. Nicolas Poussin (1594–1665), um 1625/26.

Namensformen mythischer Figuren

Deutsch	Griechisch	Lateinisch	Deutsch	Griechisch	Lateinisch
Achill	Achilleus	Achilles	Demeter, Ceres	Demeter	Ceres
Ägisth	Aigisthos	Aegisthus	Dionysos, Bacchus	Dionysos	Bacchus
Ajax	Aias	Ajax	Dioskuren	Dioskuroi	Dioscuri
Äneas	Aineias	Aeneas	Eirene, Pax	Eirene	Pax
Aphrodite, Venus	Aphrodite	Venus	Erinnyen, Furien	Erinyes	Furiae
Apoll	Apollon	Apollo	Eros, Amor	Eros	Amor
Ares, Mars	Ares	Mars	Gaia, Gäa	Gaia, Ge	Tellus
Artemis, Diana	Artemis	Diana	Hades, Pluto	Hades, Pluton	Pluto
Äskulap	Asklepios	Aesculapius	Hebe, Juventas	Hebe	Iuventas
Athene, Minerva	Athene	Minerva	Hekabe, Hekuba	Hekabe	Hecuba
Aurora, Eos	Eos	Aurora	Helios, Sol	Helios	Sol
Chariten, Grazien	Charites	Graciae	Hephaistos, Vulkan	Hephaistos	Vulcanus
Chimäre	Chimaira	Chimaera	Hera, Juno	Hera	Iuno
Circe	Kirke	Circe	Herakles, Herkules	Herakles	Hercules
Dädalus	Daidalos	Daedalus	Hermes, Merkur	Hermes	Mercurius

Deutsch	Griechisch	Lateinisch	Deutsch	Griechisch	Lateinisch
Hestia, Vesta	Hestia	Vesta	Odysseus	Odysseus	Ulixes/Ulysses
Ikarus	Ikaros	Icarus	Okeanos (Ozean)	Okeanos	Oceanus
Iphigenie	Iphigeneia	Iphigenia	Pan	Pan	Faunus
Jason	Iason	Iason	Persephone, Proserpina	Persephone	Proserpina
Kastor	Kastor	Castor	Polydeukes, Pollux	Polydeukes	Pollux
Klytämnestra	Klytaimnestra	Clytaemnestra	Poseidon, Neptun	Poseidon	Neptunus
Kronos, Saturn	Kronos	Saturnus	Satyr, Faun	Satyros	Satyrus, Faunus
Latona, Leto	Leto	Latona	Selene, Luna	Selene	Luna
Medea	Medeia	Medea	Silen	Seilenos	Silenus
Meleager	Meleagros	Meleagrus	Tartarus, Orkus	Tartaros	Tartaris, Orcus
Moiren, Parzen	Moirai	Parcae	Tyche, Fortuna	Tyche	Fortuna
Musen	Musai	Musae	Zentauren	Kentauroi	Centauri
Narziss	Narkissos	Narcissus	Zerberus	Kerberos	Cerberus
Nike, Victoria	Nike	Victoria	Zeus, Jupiter	Zeus	Iup(p)iter
Ödipus	Oidipus	Oedipus	Zyklopen	Kyklopes	Cyclopes

Glossar

Acheloos
Zweitgrößter Fluss Griechenlands. Oberster der Flussgötter.

Achilles
Hauptgestalt der Ilias, größter Held vor Troja auf Seiten der Griechen.

Admetos
Einer der Argonauten. Seine Gemahlin Alkestis wollte für ihn in den Tod gehen.

Adonis
Berühmt für seine Schönheit. Wurde von Aphrodite geliebt, kam auf der Jagd ums Leben.

Adrastos
Kg. von Argos. Anführer der „Sieben gegen Theben".

Agamemnon
Kg. von Mykene. S. d. Atreus. Vater von Elektra, Iphigenie und Orestes. Befehlshaber der Griechen vor Troja.

Der griechische Histograph, Geograph und „Völkerkundler" Herodot von Halikarnassos fertigte im 5. Jh. v. Chr. eine Karte der damals bekannten Welt an. „Die Erde nach Herodot", kolorierter Holzstich, 1867.

Ägisth
Kg. von Mykene. S. d. Thyestes. Mörder Agamemnons.

Aietes
Kg. von Kolchis. S. d. Helios. Vater der Medea. Besitzer des Goldenen Vlieses.

Akrisios
Kg. von Argos. Vater der Danae. Bruder des Proitos.

Aktäon
Enkel des Apollon. Jäger, der von Artemis in einen Hirsch verwandelt wurde.

Alkestis
T. d. Pelias. Gattin des Admetos.

Alkmaion
S. d. Amphiaraos. Anführer der Epigonen.

Alkmene
T. d. Elektryon. Gattin des Amphitryon. Mutter des Herakles.

Alphcios
Längster Fluss der Peloponnes.

Amazonen
Kriegerisches Frauenvolk im Nordosten Kleinasiens oder dem Kaukasus.

Ambrosia
Speise der olympischen Götter.

Amor siehe Eros

Amphiaraos
Schwager des Adrastos. Vater des Alkmaion. Einer der „Sieben gegen Theben".

Amphitryon
Enkel des Perseus und des Pelops. Gatte der Alkmene.

Androgeos
S. d. Minos. Starb durch den Stier von Marathon.

Andromache
Gattin des Hektor und des Helenos.

Andromeda
T. d. Kepheus. Gattin des Perseus, der sie vor einem Drachen rettete.

Äneas
S. d. Anchises und der Aphrodite. Held der Äneis. Sagenhafter Vorfahr römischer Kaiser.

Antigone
T. d. Ödipus. Begrub ihren toten Bruder Polyneikes und beging in der Folge Selbstmord.

Antiope
Geliebte des Zeus, von ihm Mutter von Amphion und Zethos.

Äolos
Herr der Winde.

Aphrodite
Göttin der Liebe und der Schönheit.

Apollon
Gott der Weissagung und der Künste.

Arachne
Herausforderin der Athene, von dieser in eine Spinne verwandelt.

Ares
Gott des Krieges.

Areopag
Hügel in Athen, auf dem ein nach ihm benannter Adelsrat tagte.

Arges
Einer der Zyklopen.

Argolis
Landschaft im Nordosten der Peloponnes.

Argonauten
Jene Griechen, die Jason auf dem Schiff „Argo" begleiteten, um das Goldene Vlies zu rauben.

Glossar

Argos
Hauptort der Argolis. Adrastos war König der Stadt.

Argos Panoptes
Hundertäugiger Riese von großer Scharfsichtigkeit.

Ariadne
T. d. Minos. Half dem Theseus aus dem Labyrinth. Wurde auf Naxos zurückgelassen.

Arkadien
Griechisches Bergland im mittleren Peloponnes.

Artemis
Göttin der Jagd.

Äskulap
Gott der Heilkunst.

Atalante
T. d. Iasos. Berühmte Jägerin. Meleager verliebte sich in sie.

Athamas
Kg. v. Orchomenos. Von Nephele Vater des Phrixos und der Helle, von Ino des Melikertes.

Athen
Neben Sparta der bedeutendste griechische Stadtstaat im Altertum.

Athene
Göttin der Weisheit und des Krieges.

Atlas
S. d. Titanen Iapetos. Bruder des Prometheus. Trug das Himmelsgewölbe.

Ätolien
Landschaft im westl. Mittelgriechenland.

Atreus
Kg. v. Mykene. S. d. Pelops. Bruder des Thyestes. Von Ägisth erschlagen.

Attika
Landschaft im östlichen Mittelgriechenland. Ihr Hauptort ist Athen.

Augias
Kg. v. Elis. Besitzer riesiger, völlig verdreckter Ställe.

Aurora siehe Eos
Bacchus siehe Dionysos

Bellerophon
Ritt den Pegasos und vernichtete die Chimäre.

Böotien
Landschaft in Mittelgriechenland.

Boreas
Ein rauer Nordwind. S. der Eos. Vater von Zetes und Kalais.

Brontes
Einer der Zyklopen.

Castor siehe Kastor
Ceres siehe Demeter

Chariten
T. d. Zeus. Meistens werden drei genannt. Sie gelten als Göttinnen der Anmut.

Charon
Der Fährmann der Unterwelt.

Charybdis
Ein Meeresstrudel in der Meerenge von Messina, gegenüber der Skylla.

Chimäre
Feuerspeiendes Mischwesen mit Löwenkopf, Ziegenkörper und Schlangenschwanz.

Chiron
Der einzige unsterbliche Zentaur. S. d. Kronos.

Chrysaor
Geflügeltes Pferd. S. d. Poseidon und der Medusa. Bruder des Pegasos.

Circe
T. d. Helios, Schwester des Aietes und der Pasiphae. Berühmte Zauberin.

Cupido siehe Eros

Dädalos
Berühmter Ingenieur und Architekt. Vater des Ikaros. Erbauer des Labyrinths auf Kreta.

Danae
T. d. Akrisios. Von Zeus Mutter des Perseus.

Danaiden
Die 50 Töchter des Danaos. Büßten im Tartaros.

Daphne
Eine Nymphe, die von Apollon verfolgt und in einen Lorbeerbaum verwandelt wurde.

Deianeira
Schwester des Meleager, zweite Gattin des Herakles.

Delos
Kykladeninsel, Geburtsort von Apollon und Artemis.

Delphi
Am Fuße des Parnass in Phokis gelegene Kultstätte des Apollon mit dem berühmten Orakel.

Demeter
Göttin der Fruchtbarkeit und des Wachstums.

Demophon
Kg. v. Athen. S. d. Theseus. Teilnehmer am Trojanischen Krieg.

Deukalion
Kg. v. Pherai. S. d. Prometheus. Hauptfigur der griech. Sintflutsage.

Diana siehe Artemis

Dido
Gründerin Karthagos. Geliebte des Äneas.

Diomedes
Kg. in Thrakien. Besaß menschenfressende Rosse, die Herakles zähmte.

Dionysos
Gott des Weines und der Ekstase.

Dioskuren
Kastor und Polydeukes, Söhne d. Zeus und der Leda.

Dodona
Orakelstätte des Zeus in Nordostgriechenland.

Dryaden
Baumnymphen, die mit den Bäumen starben.

Echidna
Ein Ungeheuer, halb Frau, halb Schlange. Ihr Gemahl war Typhon.

Echo
In Narziss verliebte Nymphe, der Hera ihre Stimme raubte.

Eileithyia
Göttin der Geburt.

Eirene
Göttin des Friedens.

Elektra
T. d. Agamemnon. Schwester des Orestes und der Iphigenie. Gattin des Pylades.

Elektryon
Kg. v. Mykene. S. d. Perseus. Vater der Alkmene.

Eleusinische Mysterien
Geheimkult der Demeter.

Elis
Küstenlandschaft im Nordwesten der Peloponnes.

Endymion
Geliebter der Mondgöttin Selene.

Eos
Göttin der Morgenröte.

Epigonen
Die Söhne der „Sieben gegen Theben".

Epimetheus
Bruder des Prometheus, Gatte der Pandora.

Erato
Die Muse der Liebesdichtung.

Erichthonios
Kg. v. Athen. S. d. Hephaistos.

Erinnyen
Alekto, Megaira und Tisiphone, die Rachegöttinnen.

Eris
Göttin der Zwietracht.

Eros
Gott der Liebe.

Erysichthon
Wurde von Demeter mit unstillbarem Hunger geschlagen.

Eteokles
Kg. v. Theben. S. d. Ödipus. Kämpfte gegen seinen Bruder Polyneikes um die Herrschaft.

Europa
T. d. Agenor. Geliebte des Zeus, die er als Stier nach Kreta entführte.

Eurydike
Gattin des Orpheus.

Eurylochos
Begleiter des Odysseus.

Eurynome
Eine Okeanide. Von Zeus Mutter der Chariten.

Eurystheus
Kg. v. Mykene und Tiryns. Enkel des Perseus. Cousin und Auftraggeber der Taten des Herakles.

Euterpe
Die Muse des Flötenspiels.

Faunus siehe Pan

Fortuna siehe Tyche

Furien siehe Erinnyen

Gaia
Die Mutter Erde. Gebar u.a. den Himmel (Uranos), die Titanen und Giganten.

Galatea
Eine der Nereiden, umworben von Polyphem.

Ganymed
S. d. Tros. Galt als der schönste unter den Sterblichen. Von Zeus auf den Olymp gebracht.

Glossar

Geryon
S. d. Chrysaor. Dreiköpfiges Ungeheuer, dessen Rinderherden Herakles raubte.

Giganten
Sterbliches Riesengeschlecht, von den Göttern besiegt.

Glauke
T. d. Kreon von Korinth. Braut des Jason, durch Medea ums Leben gekommen.

Goldenes Vlies
Goldenes Fell eines fliegenden und sprechenden Wunderwidders. Von Jason geraubt.

Gorgonen
Drei grässliche Frauen mit Schlangen in den Haaren: Euryale, Stheino und Medusa.

Graien
Drei Greisinnen, Schwestern und Wächterinnen der Gorgonen: Deino, Enyo und Pephredo.

Grazien siehe Charites

Hades
Der Gott der Unterwelt und die Unterwelt selbst.

Haimon
S. d. Kreon. Verlobter der Antigone.

Harmonia
T. d. Ares. Gattin des Kadmos. Ihr Halsband brachte allen Besitzern Unglück.

Harpyien
Hässliche Riesenvögel mit Frauenköpfen.

Hebe
Göttin der Jugend.

Hekate
Göttin der Zauberei und des Hexenwesens.

Hekatoncheiren
Die „Hunderthändigen". Drei Ungeheuer, Briareos, Gyes und Kottos, mit 100 Armen und 50 Köpfen.

Hektor
S. d. Priamos. Gatte der Andromache. Größter Held der Trojaner.

Helena
T. d. Zeus und der Leda. Gattin des Menelaos. Ihr Raub löste den Trojanischen Krieg aus.

Helios
Der Sonnengott.

Hephaistos
Gott der Schmiede und des Handwerks.

Hera
Göttin der Ehe. Gemahlin des Zeus.

Herakles
S. d. Zeus und der Alkmene. Größter griechischer Held.

Hermaphroditos
S. d. Hermes und der Aphrodite, wurde zum Zwidderwesen.

Hermes
Der Götterbote und Gott des Handels und der Diebe.

Hesione
T. d. Laomedon. Gattin des Telamon. Herakles rettete sie vor einem Drachen.

Hesperiden
Drei oder sieben T. d. Atlas von Hesperis.

Hestia
Göttin des Herdes.

Hippodameia
T. d. Oinomaos von Pisa. Gattin des Pelops.

Hippolyte
Königin der Amazonen.

Hippolytos
S. d. Theseus und der Hippolyte. Gatte der Phaidra.

Horen
Die drei Göttinnen der Jahreszeiten: Auxo, Karpo und Thallo.

Hyakinthos
Liebling des Apollon, der ihn versehentlich tötete.

Hyllos
S. d. Herakles. Gatte der Iole. Anführer der Herakliden.

Hyperion
Einer der Titanen. Auch Beiname des Helios.

Hypermestra
Die einzige der 50 Danaiden, die ihren Gatten, Lynkeus (1), nicht erstach.

Hypnos
Gott des Schlafes.

Iasion
S. d. Zeus. Mit Demeter Vater des Plutos und des Philomelos.

Idas
Zwillingsbruder des Lynkeus (2). Mörder des Kastor.

Ikaros
S. d. Dädalus. Stürzte zu Tode, weil er beim Flug der Sonne zu nahe kam.

Ilos
S. d. Tros. Gründer von Ilion, dem späteren Troja.

Ino
T. d. Kadmos und der Harmonia. Gattin des Athamas.

Iokaste
Schwester Kreons, Gemahlin des Laios, Mutter und Gemahlin des Ödipus.

Iolkos
Stadt in Thessalien.

Iphigenie
T. d. Agamemnon, Schwester des Orestes und der Elektra. Priesterin auf Tauris.

Iphikles
S. d. Amphitryon und der Alkmene. Halbbruder des Herakles.

Iris
Schwester der Harpyien. Götterbotin und Personifikation des Regenbogens.

Itys
S. d. Tereus und der Prokne, die ihn ihrem Gemahl zum Essen vorsetzte.

Ixion
Kg. d. Lapithen. Vater des Peirithoos. Gilt als erster Mörder.

Jason
Gatte der Medea. Holte mit den Argonauten das Goldene Vlies für seinen Onkle Pelias.

Juno siehe Hera

Jupiter siehe Zeus

Justitia siehe Dike

Juventas siehe Hebe

Kadmos
S. d. Agenor. Bruder der Europa. Gatte der Harmonia. Gründer Thebens.

Kalliope
Die Muse der epischen Dichtung.

Kalypso
T. d. Atlas. Lebte auf einer Insel, auf der sie Odysseus sieben Jahre gefangen hielt.

Karien
Hochland in Südwest-Anatolien.

Kassandra
T. d. Priamos. Missachtete Seherin. Sklavin Agamemnons. Von Klytämnestra getötet.

Kassiopeia
Gattin des Kepheus, Mutter der Andromeda.

Kekrops
Kg. v. Attika. Erdgeboren als Schlange mit menschlichem Leib.

Kephalos
S. d. Hermes. Zeugte mit Eos den Phaeton. Heiratete Prokris, die er versehentlich tötete.

Kepheus
Kg. v. Äthiopien. Vater der Andromeda.

Keyx
Kg. v. Trachis. S. d. Hesperos. Gatte der Halkyone.

Kinyras
Kg. v. Paphos. Vater der Myrrha.

Klio
Die Muse der Geschichte.

Kolchis
Landschaft an der Südost-Küste des Schwarzen Meeres.

Komaitho
T. d. Pterelaos. Verliebte sich in Amphitryon, der sie jedoch tötete.

Korinth
Bedeutende griechische Stadt an der Landenge, die den Peloponnes mit dem griech. Festland verbindet.

Koronis
Schwester des Ixion. Geliebte des Apollon, dem sie den Äskulap gebar.

Kreon
Kg. von Theben. Schwager des Ödipus. Verurteilte seine Nichte Antigone.

Kronos
Bedeutendster der Titanen. S. d. Uranos und der Gaia. Wurde von Zeus gestürzt.

Laertes
Kg. v. Ithaka. Vater des Odysseus.

Laistrygonen
Menschenfressende Riesen, denen Odysseus begegnete.

Laomedon
Kg. v. Troja. S. d. Ilos. Vater des Priamos und der Hesione. Wurde durch Herakles getötet.

Lapithen
Thessalonischer Stamm.

Glossar

Leda
T. d. Thestios. Gattin des Tydareos. Geliebte des Zeus, der sie als Schwan besuchte.

Leto
T. d. Titanen Koios. Von Zeus Mutter des Apollon und der Artemis.

Luna siehe Selene

Lydien
Landschaft an der mittleren Westküste Kleinasiens.

Lykaon
Kg. v. Arkadien. Setzte dem Zeus einen zerstückelten Knaben zum Essen vor.

Lykien
Landschaft an der Südwestküste Kleinasiens.

Lykurgos
Kg. d. Edonier in Thrakien. Verjagte den Dionysos, der ihn dafür hart bestrafte.

Lynkeus (1)
Gatte der Hypermestra.

Lynkeus (2)
Bruder des Idas. Wurde von Polydeukes getötet.

Maia
T. d. Atlas. Gattin des Zeus. Mutter des Hermes.

Mars siehe Ares

Marsyas
Sartyr, der Apollon zu einem musikalischen Wettstreit herausforderte, und unterlag.

Medea
T. d. Aietes. Gattin des Jason und des Ägeus von Athen. Bedeutende Zauberin.

Medusa
Die sterbliche unter den drei Gorgonen. Mutter des Pegasos. Wurde von Perseus geköpft.

Meleager
S. d. Oineus. Schwiegersohn des Idas. Er verliebte sich in Atalante.

Melikertes
S. d. Athamas und der Ino, die ihn ins Meer warf.

Melpomene
Die Muse der Tragödie.

Memnon
Kg. der Äthiopier. S. d. Thitonos und der Eos.

Menelaos
Kg. v. Sparta. S. d. Atreus. Gatte der schönen Helena.

Mentor
Enger Freund des Odysseus, Erzieher von dessen Sohn Telemachos.

Merkur siehe Hermes

Messenien
Landschaft im Südwesten der Peloponnes.

Metis
T. d. Okeanos. Erste Gemahlin des Zeus. Mutter der Athene.

Midas
Kg. v. Phrygien. S. d. Gordios. Alles, was er berührte, wurde zu Gold.

Minerva siehe Athene

Minos
Kg. v. Kreta. S. d. Zeus und der Europa. Gatte der Pasiphae. Vater der Ariadne.

Minotaurus
Wesen mit Menschenleib und Stierkopf. Sohn eines Stiers und der Pasiphae. Von Theseus getötet.

Mnemosyne
Göttin des Gedächtnisses. Mutter der Musen.

Moiren
Die drei Schicksalsgöttinnen: Atropos, Kletho und Lachesis.

Morpheus
Gott des Traumes.

Musen
Neun Göttinnen der Künste und Wissenschaften.

Mykene
Stadt im mittleren Ostteil der Peloponnes.

Myrrha
T. d. Kinyras. Beging Inzest mit ihrem Vater und wurde von ihm Mutter des Adonis.

Myrtilos
S. d. Hermes. Wagenlenker des Oinomaos. Von Pelops getötet.

Mysien
Landschaft im Nordwesten Kleinasiens.

Najaden
Quellnymphen.

Narziss
Ein schöner Jüngling, der die Nymphe Echo verschmähte. Inbegriff der Eigenliebe.

Nausikaa
T. d. Königs Alkinoos. Half dem schiffbrüchigen Odysseus.

Naxos
Größte Insel der Kykladen.

Nektar
Trank der Götter.

Nemesis
Göttin des Zorns.

Nephele
Eine der Hera ähnliche Wolke. Von Ixion Mutter des Kentauros. Später Gattin des Athamas.

Neptun siehe Poseidon

Nereiden
Die 50 Töchter des Nereus.

Nereus
Ein Meergott.

Nessos
Zentaur, der versuchte Deianeira zu vergewaltigen und darum von Herakles getötet wurde.

Nike
Göttin des Sieges.

Niobe
T. d. Tantalos. Wurde grausam für ihren Hochmut bestraft.

Nymphen
Göttinnen der freien Natur, die in Quellen, Bächen und Meeren, auf Bergen und Bäumen lebten.

Ödipus
Kg. v. Theben. S. d. Laios, den er tötete. Heiratete seine Mutter Iokaste. Tötete auch die Sphinx.

Odysseus
Kg. v. Ithaka. S. d. Laertes. Gatte der Penelope. Held der Odyssee.

Oineus
Kg. v. Kalydon. Vater des Meleager, des Tydeus und der Deianeira.

Oinomaos
Kg. v. Pisa in Elis. Vater der Hippodameia.

Okeaniden
Die 3000 Töchter des Okeanos und der Tethys.

Okeanos
Ein Titan und der die Erdscheibe umfließende Strom, der zum Weltmeer – Ozean – wurde.

Olymp
Gebirgsmassiv auf der Grenze zwischen Thessalien und Makedonien.

Omphale
Kg. v. Lydien. Gattin des Tmolos. Für ein Jahr Herrin des Herakles.

Orchomenos
Stadt in Böotien.

Oreaden
Bergnymphen.

Orestes
Kg. v. Mykene, Argos und Sparta. S. d. Agamemnon. Bruder von Elektra und Iphigenie.

Orpheus
S. d. Flussgottes Oiagros und der Muse Kalliope. Bedeutender Sänger. Gatte Eurydikes.

Pan
Gott der Hirten und Jäger.

Panakeia
Göttin der Gesundheit.

Pandora
Die erste, von Hephaistos erschaffene Frau, die den Epimetheus heiratete.

Paphos
Stadt an der Westküste Zyperns.

Paris
S. d. Priamos. Bruder Hektors. Urteilte in einem Schönheitswettbewerb und entführte die schöne Helena.

Parnass
Mit knapp 2500 Meter zweithöchster Gebirgsstock in Zentralgriechenland. Sitz Apollons und der Musen.

Parzen siehe Moiren

Pasiphae
T. d. Helios. Schwester des Aietes und der Circe. Gattin des Minos. Mutter des Minotaurus.

Pax siehe Eirene

Pegasos
Geflügeltes Pferd, das dem Rumpf der Medusa entsprang.

Peirithoos
Kg. d. Lapithen. S. d. Ixion. Gatte der Hippodameia. Bester Freund des Theseus.

Peleus
Bruder des Telamon. Gatte der Thetis. Vater des Achilles.

Pelias
Kg. v. Iolkos. Gab Jason, seinem Neffen, den Auftrag, das Goldene Vlies zu holen.

Glossar

Peloponnes
Griechische Halbinsel. Durch den Isthmus von Korinth mit Mittelgriechenland verbunden.

Pelops
Kg. v. Elis. S. d. Tantalos. Durch Hippodameia Vater von Atreus und Thyestes.

Penelope
T. d. Ikarios von Sparta. Gattin des Odysseus.

Penthesilea
Königin der Amazonen.

Pentheus
Kg. v. Theben. Enkel des Kadmos. Von wilden Mänaden in Stücke gerissen.

Persephone
Göttin der Unterwelt.

Perseus
Kg. v. Mykene und Tiryns. S. d. Zeus und der Danae. Erbeutete das Haupt der Medusa. Rettete Andromeda.

Phaeton
S. d. Helios. Kam beim Versuch ums Leben, dessen Sonnenwagen zu lenken.

Phäaken
Eine Art Schlaraffenland für die Griechen.

Phädra
T. d. Minos. Schwester der Ariadne und Gemahlin des Theseus.

Philemon und Baucis
Altes Ehepaar in Phrygien, das Besuch von Zeus erhielt.

Philomele
Schwester der Prokne.

Phobos
Gott der Furcht und des Schreckens.

Phokis
Mittelgriechische Küstenlandschaft nördlich des Peloponnes, westlich Böotiens.

Phrixos
S. d. Athamas. Entkam seiner Stiefmutter Ino auf einem goldenen Widder nach Kolchis.

Phrygien
Landschaft im Inneren des westlichen Kleinasien.

Pittheus
Kg. v. Troizen. S. d. Pelops. Großvater des Theseus.

Plejaden
Die Sieben Töchter des Atlas und der Okeanide Pleione.

Pluto siehe Hades

Plutos
Gott des Reichtums.

Pollux siehe Polydeukes

Polydektes
Kg. v. Seriphos. Verliebte sich in Danae, beauftragte deren Sohn Perseus, das Medusenhaupt zu holen.

Polydeukes
Einer der beiden Dioskuren.

Polyhymnia
Die Muse der ernsten Musik.

Polyneikes
S. d. Ödipus. Bruder des Eteokles und der Antigone. Auslöser des Zugs der „Sieben gegen Theben".

Polyphem
Berühmter Zyklop. S. d. Poseidon. Versuchte Odysseus zu töten. Verliebt in Galatea.

Poseidon
Gott des Meers.

Priapos
Fruchtbarkeitsgott.

Proitos
Kg. v. Tiryns. Bruder des Akrisios.

Prokne
Gattin des Tereus.

Prokrustes
Eigentlich Polyphemon. Ein Wegelagerer, der von Theseus überlistet wurde.

Prometheus
S. d. Titans Iapetos. Bruder des Epimetheus. Kulturbringer der Menschheit.

Proserpina siehe Persephone

Psyche
Schöne Königstochter, in die sich Amor verliebte. Wurde dadurch unsterblich.

Pterelaos
Kg. der Insel Taphos. Vater der Komaitho. Besaß ein goldenes Haar, an dem seine Macht hing.

Pygmalion
Kg. v. Zypern. Ein Frauenverächter, der sich in eine Statue verliebte.

Pylades
Engster Freund seines Cousins Orestes, heiratete dessen Schwester Elektra.

Pyramos und Thisbe
Liebespaar, das tragisch endete, da die Eltern gegen die Verbindung waren.

Pyrrha
T. d. Epimetheus und der Pandora. Heiratete ihren Cousin Deukalion. Überlebte die Sintflut.

Pythia
Bezeichnung für die Seherin des Apollon in dessen Orakel in Delphi.

Rhadamanthys
Kg. v. Kreta. S. d. Zeus und der Europa. Nach seinem Tod Richter in der Unterwelt.

Rhea
Titanin, die ihren Bruder Kronos heiratete. Mutter zahlreicher Götter, darunter Zeus.

Rhodos
Hauptinsel des griechischen Dodekanes am Südostrand des Ägäischen Meeres.

Saturn siehe Kronos

Satyrn
Ausgelassene Waldwesen mit Pferdeohren, -füßen und -schwänzen.

Selene siehe Luna

Semele
T. d. Kadmos. Geliebte des Zeus, von diesem Mutter des Dionysos.

Sibyllen
Sterbliche Prophetinnen, die es an mehreren Orten gab.

Silene
Den Satyrn ähnliche Pferdewesen im Gefolge des Dionysos.

Sinis
S. d. Prokrustes. Von Theseus getöteter Wegelagerer.

Sirenen
Drei süß singende Mischwesen, deren Frauenköpfe auf Vogelleibern saßen.

Sisyphos
Kg. v. Korinth. Großvater des Bellerophon. Forderte die Götter heraus und wurde dafür bestraft.

Skylla
Schreckliches Meeresungeheuer gegenüber der Charybdis.

Sparta
Stadt im Süden der Peloponnes. Neben Athen der bedeutendste Stadtstaat Griechenlands.

Sphinx
Mischwesen mit Löwenleib und – in Griechenland – mit Frauenkopf.

Steropes
Einer der Zyklopen.

Styx
Einer der Flüsse der Unterwelt.

Symplegaden
Zwei Felsen in der Bosporusmündung ins Schwarze Meer, die unregelmäßig zusammenschlugen.

Tantalos
S. d. Zeus und Vater von Pelops und Niobe. Ahnherr eines fluchbeladenen Geschlechts.

Teiresias
Einer der bedeutendsten Seher Griechenlands.

Telamon
Kg. v. Salamis. Bruder des Peleus.

Telegonos
S. d. Odysseus und der Circe. Brachte, ohne ihn zu kennen, seinen Vater um.

Telemachos
Kg. v. Ithaka. S. d. Odysseus und der Penelope.

Tereus
Kg. v. Thrakien. S. d. Ares. Gatte der Prokne. Vergewaltigte deren Schwester Philomele.

Terpsichore
Die Muse des Tanzes.

Tethys
Die Titanin heiratete ihren Bruder Okeanos und wurde zur Mutter von 3000 Okeaniden.

Thalia
Die Muse der Komödie.

Thanatos
Personifizierter Tod. Sohn der Nacht und Bruder des Hypnos.

Theben
Hauptstadt Böotiens. Gegründet von Kadmos. Weitere Könige waren u.a. Kreon und Ödipus.

Themis
Eine Titanin. Zweite Gemahlin des Zeus. Mutter der Horen und der Moiren.

Thersandros
Kg. v. Theben. S. d. Polyneikes. Einer der Epigonen.

Glossar

Theseus
Kg. v. Athen. S. d. Ägeus. Gatte der Phaidra. Einer der bedeutendsten Helden.

Thessalien
Nordgriechische Landschaft. Hier erhebt sich der Olymp.

Thetis
T. d. Nereus. Schwester der Nereiden. Gemahlin des Peleus. Mutter des Achilles.

Thrakien
Eine Landschaft auf der östlichen Balkanhalbinsel bis zur Donau.

Thyestes
S. d. Pelops. Bruder des Atreus. Vater des Ägisth.

Tiryns
Stadt auf der Peloponnes. Proitos, Perseus, Amphitryon und Eurystheus waren Könige der Stadt.

Tmolos
Kg. v. Lydien. Gatte der Omphale.

Triton
Meeresgott mit menschlichem Oberkörper und fischartigem Unterleib.

Troizen
Stadt in der Argolis. Heimat des Theseus.

Tyche
Göttin des Glücks.

Tydeus
S. d. Oineus. Schwiegersohn des Adrastos. Einer der „Sieben gegen Theben".

Tyndareos
Kg. v. Sparta. Gatte der Leda. Vater der Klytämnestra und vielleicht von einem der Dioskuren.

Typhon
Monster mit hundert drachenartigen Köpfen. Mit Echidna Vater des Zerberus und der Chimäre.

Ulixes siehe Odysseus

Urania
Die Muse der Astronomie.

Uranos
S. d. Gaia. Als Personifikation des Himmels der älteste Gott. Durch Kronos gestürzt.

Venus siehe Aphrodite

Vesta siehe Hestia

Vulkan siehe Hephaistos

Zagreus
S. d. Zeus und der Persephone. Wurde mit Dionysos gleichgesetzt.

Zentauren
Mischwesen, halb Pferd, halb Mensch. Meist Söhne des Kentauros, Enkel des Ixion.

Zerberus
Hund mit zahlreichen Köpfen, Wächter der Unterwelt.

Zeus
Oberster Gott der Griechen. Besiegte die Titanen, die Giganten und Typhon.

Zyklopen
S. d. Uranos und der Gaia. Ihre Zahl schwankt, sie hatten ein einziges Auge mitten auf der Stirn.

Abkürzungen: Kg. v. = König von, S. d. = Sohn des, T. d. = Tochter des

Auswahlbibliografie

Alastair Blanshard
Herkules, Berlin, 2006

Lucilla Burn
Griechische Mythen, Stuttgart, 1993

Richard Buxton
Das große Buch der griechischen Mythologie,
Stuttgart, 2005

Richard Carstensen
Griechische Sagen, München, 2005

Gerold Dommermuth-Gudrich
50 Klassiker Mythen, Hildesheim, 2000

Gerhard Fink
Who's who in der antiken Mythologie,
München, 2007

Fritz Graf
Griechische Mythologie, Düsseldorf, 2004

Michael Grant & John Hazel
Lexikon der antiken Mythen und Gestalten,
München, 2008

Edith Hamilton
Das große Buch der klassischen Mythen,
München, 2005

Herder Lexikon
Griechische und römische Mythologie,
Freiburg, 1999

Hesiod
Theogonie, Ditzingen, 1999

Homer
Ilias und Odyssee, Essen, 2004

Guus Houtzager
Illustrierte griechische Mythologie-
Enzyklopädie, Eggolsheim, o.J.

Herbert Hunger
Lexikon der griechischen und römischen
Mythologie, Wien, 1988

Karl Kerenyi
Die Mythologie der Griechen,
München, 1998

Ehrenfried Kluckert
Schnellkurs Mythen und Sagen, Köln, 2006

Hans-K. und Susanne Lücke
Antike Mythologie, Reinbek, 1999

Ovid
Metamorphosen, Stuttgart, 1994

Annette und Reinhard Pohlke
Im Labyrinth des Minotaurus,
Düsseldorf, Zürich, 2002

Robert von Ranke-Graves
Griechische Mythologie, Reinbek, 2001

Vergil
Äneis, Münster, 2000

Lutz Walther (Hrsg.)
Antike Mythen und ihre Rezeption, Leipzig,
2003

Louise Bruit Zaidman
und Pauline Schmitt Pantel
Die Religion der Griechen, München, 1994

Register

Achilles 72, 144, 152, 154f., 158, 186
Acis 86
Admetos 138
Adonis 54f., 92f.
Adrastos 178
Aerope 182
Agamemnon 144, 154, 184ff.
Agenor 84
Ägisth 182, 184
Aglaia 56
Aiakos 72, 84
Aietes 122
Aigyptos 80
Aiolos 162
Aischylos 184
Ajax der Große 144
Ajax der Kleine 144
Akrisios 114, 118
Aktäon 48, 104
Alektryon 40
Alkestis 72, 138
Alkmene 26, 96, 98f., 126
Alkyone 16
Althaia 138, 140
Amaltheia 90
Amazonen 136, 202f.
Ambrosia 22
Amor 94f.
Amphiaraos 178
Amphitrite 32
Amphitryon 96, 98
Amyklai 90
Amymone 80
Anchises 54, 72, 170
Andromache 148
Andromeda 114, 116
Äneas 72, 146, 156, 170ff.
Anteia 190
Antenor 146
Antigone 176f.

Antigonen 178, 180f.
Antiope 26
Äpfel der Hesperiden, goldene 16, 28, 116, 130
Aphrodite 12, 22, 40, 54ff., 93f., 140, 150
Apollon 22, 28, 44ff., 68, 96f.
Arachne 36
Areopag 40
Ares 22, 40f.
Argo 120, 122
Argonauten 120, 122, 138
Argos 82f.
Argusaugen 82
Ariadne 62, 136
Ariadnefaden 136
Artemis 22, 28, 48f., 138, 186
Äskulap 44, 46, 200
Asterios 64, 84
Asterope 16
Atalante 138, 140f.
Athamas 58, 120
Athene 22, 36ff., 114, 150
Atlas 14, 16f., 116
Atreus 182
Atriden 182
Augiasställe 128

Baucis 106f.
Bellerophon 190f.
Briareos 198
Briseis 148

Calypso 166
Chariten 84
Charites 56
Charon 72f.
Charybdis 124, 166
Chimäre 190
Chrysaor 116

Chryseis 148
Chrysippos 182
Circe 72, 162ff.

Dädalus 192
Danae 26, 114f., 118
Danaergeschenk 80, 156
Danaiden 72, 80f., 84
Danaos 80
Dante 121
Daphne 96f.
Deianeira 132
Deimos 40
Deioneus 80
Deiphobos 146
Delos 44
Delphi 10, 82, 194
    Orakel von 82, 194
Demeter 22, 34f., 70, 76
Deukalion 20f.
Deukalische Flut 20
Dido 170
Diktys 114, 118
Dione 78
Dionysien 62
Dionysos 54, 58ff.
Dioskuren 204
Dodekatheon 22
Dodona, Orakel von 82

Echidna 194
Echo 88
Elektra 16, 184f.
Elektryon 96, 118
Eleusinische Mysterien 34
Elysischen Felder 104
Endymion 100
Eos 14, 64, 106
Eosphoros 64
Epaphos 188

Ephesos 48
Ephialtes 40
Epigonen 178
Erichthonios 42
Erinnyen 104
Eros 12, 54, 64f., 70, 94, 96
Erymanthischer Eber 128
Erysichthon 34
Eteokles 176, 178, 180
Euprosyne 56
Euripides 186
Europa 26, 84f.
Eurydike 72, 104f.
Eurysteus 132
Eurythos 132
Euynome 42
Füllhorn 90

Gaia 12, 70, 86
Galatea 111
Galateia 86
Ganymed 26f.
Giganten 14
Glaukos 146, 190
Goethe, Johann Wolfgang von 76
Goldene Vlies 120, 122f., 138
Gordischer Knoten 206
Gorgonen 114, 116, 194
Götter, olympische 22f.
Götter, römische 126
Gottheiten 10
Graien 116
Grazien 56
Gürtel der Amazonen 130
Gyges 198

Hades 22, 34, 70ff., 104f.
Halkyone 102
Harmonia 40, 42, 178
Harpyien 122

Hebe 132
Hekabe 148, 150
Hekate 124
Hekatoncheiren 198
Hektor 146, 154
Helden, römische 126
Helena 136, 148, 150, 156, 158
    Raub der 152f.
Helios 14, 40, 68f.,166, 188
Helle 120
Hellenismus 8
Hephaistos 22, 42f., 68
Hera 22, 28, 59, 80, 82, 150
Herakles 118
Herakles 16, 28, 72, 98, 99, 126-133
    Aufgaben des Eurystheus 128ff.
Herakliden 130
Hermaphroditos 50
Hermes 22, 34, 50ff.,54, 72, 83
Hermione 184
Hero 98
Herostratos 48
Hesiod 12, 22
    Theogonie 12
Hesione 132
Hestia 22, 38
Hippodameia 78f.
Hippolythe 130, 136, 202
Hippomedon 178
Homer 10, 70, 74, 154
    Ilias 150,158
Horen 84
Hyakinthos 90f.
Hybris 102
Hydra von Lerna 198
Hyperion 14, 68
Hypermnestra 80
Hypnos 72

Iasion 34

Idomeneus 144
Ikarus 192f.
Ilos 78
Inachos 82
Ino 58, 120
Insel der Seligen 72
Io 26, 29, 80, 82f.
Iobates 190
Iokaste 174, 176, 180
Iola 132
Iolkos 124
Iphigenie 76, 144, 152, 186f.
Iphikles 98
Ismene 180
Isthmischen Spiele 30, 58
Isthmus 30
Itys 108
Ixion 72, 80
Jason 120, 122, 124

Kadmos 40, 174
Kalchas 186
Kalliope 56, 92
Kallisto 26, 48
Kalydon 138
Kalydonische Eberjagd 138ff.
Kapaneus 178
Kassandra 38, 148
Kassandrarufe 148
Kassiopeia 116
Kastor 204f.
Kelaino 16
Kentauromachie 200
Kephalos 100f.
Kepheus 116
Kephissos 88
Kerynitische Hirschkuh 128f.
Keyx 102
Kikonen 160
Kletho 76

Klio 56
Klymene 188
Klytämnestra 144, 148, 184, 186
Kokytos 72
Kolchis 120, 122
Koloss von Rhodos 68f.
Kottos 198
Kreon 94, 176, 180
Kreta 136, 192
Kretische Stier 128
Kronos 12, 14, 70
Kyparissos 46

Labyrinth 136, 192
Laertes 74, 168
Laios 174
Laistrygonen 162
Laokoon 32, 146, 156
Laomedon 32
Lapithen 200
Leander 98
Leda 26, 204f.
Leiriope 88
Lemons 42
Leochares 45
Lernäische Hydra 126
Lethe 72
Leto 28, 44
Leukothoe 68
Lotophagen 160
Lykaon 20
Lykurgos 60
Lynkeus 80
Lyra 50

Maia 50
Mänaden 60
Mars 40
Marsyas 46f.
Medea 120, 122, 124f.

Medusa 114, 118f., 194f.
Megapenthes 118
Meleager 138, 140f.
Melena 64
Meles 64
Memnon 146
Menelaos 146, 152, 184
Mentor 168
Merope 16, 74, 174
Metis 36
Midas 62, 182, 206f.
Milchstraße, Entstehung der 28
Minos 32, 72, 84, 100, 136, 192
Minotaurus 32, 136f., 192, 196f.
Moiren 10, 84,138, 140
Morpheus 72
Musen 44
Mykene 152, 182f.
Myrrha 92
Myrtilos 78
Mythos, Entstehung des 8

Narziss 88f.
Nausikaa 166f.
Nektar 22
Nemeische Löwe 126f.
Neoptolemos 144
Nephele 120
Nereus 30
Nessos 128
Nestor 144
Niobe 26, 76, 78
Nymphen 114
Nysa 58

Ödipus 174ff., 180
Ödipuskomplex 174
Odyssee 160
Odysseus 72, 74, 86, 144, 152, 156, 160-169

Oichalia 132
Oineus 138
Oinomaos 78
Okeanos 14, 30
Olymp 22
Olympia 24, 78
Olympischen Spiele 26
Omphale 132
Orchomenos 120
Orestes 184f.
Orion 48
Orpheus 72, 104f.
Otos 40
Ovid 150
    Metamorphosen 108

Palamedes 144
Pan 66f.
Pandareos 76
Pandora 18
Panflöte 66
Paphos 110
Paris 64, 142, 146, 150ff.
 Urteil des 150
Parthenopaios 178
Patroklos 144, 154f.
Pegasos 116f., 190
Pelias 120
Pelopia 182
Peloponnes 78
Pelops 76, 78f., 182
Penelopes 169
Penthesilea 148, 202f.
Pentheus 60
Periphetes 134
Perse 68
Persephone 34, 58, 70f., 72, 92, 104f.,
   164
Perseus 16, 80, 114ff., 118, 195
Phaeton 188f.

Phidias 39
Philemon 106f.
Philomele 108f.
Phineus 116, 122
Phobos 40
Phrixos 120
Plejaden 16
Pluto 76
Plutos 34
Polybos 176
Polydektes 114, 118
Polydeukes 204f.
Polyneikes 176, 178, 180
Polyphem 86, 160f.
Polyxena 148
Pontos 12
Poseidon 22, 30ff., 86, 120
Priamos 132, 146, 152. 158
    Schatz des 158
Priapos 54
Proitos 118, 190
Prokne 108f.
Prokris 100f.
Prokrustes 134
Prokrustesbett 134
Prometheus 14, 18f., 43
Propoetiden 110
Prosymnos 62
Pterelaos 98
Pygmalion 110f.
Pylades 184
Pyramus 112f.
Pyrrha 20f.
Python 194

Remus 172
Rhadamanthys 72, 84
Rhea 14, 70
Rhesusfaktor 146
Rhode 32, 68

Romulus 172

Salmakis 50
Sarpedon 146
Satyrn 196
Schiller, Friedrich 84
Schliemann, Heinrich 158f.
Selene 14, 66, 100
Semele 26, 58f.,62
Shakespeare, William 112
Shaw, George Bernhard 110
Shelley, Percy B. 18
Sibylle, cumäische 72
Sibyllen 202
Silenos 58
Sinis 134f.
Sirenen 124, 164f.
Sisyphos 72, 74f., 80, 190
Sisyphusarbeit 74
Skeiron 134
Skylla 124, 166
Sophokles 176
Sphinx 174f., 196
Steropes 86
Sthenelos 118, 182
Stier von Marathon 134
Stuten des Diomedes 128
Stymphalischen Vögel 128
Styx 72
Syrinx 66f.

Tantaliden 76
Tantalos 72, 76ff., 80
Tantalusqualen 76
Tartaros 12, 14, 70, 80
Tauris 152, 184
Taygete 16
Teiresias 36, 72, 164, 166, 176, 180
Telemachos 152, 168
Tereus 108

Tethys 14
Thalaia 56
Thamyris 90
Thanatos 72, 74
Theben 174
    Sieben gegen 178f.
Theia 14, 68
Themis 20
Theophane 120
Theseus 72, 134-138, 176, 202f.
Thetis 42
Thisbe 112f.
Thoas 186
Thoosa 86
Thyestres 182
Timagoras 64
Titanen 14, 80
Tithonos 106
Troja 78, 142-159, 171, 186
Trojanische Pferd 80, 156f.
Trojanischer Krieg 142-159
Tydeus 178
Tyndareos 152
Typhon 198f.

Unterwelt 70ff., 164
Uranos 12, 86

Vergil 156, 170

Zentauren 80, 200
Zerberus 72, 132
Zeus 14, 22, 24ff.,29, 82ff., 99, 126, 204
Zwölfgötter 22, 70
Zyklopen 86